北京市教育科学规划重点课题"科学家精神落地基础教育的路径研究"（编号 3101-0095）课题成果

走近科学家：
小科学家培养之路

宋官雅　孙　娜　鲁小凡◎编著

中国言实出版社

图书在版编目（CIP）数据

走近科学家：小科学家培养之路 / 宋官雅，孙娜，
鲁小凡编著. –– 北京：中国言实出版社，2024.12.
ISBN 978-7-5171-5036-7

Ⅰ. G623.62

中国国家版本馆CIP数据核字第2025UG5051号

走近科学家：小科学家培养之路

责任编辑：朱　悦
责任校对：张　朕

出版发行：中国言实出版社
　　　　地　　址：北京市朝阳区北苑路180号加利大厦5号楼105室
　　　　邮　　编：100101
　　　　编辑部：北京市海淀区花园北路35号院9号楼302室
　　　　邮　　编：100083
　　　　电　　话：010-64924853（总编室）　　010-64924716（发行部）
　　　　网　　址：www.zgyscbs.cn　　电子邮箱：zgyscbs@263.net

经　　销：新华书店
印　　刷：北京虎彩文化传播有限公司
版　　次：2025年3月第1版　　2025年3月第1次印刷
规　　格：710毫米×1000毫米　　1/16　　14.75印张
字　　数：229千字

定　　价：89.00元
书　　号：ISBN 978-7-5171-5036-7

前　言

在科学的长河中，那些璀璨的星辰——伟大的科学家们，以他们的智慧、勇气和坚持，点亮了人类对未知世界探索的灯塔。他们身上的科学家精神，不仅是对知识的无尽追求，更是对真理的坚守与捍卫。这种精神，如同科学探索的火炬，照亮了一代又一代求知者的道路。

科学家精神，包括胸怀祖国、服务人民的爱国精神，勇攀高峰、敢为人先的创新精神，追求真理、严谨治学的求实精神，淡泊名利、潜心研究的奉献精神，集智攻关、团结协作的协同精神，甘为人梯、奖掖后学的育人精神，是小学科学教育中不可或缺的一部分。它不仅仅是一种知识的传递，更是一种价值观的塑造。在小学阶段，孩子们正处于对世界充满好奇和探索欲望的时期，通过向他们展示科学家们的故事和精神，可以激发他们的科学兴趣，培养他们的科学素养，更重要的是，能够引导他们在成长的道路上，形成独立思考、勇于探索、不断创新的宝贵品质。

本书旨在通过一系列生动有趣的教学案例，将科学家精神融入小学科学教育之中。我们精选了具有代表性的科学家故事，通过情景模拟、实验操作、互动讨论等多种形式，让孩子们在亲身体验中感受科学家们的探索历程，领悟科学家精神的真谛。

在这些案例中，孩子们将跟随科学家的脚步，一起探索自然的奥秘，一起体验实验的乐趣，一起思考科学的本质。我们相信，通过这些案例的学习，孩子们不仅能够增长科学知识，更能够培养出对科学的热爱和对探索的渴望。

此外，本书还注重培养孩子们的批判性思维和创新能力。在每个案例的最后，我们都设计了开放性的问题或挑战，鼓励孩子们运用所学知识，提出自己的见解和解决方案。我们希望孩子们在学习科学家精神的过程中，不仅能够成为知识的接收者，更能够成为知识的创造者和传播者。

科学，是人类对客观世界的探索和解读，而科学家精神，则是这种探索过程中的灵魂和动力。我们期望通过本书，能够将这种精神传递给每一个小学生，让他们在科学的道路上勇往直前，不断探索和创新。

同时，我们也要感谢所有为科学事业做出贡献的科学家们，是他们的努力和奉献，为我们揭示了自然的奥秘，为人类的进步铺平了道路。愿这份科学家精神，能够激励更多的孩子走上科学探索的道路，为人类的未来贡献自己的力量。

科学教育不仅仅是知识的传授，更是一种精神的传承。希望本书能够成为小学科学教育中的一份宝贵资源，为培养未来的科学家播下希望的种子。让我们一起努力，将科学家精神传承下去，为人类的科学事业注入新的活力和希望。

在未来的教学实践中，我们将不断更新和完善本书，以适应科学教育的新需求和新挑战。我们期待与广大教育工作者和家长们共同努力，为孩子们创造一个充满科学精神和探索氛围的学习环境，让他们在科学的海洋中自由翱翔，探索未知，创造未来。

本书由宋官雅、孙娜、鲁小凡、朱志勇完成各个案例模板的设计和创作指导，鲁小凡完成整体章节设计，撰写各学段引言。健康与生命科学的守护者（1—2年级）由张婷婷、韩娜、白晓曼、黄志军、宋官雅完成；创新与应用的先驱者（3—4年级）由吴励峰、王佳宇、房晓彤、魏澜、刘锐、鲁小凡完成；科技与社会的引领者（5—6年级）由白晓曼、韩娜、孙娜、房晓彤、吴思琦、陈文艺、张雯、朱志勇完成。

最后，愿每一个孩子都能在科学家精神的指引下，成为热爱科学、勇于探索的新时代少年，为人类的科学进步贡献自己的智慧和力量。

宋官雅

2024 年 8 月

目 录

高年级（5—6年级）：科技与社会的引领者

低年级（1—2年级）：
健康与生命科学的守护者

　　1—2年级小朋友，开始接受正式的学校教育，对孩子们的引导重点是体验、感知，用孩子们日常接触的、能理解的内容开展一些活动，如身体健康方面，选择一些与身体健康相关的科学家的故事设计学习活动，让孩子们在故事中、在视频中、在讨论中认识什么是身体健康，认识科学家们用自己的不懈努力，持续探索，为人类健康做出贡献，在孩子们心里埋下科学家精神的种子。

钱伟长：在力学领域的贡献，虽然不直接关联健康，但为医疗设备的研发提供了理论基础，间接促进了健康科技的发展。

袁隆平：通过提高粮食产量，保障了人们的粮食安全，是健康生活的基石。

屠呦呦：发现青蒿素，对抗疟疾，直接挽救了无数生命，是健康领域的重大突破。

吴孟超：作为"中国肝胆外科之父"，他直接守护人们的健康，是生命科学的实践者。

吴征镒：虽然他的主要贡献在植物学，但植物是药物和生态健康的重要基础，因此他间接守护了人类的健康。

林巧稚：作为妇产科医生，她直接参与了新生命的诞生，是生命科学的直接贡献者。

"万能科学家"

——力学、应用数学家钱伟长

张婷婷　宋官雅

一、阅读资源导入

寒门学子的艰难求学路

1913年10月9日，钱伟长出生于江苏省无锡县（今江苏省无锡市）鸿声镇七房桥村的一个贫民家庭中。鸿声镇位于无锡县的东部，距离无锡县城大约40公里，鸿声一名源自清末富商钱鸿声。从家谱上循脉，钱伟长的先祖可以追溯到吴越国王钱镠（liú），但此时家境已经没落。

钱伟长的祖父钱承沛是晚清秀才，以教私塾谋生，在村中颇受人们尊重，他牢记"子孙虽愚，诗书须读"的祖训，先后送两个儿子钱挚（zhì）、钱穆（mù）去读私塾。可惜钱承沛在39岁的盛年，因为贫病交迫而去世。钱挚和钱穆不得不考入师范学堂，以求早些谋生贴补家用。钱伟长出生后，当时军阀混战，虽然父亲和叔父有薪水，但十分微薄，家庭依然难以维持生计。

钱伟长的母亲王秀珍和善而勤劳。穷人的孩子早当家，钱伟长从小就争着帮助祖母、母亲和婶母采桑养蚕、挑花刺绣、拾田螺、捞螺蛳、捉田鸡、挑金花菜、马兰头、荠菜等田岸边上的各种野菜，还要做放鸭子、摸小鱼小虾、湖边挑灯捉蟹和泥中拾蚌等各种能贴补家用或助餐的活计。因生活贫困，农村的卫生条件又很差，钱伟长的一个弟弟和三个妹妹相继夭折，他也曾患过肠胃寄生虫病、疟疾、伤寒等各种疾病，在缺医无药的条件下，钱伟长活了下来，但疾病留给他一个发育不良的瘦弱体格。

在钱伟长五、六岁时，一场大火吞噬了老宅，全家人不得不到附近的荡口镇租房生活，钱伟长的课业也无法持续。在六年中，他辗转了附近的五所小学，读书的全部时间加起来，仅仅只有两到三年。

虽然学业断断续续，但是钱家毕竟是世代诗书之家，祖辈和父辈都是饱学之士，四叔钱穆后来更是通过自学成为一位国学大师。在这样深厚的传统文化氛围中，钱伟长从小就熟读《春秋》《左传》《史记》《汉书》等国学著作。父亲更是让他两天写一篇作文，由他的八叔负责批改，给他打下了很好的国文基础。

1924 年是钱伟长人生的转折点，祖母和母亲希望小学毕业的长子去做学徒，以后可以捧一些诸如邮局职工、铁路职工的铁饭碗，可以补贴家用。但是家学渊源深厚的父亲和叔父却不同意钱伟长就此结束学业，他们对这个孩子的未来还是寄予了厚望。

随着父亲调任无锡荣家主办的荣巷工商中学教务主任，钱伟长也获得了中学学习的机会，但是他天生不喜欢商业，却对国学情有独钟。父亲把他送到国学大师唐文治先生主办的国学专修学校学习。1926 年，父亲转任无锡县立初中教务主任，钱伟长又来到这所初中求学，但是不久就因为学校停办而辍学。此时家庭之间的争论又开始了。已经成为江苏省苏州中学主任教师的叔父钱穆鼓励侄子报考苏州中学。

江苏省苏州中学是一所有着千年办学渊源、百年办学历史的中国江南名校。其前身可上溯至北宋景祐二年（1035 年），名相范仲淹在此创建了苏州府学，聘请有声望的教育家胡瑗（yuàn）等名师掌教。在此执教的名师有国学大师罗振玉和王国维、史学家吕思勉、文学家吴梅、语言学家吕叔湘、美术家颜文、人口地理学家胡焕庸等，也包括钱伟长的叔父——国学家钱穆。钱伟长的运气不错，他是以"压分"的成绩勉强进入苏州中学的，在录取榜上排最后一名。

当时的苏州中学是苏南地区首屈一指的名校，那里不仅群英荟萃、名流云集，而且思想活跃。师生们都坚信，只有民主和科学才能拯救中国。

而钱伟长也依稀看到了自己未来的人生方向。

1928 年，钱伟长的父亲钱挚英年早逝。在苏州中学临别时，父亲最后的叮咛一直铭记在钱伟长的心中，"苏州、无锡一带出过不少文人名士。人说这里人杰地灵，这不过是欺人之谈。其实哪一个人的成功不是辛苦攻读的结果呢？"

因为家境贫寒，当时钱伟长靠的是他四叔钱穆的接济，同时也从乡里的"钱氏义庄"中领救济。他万分珍惜来之不易的学习机会。

因为基础差，钱伟长在理科方面非常吃力。2007 年 11 月 23 日，一篇题为"钱伟长：在苏州中学求学的日子"的文章在《光明日报》刊发。在文中，钱伟长回忆说："我最怕的是分数和小代数、平面几何等。高中要学三角、大代数和解析几何，对我都非常困难。"他在高中阶段真正拿得出手的只有国学。

数学老师严晓帆是带领钱伟长走向科学殿堂的恩师，基础薄弱的钱伟长经常在学生宿舍熄灯后来到严先生宿舍进行半夜攻读，先生孜孜不倦地鼓励和引导，学生发奋苦读，日积月累，钱伟长的理科成绩终于能跟上学校的大部队了。

为了科学救国弃文从理

1931 年，钱伟长又一次站在了抉择的十字路口，虽然家境艰难，但他依然希望能够继续学业，站在更高的平台上去注视这个世界。

在北京大学任教的叔父钱穆给予他有力的支持。此时的上海滩有位实业家吴蕴初，他把一生的精力都放在了发展化学工业上，是民国时期的"味精大王"。吴蕴初出身清寒，对没钱而想读书者的迫切心情有切身感受。1931 年，吴蕴初出资 5 万元发起成立"清寒教育基金会"，这是我国历史上第一家教育基金会。

高中毕业的钱伟长来到上海，在一个月之中先后参加了清华大学、中央大学、武汉大学、唐山交通大学和浙江大学的入学考试，凭借他雄厚的文科基础，以及还算过得去的理科成绩，他被五所大学录取，也十分幸运地争取到了"清寒奖学金"。他最后的选择是北上求学，进入国立清华大学深造。

录取钱伟长的是清华大学历史系，他的文科成绩独树一帜，中文和历史双科均是满分，但三门理科的成绩不佳，总分才 25 分。

此时，国家的前途让钱伟长改变了自己的发展目标，入学第三天，九一八事变爆发，全国青年学生纷纷罢课游行，要求抗日。此时的钱伟长心潮澎湃。五四运动以来，"德先生"和"赛先生"的思想在青年一代中深入人心，科学救国的理想在钱伟长心中升腾着。钱伟长决定弃文从理，转入物理系学习。他找到了当时清华大学理学院院长叶企孙和物理系主任吴有训，真诚地诉说着自己的理想，"目前我们祖国迫切需要的是科学技术、是飞机大炮！所以我要学物理。我的数理化成绩虽然不好，但我有决心赶上去，这一点请先生放心。"

二、钱伟长的主要研究成就

钱伟长是中国力学、应用数学和中文信息学的奠基人之一，特别是在板壳力学领域，他创建了板壳非线性内禀统一理论和浅壳的非线性微分方程组，以他的名字命名的"钱伟长方程"和"钱伟长法"在科学界有着广泛的应用。他在波导管理论、奇异摄动理论、润滑理论、环壳理论、广义变分原理、有限元法、穿甲力学、大电机设计、高能电池、空气动力学等方面都有重要贡献。

钱伟长在教育事业上也做出了显著贡献，他先后担任清华大学副校长、上海工业大学校长、上海大学校长等职务，为中国的教育发展做出了重要贡献。

在社会活动方面，钱伟长在全国政协、民盟中央和中国和平统一促进会中也担任重要职务，为国家的政治生活做出了贡献。

他也被评为"感动中国 2010 年度人物"，表彰他一生中对祖国和科学的贡献。

三、教学设计

（一）设计说明

以铁肩担责，解国家之忧。中国近代力学之父钱伟长在九一八事变之后，为救祖国毅然弃文从理，为奠定中国力学基础作出了卓越贡献。他献身科学的坚定信念，心系家国的责任担当，将永远激励着我们开拓前进。

（二）适用学科、学段、学生群体

从义理到物理，从固体到流体，顺逆交替，委屈不曲，荣辱数变，老而弥坚，这就是他人生的完美力学，无名无利无悔，有情有义有祖国。他曾说过："我没有专业，国家的需要就是我的专业。"低年级同学可以从日常生活和阅读中了解到钱伟长的贡献，有这样一位心系祖国、勇于奉献、敢于创新的科学家做我们的榜样，让我们从生活的小事做起，坚守信念，早早地在心里埋下一个个为推进强国建设、民族复兴伟业作出贡献的梦想。

适用于小学低年级活动课、班会课或课后服务。

（三）学习目标

1.学生通过科普知识和资料汇总，了解有关钱伟长的事迹，学习他身上坚毅、奉献的科学家精神。中华民族的伟大复兴，社会主义现代化强国的建设离不开科技支撑，需要从小培养科学家精神。

2.将科学家精神融入基础教育，引导学生树立远大理想。

（四）课程实施策略

1.立足学生的需求和好奇心，低年级学生学习可以从绘本入手，以故事为载体，对钱伟长的不同成长阶段有所认识，尊重学生已有的知识和经验，了解不同成长阶段钱伟长所具备的科学家精神。

2.强调学生、学校和社会之间的联系，充分利用社会资源，通过调查、走访的形式深入理解人物的精神，塑造更加饱满的人物形象，在逐步认识钱伟长这一代科学家爱国、创新、求实、奉献、协同、育人的科学家精神后，树立正确的价值观。

3.教师要通过提供素材、组织讨论、搜集信息等多种方式，营造一个对学生友好的学习环境。在学习中，要鼓励学生提出问题，提高他们的好奇心和质疑精神，更好地促进他们的思考和学习。

（五）教学流程

渐进式教学方式，将动手与动脑有机结合，在认识中由学生自发生成问题，在好奇心的推动下学生主动认识问题，剖析问题产生的背景与原因。深刻体会钱伟长在力学和应用数学领域的研究中遇到的困难和想要战胜困难的决心，学习钱伟长这些美好的科学品质和人性光辉，为以后学生的成长和梦想的追求带来不断进步的动力。

学习目标逐级递进：

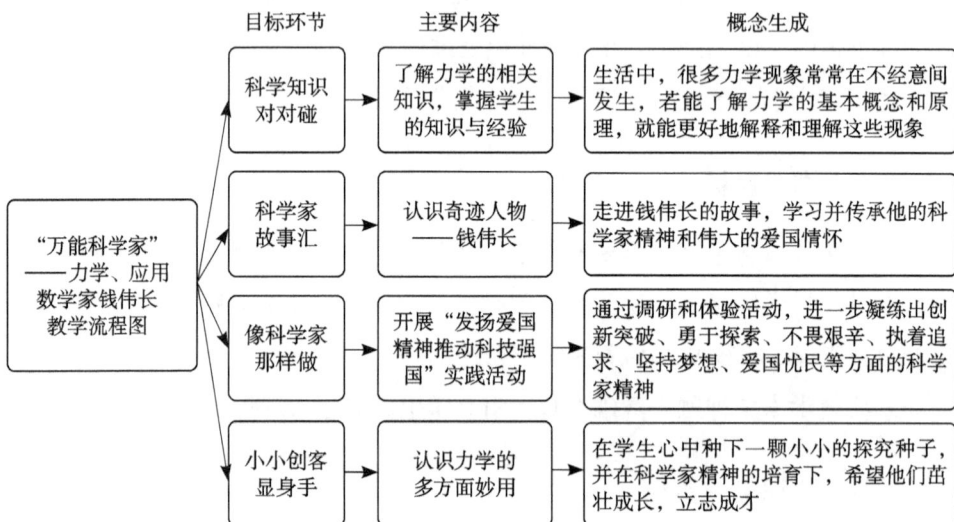

目标环节	主要内容	概念生成

"万能科学家"——力学、应用数学家钱伟长教学流程图

科学知识对对碰	了解力学的相关知识，掌握学生的知识与经验	生活中，很多力学现象常常在不经意间发生，若能了解力学的基本概念和原理，就能更好地解释和理解这些现象
科学家故事汇	认识奇迹人物——钱伟长	走进钱伟长的故事，学习并传承他的科学家精神和伟大的爱国情怀
像科学家那样做	开展"发扬爱国精神推动科技强国"实践活动	通过调研和体验活动，进一步凝练出创新突破、勇于探索、不畏艰辛、执着追求、坚持梦想、爱国忧民等方面的科学家精神
小小创客显身手	认识力学的多方面妙用	在学生心中种下一颗小小的探究种子，并在科学家精神的培育下，希望他们苗壮成长，立志成才

（六）学习评价量表

	☆	☆☆	☆☆☆	☆☆☆☆
认识了解	知道钱伟长的事迹和主要贡献	了解钱伟长获奖的原因及其对世界的贡献	理解钱伟长在研究过程中遇到的困难	了解钱伟长不只是有坚毅精神，还敢于拼搏，学会丰富的知识，在实验中有创新设想
探究实践	积极了解钱伟长的事迹	了解其弃文从理的原因	查阅资料，了解其在力学和应用数学领域研究过程中的困难与艰辛	了解其在力学和应用数学领域的成就对国家的重要影响
态度责任	了解钱伟长在研究过程中遇到的困难	理解钱伟长在研究过程中的艰辛，对其充满敬畏之心	通过不断学习，希望能够像钱伟长那样，遇事不气馁，有努力克服困难的勇气	具有社会责任，深入了解社会问题，并通过不断学习和实践增长自己的能力，愿意为解决社会问题作出自己的贡献

（七）教学设计

◎ 课前科学知识对对碰

在我们日常生活中，很多力学现象常常在不经意间发生，却未必能引起我们足够的关注。若能了解力学的基本概念和原理，我们就能更好地解释和理解这些现象。

1. 从侧面观察汽车，车轮安装在汽车的哪个部位？为什么这样设计？

2. 吹气球的游戏，充满气后用手捏住，然后突然放手，气球会怎样运动？

3. 生活中我们常用筷子从锅里捞煮好的面条，开始比较容易，但当锅里剩下较少面条时就会很难捞起来。用筷子在锅中进行搅拌，面条为什么会聚集在锅底？

◎ 课堂故事汇

教师活动	学生活动
环节一：儿童眼中的钱伟长	
引导学生认识"万能科学家"——力学、应用数学家钱伟长。	1. 了解钱伟长。 2. 说一说获得的荣誉。
活动意图说明：对科学家钱伟长有一个初步的认识，知道他是谁？钱伟长究竟是个什么样的人？他都有怎样的经历？为学生进一步学习他的精神做好铺垫。	
环节二：儿童眼里的钱伟长的梦	
1. 引导学生了解钱伟长的科学梦。 2. 引导学生为自己种下一颗科学梦想的种子。	学生通过学习了解钱伟长的科学梦以及梦想的实现。
活动意图说明：在了解钱伟长的科学梦的时候，也就是在学生心中播撒科学梦想的时候，学生在歌颂科学精神的时候，会以此为榜样。学生在不断总结的过程中，就是在学习和提升。	
环节三：童趣激发科学梦	
1. 组织学生参与《最强大脑》游戏。 2. 引导学生明白实现科学梦就要积极参与科学实践，不断发明创造，勇于创新。	学生通过这个小游戏，明白了科学要有丰富的想象力和创造力。
活动意图说明：在实践活动体验的过程中，学习钱伟长身上那种爱国奉献、坚持不懈、刻苦钻研、勇于创新的优秀的科学品质和精神。	

◎ 像科学家那样做

开展"发扬爱国精神　推动科技强国"实践活动

【学习目标】

（1）通过纸飞机竞赛全过程实践，了解抛物线运动和空气阻力对飞行的影响。

（2）在筹划纸飞机竞赛全过程中，能运用各学科知识，初步培养科学探究意识，激发学生的创造力。

（3）在亲历纸飞机竞赛全过程实践中，能借助网络或书本查阅资料，初步掌握设计和折纸飞机技能，提升动手能力。

【核心任务】

纸飞机竞赛是一项简单而有趣的力学主题活动。参与者可以通过设计和折纸飞机来竞争飞行距离和时间。这个活动可以激发学生的创造力，并让他们了解抛物线运动和空气阻力对飞行的影响。

【设计思路】

本学习活动设计思路如图所示：

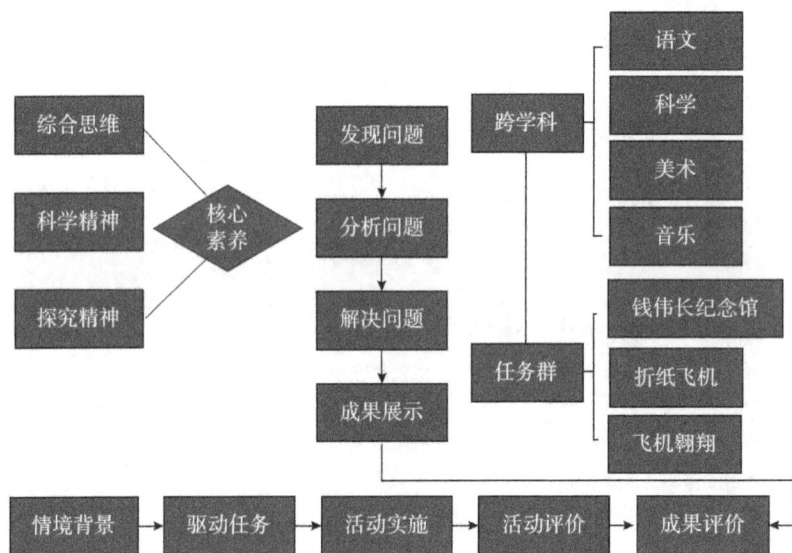

【确定任务群】

每一个任务，将课内外相结合、学校和家庭相结合、各学科相结合，借助飞机竞赛任务，通过问题提出、动手实践、成果分享，让学生开动脑筋，动手制作，激发学生的创造力。

任务一：视频观看上海大学钱伟长纪念馆的相关视频

钱伟长纪念馆位于上海大学钱伟长图书馆三楼，展览分为"国家的需要就是我的专业""教育是培养全面的人""我是一个爱国主义者"三部分，通过文字、图片、雕塑油画艺术品、多媒体声像、裸眼 3D、全息成像、场景复原等形式综合展示了钱伟长作为一个科学家、教育家以及社会活动家"无名无利无悔、有情有义有祖国"的一生。

任务二：折纸飞机

纸飞机是许多人童年的回忆，简单而富有乐趣。为了丰富小学生的课余生活，锻炼他们的动手能力，培养科学精神，使他们了解抛物线运动和空气阻力对飞行的影响，我们开启了第一个科技体验任务——折纸飞机。

（1）学生思考：想让纸飞机飞得远一些，你觉得有什么要注意的？

（2）老师总结整理最重要的几点。

在折纸飞机的时候，一定要折得两边对称；

我们的纸飞机一定是机身小，翅膀大一些，这样可以给我们提供足够的升力；

我们的机头不要太重也不要太轻；

我们在室外放飞时，一定要选择有微风的天气，逆着风飞行。

任务三：飞机翱翔

（1）影响纸飞机飞行的因素都有哪些呢？

飞机的结构、飞机的重心、飞机的重量、纸张的质量都会影响纸飞机的飞行。

（2）纸飞机竞赛旨在弘扬科学精神，传播科学思想，倡导创新意识，培养小学生的创新精神和实践能力，提高他们的动手、动脑能力。同时，通过比赛活动，增强团队合作精神和集体荣誉感，营造浓厚的校园科技氛围。希望通过这次活动，激发更多学生对科学的兴趣和热爱，培养他们的创新意识和实践能力，为未来的科技事业打下坚实的基础。

【成果展示与交流】

教师为学生搭建成果展示交流的平台。在"纸飞机竞赛"项目中，学生亲自见证了飞机如何才能飞得远，进而对力学的发展对推动航空航天事业的发展起着至关重要的作用有了新的认识。

【学习活动评价】

要以学习目标为依据，以核心素养的发展水平为标准。针对不同的学习内容，采用多种评价方式，实现评价内容与评价方式的多元化。

◎ 小小创客显身手

项目	生活中的科学小实验——摩擦起电	小组成员	
		指导教师	
		学习时间	
项目背景	尺子是我们最常见的学习用品之一，不仅为我们提供方便，它们自身还存在着巨大的能量和科学价值。小学生有非常强的好奇心，生活中常见的物品都可以成为很好的实验材料。本项目是利用尺子与头发间滑动摩擦力的科学原理，使用尺子将一堆碎纸屑吸起来，既可以满足学生的好奇心，又可以培养学生细心观察生活，处处都有科学观察的探究精神。		
学习原则	学科知识应用、实验探究、小组合作等		
学习目标	目标1：学生了解滑动摩擦力。 目标2：利用滑动摩擦力的原理，使用尺子吸附碎纸屑。 目标3：学生能够乐于分享，互相交流，深刻认识到生活处处是科学。 目标4：学生能够通过实验更加热爱生活，了解力学。		

研究问题	摩擦起电
学习方法	实验法、小组合作等
学习过程	学习用的尺子，遇到我们的头发，会发生什么有趣的现象呢？我们一起来看看吧！实验的名字叫做"摩擦起电"。 我们需要的材料： 1. 一把尺子。 2. 一堆碎纸屑。 3. 尺子摩擦头发。 4. 碎纸屑会被尺子吸附起来。 原来，这个实验用到的原理是摩擦起电，摩擦过的物体具有吸引轻小物体的性质，这就是摩擦起电的现象。其实质是电荷的转移。利用一些容易起电的同种材料进行相互摩擦，两个摩擦表面就能够出现带电现象。通过进一步的实验表明：两个表面所带电荷为同性电荷，并且有的材料摩擦可以带同性正电荷，有的摩擦后可以带同性负电荷。
研究报告	包括：项目背景、研究的问题、研究方案设计、研究过程与方法、研究结果、建议与展望等。
分享交流	1. 学生以小组形式在学校提供的交流场所进行分享交流展示。 2. 找到更多的生活小科学，如有趣的指挥棒。 3. 书籍——形成《生活科学小实验集》，进行配图和视频录制。
学习评价	成果：书籍和成果分享展示。 创新点：生活中的大多数有趣的实验主要以色彩、声音等更为显著的化学实验为主，以物理实验为主的生活科学实验较少，对于物理知识在生活中的应用也由于知识的难度、深度而不为大家熟知。本次科学实验中更多关注了物理知识在生活中的应用，让学生更早地了解物理知识的美好和实用性。 学习过程：学生在学习中把握生活动态，善于发现生活中的科学，将经验与科学知识相互转化，实现由好奇心推动下的自我发展。在学习过程中关注学生知识学习深度、探究实验广度、乐于观察的态度。

四、课后阅读

钱伟长论青年学生如何学习？

1. 坚定态度——勤奋学习

"任何人，不管他的天资如何，成就多么大，只要停止了努力就不能继续进步。今天不努力，明天就落伍；长期不努力，那就必然完蛋。"

2. 培养自学能力

"自学要有本事，第一是会找资料，你需要的资料。第二是自己要会读这些资料，能很快从这些资料中提取出最核心最有用的东西，能整理得有条有理，跟原来学的东西挂上钩。第三是要有眼光，能够逐步看到进一步发展的景象。"

3.找对学习方法

"学习要抓大节，抓大局，不要去抓细节，细节挡你仍往前走，就像走路有坑不要紧，可以绕过去。从全局来了解片面的东西，理解得就更深。"

4.增强民族责任感

"中国知识分子有一个民族自尊心，民族自豪感，承认落后，不甘落后，要解决这些落后问题，宁愿牺牲自己在国外的舒适生活。"

钱伟长名言

1.学习要学习那些关键的东西，要大踏步往前走，走远了再回头来看，原来的东西就不见了。

2.觉得自己不懂的东西很多很多，那你就是很有学问；你觉得什么东西都懂，你大概是没有学问的。我们要培养这种人，满肚子都是问题的人，这种人是我们国家需要的。

3.在我国形成的理工分家、文科和理工农各科分家的现象，业已明显地影响培养建设四化人才的质量，现在已经到了非改革不可的时候了。我们主张理工合一，文理渗透，反对现在国内中学就文理分家的现象。

4.我没有专业，国家的需要就是我的专业。

5.那种把学科与学科之间界限划得很严、各种专业分工过细、互不通气的孤立状态必须打破。

6.为了中华民族的繁荣富强，我要献出全部学识智慧。

7.教，关键在于"授之以渔"；教书，关键在于教给学生一种学会思考问题的方法。

8.为了我们的民族，我们个人吃点亏不要后悔，不值得后悔。我们历史上有许多英雄人物靠这么点精神，为我们中华民族立了大功！这就是公而忘私。

9.我们先哲对我们的教育是很多的，譬如像范仲淹那句话"先天下之忧而忧，后天下之乐而乐"的名言就很精彩的！换句话说，就是我们要为天下着想，也就是为中华民族的事业着想。

10.如果你被一些小问题缠住，那你就一辈子也学不成。千万不要为这些小困难停下来，那样是舍本求末。

杂交水稻之父

——农业科学家袁隆平

韩　娜　白晓曼

一、阅读资源导入

骑摩托车去试验田

袁隆平喜欢往田地跑是出了名的，一有时间就到试验田去观察，去呼吸田野的气息。从20世纪80年代起，他到试验田去的交通工具，由原先的自行车改成了摩托车。

田里的秧苗抽穗了、扬花了、结实了……袁隆平跨上摩托车，一溜烟蹿上马路，拐入小径，溜上田埂，矫健的身影闪动在片片绿意葱茏或金黄灿烂的稻田里。

十多年来，他先后换过八九辆不同品牌的摩托车。虽然达到70余岁高龄，他还是经常骑着摩托车在田间转。

到2001年底，在朋友们的劝说下，袁隆平才买了第一辆家用汽车。朋友对他说，骑摩托车是"肉包铁"，开汽车是"铁包肉"，还是开汽车安全一些。他兴致勃勃地学起开车来，感觉还不错。有时，他把汽车开到了田边。他还笑着说，要去考一个驾驶证哩。

虽然手里掌握着上千万元的科研经费，但生活却如此简朴，可见在袁隆平的心目中，精神追求远远重于物质享受。

中国最富有的"赤贫者"

有一段时间，袁隆平的购物欲非常强烈，每到星期五下午，他就要到商场去购物。可他有一个"怪癖"，专挑便宜货买，价钱高的东西他不感兴趣。

有一天，袁隆平与夫人逛商场，看到货柜里有打折到10元钱一件的衬衫，他说："太便宜了，加2元吧，12元一件。"售货员笑着说："你这位同志真怪，人家买东西讨价还价，你却往上加，不可理喻，不可理喻。"他以笑作答，一口气买了10多件，他说："这样的衬衣好，下田的时候穿起来方便，不用担心弄脏了。"

袁隆平穿的最贵的西装不会超过800元；他买皮鞋不会超过200块钱，他觉得那些昂贵的奢侈品穿在身上反而不舒服、不自在。袁隆平的身价可是有一千多亿呢，袁隆平确实是中国最富有的"赤贫者"了。

然而这位最富有的"赤贫者"自己谨身节用，却对社会极慷慨、极关怀，袁隆平将所获的12.5万美元世界粮食奖的奖金捐赠给了由他发起成立的科技奖励基金会，以扶掖新人……

二、袁隆平的主要研究成就

袁隆平致力于杂交水稻技术的研究、应用与推广，发明"三系法"籼型杂交水稻，成功研究出"两系法"杂交水稻，创建了超级杂交稻技术体系，并提出实施"种三产四丰产工程"，运用超级杂交稻的技术成果，出版中、英文专著6部，发表论文60余篇。

他被联合国粮农组织聘请为国际上发展杂交水稻的首席顾问，曾30次赴国际水稻所开展合作研究和技术交流，10多次赴印度、越南、缅甸、菲律宾、孟加拉国等国指导发展杂交水稻。

自20世纪80年代以来，袁隆平先后在境内外举办了50余期杂交水稻国际培训班，培训了来自40多个发展中国家约2000名政府官员和农技专家。

三、教学设计

（一）设计说明

我们从认识一颗种子到认识袁隆平，又通过介绍袁隆平的生平事迹、科研成果以及对世界的贡献，让学生了解袁隆平的伟大精神，激发学生的学习热情，培养学生的爱国情怀、创新意识、热爱科学的精神和为人类社会发展做贡献的决心。

（二）适用学科、学段、学生群体

民以食为天，为了解决饥荒问题，袁隆平研究的杂交水稻出现在全球各地，给地球上许多地方的人们带来了粮食和希望。低年级同学可以从日常生活和阅读中了解到袁隆平是我国的杂交水稻之父，在我国家喻户晓。有这样一位心系苍生、勇于奉献、敢于创新的科学家做我们的榜样，让我们从生活的小事做起，不浪费粮食，早早地在心里埋下一个强国、复兴、创造更和谐、更富强国家的种子梦。

适用于小学低年级活动课、班会课或课后服务。

（三）学习目标

1. 通过科普知识和资料汇总，了解有关袁隆平的事迹，知道世人称颂袁隆平"一粒种子改变世界"的原因，学习他身上爱国、奉献的精神。

2. 通过阅读、走访、实践探究、实地考察等，理解袁隆平在研究杂交水稻过程中的艰辛与困难，学习他身上创新、拼搏、深耕不辍的精神。

3. 通过品尝不同类型的大米，知道种子的生长和改造能够满足人们更加丰富的饮食和物质需求，与人类社会息息相关。只要树立理想并敢于追求，每个人都可以从一颗种子出发，改造世界。

4. 我们要学习袁隆平永葆初心、勇攀高峰、坚持奋斗、造福人类的工匠精神和立志报国的爱国情怀。

（四）课程实施策略

1.立足学生的需求和好奇心，低年级学生学习可以从绘本入手，以故事为载体，对袁隆平的不同成长阶段和所处的相应历史背景有所认识，尊重学生已有的知识和经验，了解不同背景下袁隆平的精神。

2.强调学生、学校和社会之间的联系，充分利用社会资源，以调查、走访的形式深入理解人物的精神，塑造更加饱满的人物形象，在逐步认识袁隆平这一代科学家爱国、创新、求实、奉献、协同、育人的科学家精神后，树立正确的价值观。

3.体验式种植课程、劳动体验课程等，渐进式教学，将活动与课堂结合，点燃学生对"一粒种子改变世界"的兴趣。

（五）教学流程

渐进式学习方式，将动手与动脑有机结合，在认识中由我们自发生成问题，在好奇心的推动下我们主动认识问题，剖析问题产生的背景与原因。深刻体会袁隆平在研发杂交水稻中遇到的困难和想要战胜困难的决心，学习袁隆平这些美好的科学品格和人性光辉，为以后我们的成长和梦想的追求带来不断进步的动力。

学习目标逐级递进：

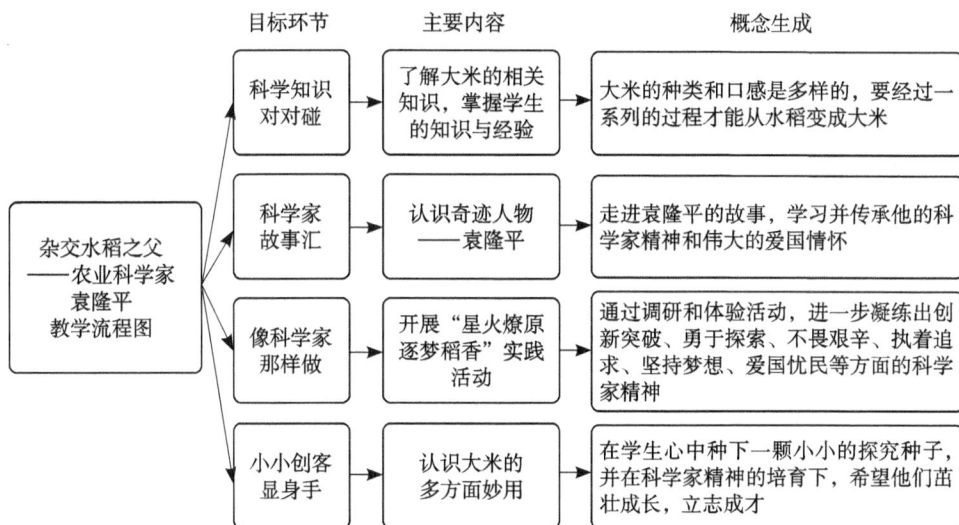

目标环节	主要内容	概念生成
科学知识对对碰	了解大米的相关知识，掌握学生的知识与经验	大米的种类和口感是多样的，要经过一系列的过程才能从水稻变成大米
科学家故事汇	认识奇迹人物——袁隆平	走进袁隆平的故事，学习并传承他的科学家精神和伟大的爱国情怀
像科学家那样做	开展"星火燎原逐梦稻香"实践活动	通过调研和体验活动，进一步凝练出创新突破、勇于探索、不畏艰辛、执着追求、坚持梦想、爱国忧民等方面的科学家精神
小小创客显身手	认识大米的多方面妙用	在学生心中种下一颗小小的探究种子，并在科学家精神的培育下，希望他们茁壮成长，立志成才

（左侧：杂交水稻之父——农业科学家袁隆平教学流程图）

（六）学习评价量表

	☆	☆☆	☆☆☆	☆☆☆☆
认识了解	知道袁隆平的事迹和主要贡献	了解袁隆平被世人称颂的原因	了解袁隆平在研究中面对多重挑战，日夜钻研，克服困难，终获丰硕成果	了解袁隆平不只有斗争精神，还敢于拼搏，学会丰富的知识，在实验中有创新设想
探究实践	积极了解袁隆平的事迹	了解世界上在粮食方面更多的进步和不足	积极动手，收集并观察和记录不同种子的外部特征，亲手培育一颗种子	了解种子颜色、大小、结构和轻重等外部特征是不同的，种植并记录种子生长过程中的变化
态度责任	理解袁隆平在研究过程中的艰辛与困难	理解袁隆平研究路途艰难，不畏风雨，终日奔波于田间地头，不懈探索	通过不断学习，希望能够像袁隆平那样，遇事不气馁，有努力克服困难的勇气	具有社会责任，深入了解社会问题，并通过不断学习和实践增长自己的能力，愿意为解决社会问题做出自己的贡献

（七）教学设计

◎ 课前科学知识对对碰

小小大米讲究多，大米知识真正多，一日三餐要吃饱，大米少不了。作为餐桌上的绝对主角，米饭让我们觉得既熟悉又陌生，熟悉是因为每天都吃，每天都做，陌生是因为我们对于大米的认知仅仅存留在表面，对于大米的很多知识从未想过。

1. 大米的营养价值到底有多少？

2. 大米有哪些种类？

3. 长粒米和短粒米哪个更好？

4. 大米是不是越白越好、越精越好？

5. 大米是怎么长出来的吗？

6. 你知道我国著名的杂交水稻专家是谁吗？

◎ 课堂故事汇

教师活动	学生活动
环节一：植入背景，引出新课	
引导学生认识"世界杂交水稻之父"——袁隆平。	1. 了解袁隆平 2. 说一说获得的荣誉。
活动意图说明：通过图片和视频，引出"世界杂交水稻之父"——袁隆平，让枯燥的人物变得有趣，从而调动学生的积极性，培养学生的语言表达能力。	

续表

教师活动	学生活动
环节二：立下宏志，禾下乘凉	
1. 引导学生了解袁隆平的"禾下乘凉梦"。 2. 引导学生为自己种下一颗改造世界的梦想的种子。	学生通过学习了解袁隆平的"禾下乘凉梦"以及梦想在现实中如何实现。
活动意图说明：让学生通过故事了解袁隆平的"禾下乘凉梦"，同时也帮助学生从小树立自己的远大理想，在心里埋下理想的种子，培养学生的爱国情怀。	
环节三：胸怀天下，感念亲恩	
1. 朗读袁隆平写给妈妈的信。 2. 视频播放纪录片《时代我》片段	1. 学生通过学习感受袁隆平对妈妈的爱与思念。 2. 说一说袁隆平身上伟大的科学家精神。
活动意图说明：透过袁隆平写给妈妈的信，感受他对母亲的深厚感情，体会老一辈科学工作者伟大的科学家精神。	
环节四：盖世之功，国之重宝	
认识袁隆平杂交水稻试验的目的是伟大的，为中国和世界人民做出了巨大贡献。	1. 说一说袁隆平为人类做出的主要贡献。 2. 说一说自己的感触和以后自己想为人类做出的贡献。
活动意图说明：通过学生了解袁隆平为中国和世界人民做出的巨大贡献，渗透爱国情怀，从小树立为祖国争光的理想，努力为祖国做出自己应有的贡献。同时，也锻炼学生的语言表达能力。	
环节五：缅怀英雄，承志励行	
引导学生观看袁隆平勉励少先队员的视频。	感受袁隆平对自己的殷切希望。 齐诵心声，感受科学家的精神。 一起演唱歌曲《我有一个梦》
活动意图说明：通过观看视频，了解袁隆平对少先队员的殷切希望，让学生从小树立为国争光的思想，从小立志做一粒好种子。	

◎ 像科学家那样做

开展"星火燎原 逐梦稻香"实践活动

【学习目标】

1. 通过稻谷收割、动手做饭等全过程实践，认识劳动的艰辛与不易，产生爱惜劳动成果的情感。

2. 能运用各学科知识，在筹划稻谷收割、做饭等全过程中，初步培养科学探究意识和积极劳动思维，激发对稻谷变成白米饭探究的兴趣。

3. 在亲历稻谷采收、动手做饭等全过程实践中，初步掌握稻谷采收、翻晒、做饭等劳动技能，提升劳动能力。

4. 在稻谷采收、动手做饭、制作手捧花等劳动实践中，学会正确、安全地使用劳动工具，养成认真、专注做事等劳动习惯，培养积极实践、勇于克服困难的劳动品质。

【核心任务】

结合时节，逐梦稻香。利用金秋时节稻谷丰收的有利时机，家校携手，开展了割稻、晒谷、做饭等系列劳动技能的培养，在追溯白米饭的源头中进一步实践劳动，体验"粒粒皆辛苦"，促进学生尊敬劳动者，珍惜劳动成果。

【设计思路】

本学习活动的设计思路如图所示：

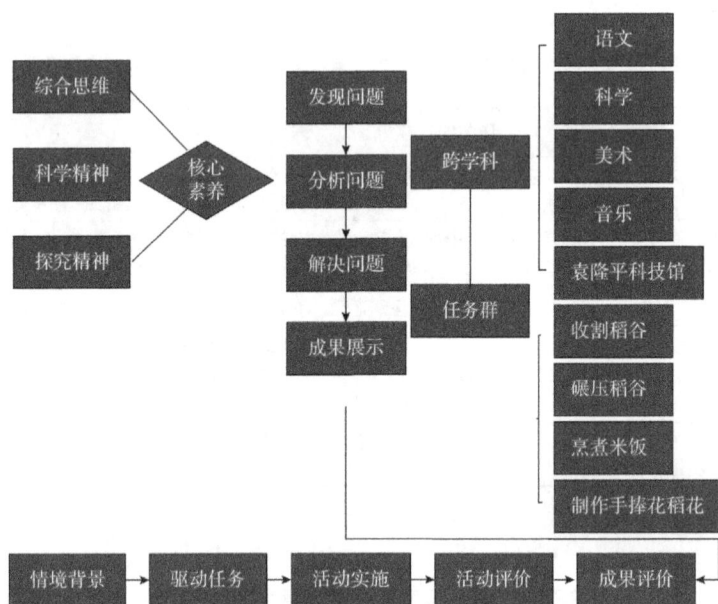

【确定任务群】

每一个任务，课内外相结合、学校和家庭相结合、各学科相结合，借助劳动任务，通过问题提出、劳动实践、成果分享，让学生亲近自然，辛勤劳动，在劳作中感受一粥一饭来之不易，从而养成爱劳动的好习惯和勤劳俭朴的好美德。

任务一：视频观看成都袁隆平杂交水稻科技馆的相关视频

1. 一层主要讲述的是国家粮食安全战略和杂交水稻的由来，以及杂交水稻对中国、对世界的贡献和与农业相关的科普知识。

2. 二层则是袁隆平科学家精神展馆，围绕袁隆平院士的成功秘诀——"知识、汗水、灵感、机遇"这八个字并结合其创新突破、勇于探索、不畏艰辛、执着追求、坚持梦想、爱国忧民等方面的科学家精神来讲述他是如何从一个懵懂少年成长为享誉世界的科学巨匠的过程。

通过互动、短片能真实感受到新中国成立之初的中国，科学家如何创新实践，攻坚克难的精神。

任务二：收割稻谷

1.看一看、闻一闻、摸一摸、拍一拍……同学们用各种感官和方式探索、身临其境地与稻谷来了个"亲密"接触。

2.在老师指导下，学生尝试割稻子，在劳动中，孩子们深切地体会到了农民的辛苦。

3.来到田间观察收割机收稻，感受到了现代化收割机器的高效。

4.稻谷场上，同学们认真地铺开稻谷进行翻晒，一簸箕一簸箕地把稻谷装进袋里……在汗水中真切地感受到了劳动的艰辛与充实。

任务三：蜕变谷米

1.打谷，由带队老师带领小朋友们将稻穗上的谷粒用小木槌敲打。

2.将稻谷里的杂质清理出来。

3.剩下的便是白生生的米粒了，传统称为"糙米"。

4.碾米。将带有谷皮的稻谷放入春臼，用木槌反复春打，直到稻谷的谷皮都脱落，才能看见洁白的大米。

5.把大米和稻谷放在一起进行对比，学生们会发现大米雪白晶莹，而未加工的稻谷颜色较暗，缺少光泽。

任务四：烹煮米饭

1. 量米：学生使用量杯量取适量的大米。

2. 淘米：学生将大米放入洗米盆中，加入足够的水，轻轻用手搅拌几下，让大米表面的灰尘和杂质浮起。

3. 煮饭：学生按照说明书上的比例或经验法则（如米水比1∶1.2）加入适量的水；如果没有经验法则，可以尝试用手背平放在米上测量，水超过手背不到一厘米即可。

4. 学生盖上电饭煲的盖子，确保密封良好。

5. 学生插上电饭煲的电源，选择"煮饭"或"白米"功能，并按下开始键。大多数电饭煲会自动控制加热和保温时间，直到米饭煮熟。

任务五：制作水稻手捧花

活动后剩余的水稻，在老师的指导下，孩子们将各种常见的配花和一系列植物进行颜色搭配，变成一束别致的花束。

1. 清理和剪切：指导学生清洗稻穗并剪去多余的枝叶，留下稻穗中较为饱满的部分。

2. 初步捆绑：指导学生用麻绳或彩带将几束稻穗初步捆绑在一起，形成一个基本的结构。

3. 编织花束：指导学生将多束稻穗按照一定的规律进行编织，形成手捧花的形状。可以尝试不同的编织方法，如螺旋式、圆形等。

4. 调整和固定：指导学生在编织过程中，随时调整稻穗的位置和角度，确保手捧花看起来更加美观。使用麻绳或彩带固定稻穗的位置。

5. 装饰：如果希望手捧花更加美观，指导学生可以使用花样绸带或干花枝进行装饰。将绸带或干花枝缠绕在花束上，或者绑在花束的一侧。

6. 完成：经过上述步骤后，一个独特而美丽的水稻手捧花就完成了。

【成果展示与交流】

教师为学生搭建成果展示交流的平台。在此次活动中，学生亲自见证了金黄的稻穗是如何变成粒粒白润的大米，也更加坚定了珍爱粮食、拒绝浪费的信念。班级开展了以《让每一粒粮食在我心里》为主题的活动，将这个秋天里的收获用别开生面的方式告诉更多人。

【学习活动评价】

要以学习目标为依据，以核心素养的发展水平为标准。针对不同的学习内容，采用多种评价方式，实现评价内容与评价方式的多元化。

◎ 小小创客显身手

项目	生活中的科学小实验——筷子提大米	小组成员	
		指导教师	
		学习时间	
项目背景	生活中的一餐一饭、一花一草不但给人们的精神和物质上带来了极大的愉悦，它们自身还存在着巨大的能量和科学价值。小学生有非常强的好奇心，厨房里常见的大米、面粉都可以成为很好的实验材料。本项目是利用大米膨胀增强与筷子间静摩擦力的科学原理，使用一根筷子将一桶大米提起来，既可以满足学生的好奇心，又可以培养学生细心观察生活，处处都有科学观察的探究精神。		
学习原则	学科知识应用、实验探究、小组合作等		
学习目标	目标1：学生了解静摩擦力。 目标2：利用静摩擦力的原理，使用筷子提起一桶大米。 目标3：学生能够乐于分享，互相交流，深刻认识到生活处处是科学。 目标4：学生能够通过实验更加热爱生活，珍惜粮食，保护大自然。		
研究问题	筷子提大米		
学习方法	实验法、小组合作等		
学习过程	装满大米的瓶子，遇到一支筷子，会发生什么有趣的现象呢？我们一起来看看吧！实验的名字叫做"筷子提大米"。 我们需要的材料： 1. 一个空瓶子、大米、一根筷子 2. 把杯子里的大米倒入空瓶子里 如果不好倒的，大家可以拿一张纸把它卷起来，当成漏斗，放到瓶口，然后把米倒入瓶子中。 3. 把大米压紧 4. 将筷子用力插入装满大米的瓶子里 你会发现，哇！大米被筷子提起来啦！ 原来，这个实验用到的原理，是小朋友们长大以后会学到的"静摩擦力"的原理。通过这个实验小朋友们对"静摩擦力"有了初步的认识，长大以后再遇到"静摩擦力"，就不会感觉陌生啦！		
研究报告	包括：项目背景、研究的问题、研究方案设计、研究过程与方法、研究结果、建议与展望等。		
分享交流	1. 学生以小组形式在学校提供的交流场所进行分享交流展示。 2. 找到更多的生活小科学，如漏勺盛面粉、吸管提胡萝卜等。 3. 书籍——形成《生活科学小实验集》，进行配图和视频录制。		
学习评价	成果：书籍和成果分享展示。 创新点：生活中的大多数有趣的实验主要以色彩、声音等更为显著的化学实验为主，以物理实验为主的生活科学实验较少，对于物理知识在生活中的应用也由于知识的难度、深度而不为大家熟知。本次科学实验中更多关注了物理知识在生活中的应用，让学生更早地了解物理知识的美好和实用性。 学习过程：学生在学习中把握生活动态，善于发现生活中的科学，将经验与科学知识相互转化，实现由好奇心推动下的自我发展。在学习过程中关注学生知识学习深度、探究实验广度及培养乐于观察的态度。		

四、课后阅读

袁隆平写给妈妈的信

亲爱的妈妈：

稻子熟了，妈妈，我来看您了。

妈妈，您在安江，我在长沙，隔得很远很远。我在梦里总是想着您，想着安江这个地方。人事难料啊，您这样一位习惯了繁华都市生活的大家闺秀，最后竟会永远留在这么一个偏远的小山村。

还记得吗？1953 年，我要从重庆的大学分配到这儿，是您陪着我，脸贴着地图，手指顺着密密麻麻的细线，找了很久，才找到地图上这么一个小点点。当时您叹了口气说："孩子，你到那儿，是要吃苦的呀……"

我说："我年轻，我会拉小提琴。"

没想到的是，为了我，为了帮我带小孩，把您也拖到了安江。最后，受累吃苦的，是妈妈您哪！您哪里走得惯乡间的田埂！我总记得，每次都要小孙孙牵着您的手，您才敢走过屋前屋后的田间小道。

对一辈子都生活在大城市里的您来说，70 岁了，一切还要重新来适应。我从来没有问过您有什么难处，我总以为会有时间的，会有时间的，等我闲一点一定好好地陪陪您……哪想到，直到您走的时候，我还在长沙忙着开会。那天正好是中秋节，全国的同行都来了，搞杂交水稻不容易啊，我又是组织者，怎么着也得陪大家过这个节啊，只是儿子永远亏欠妈妈您了……其实我知道，那个时候已经是您的最后时刻。我总盼望着妈妈您能多撑几天，谁知道，即便是天不亮就往安江赶，我还是没能见上妈妈您最后一面。

太晚了，一切都太晚了，我真的好后悔！妈妈，当时您一定等了我很久，盼了我很长时间，您一定有很多话要对儿子说，有很多事要交代。可我怎么就那么糊涂呢！这么多年哪，为什么我就不能少下一次田，少做一次试验，少出一天差，坐下来静静地好好陪陪您。哪怕，哪怕就一次也好。

妈妈，每当我的研究取得成果，每当我在国际讲坛上谈笑风生，每当我接过一座又一座奖杯，我总是对人说，这辈子对我影响最深的人就是妈妈您啊！

无法想象，没有您的英语启蒙，在一片闭塞中，我怎么能够用英语阅读世界上最先进的科学文献，用超越那个时代的视野，去寻访遗传学大师孟德尔和摩尔根？无法想象，在那个颠沛流离的岁月中，从北平到汉口，从桃源到重庆，没有您的执着和鼓励，我怎么能够获得系统的现代教育，获得在大江大河中自由遨游的胆识？

无法想象，没有您跟我讲尼采，讲这位昂扬着生命力、意志力的伟大哲人，我怎么能够在千百次的失败中坚信，必然有一粒种子可以使万千民众告别饥饿。他们说，我用一粒种子改变了世界。我知道，这粒种子，是妈妈您在我幼年时种下的！

稻子熟了，妈妈，您能闻到吗？安江可好？那里的田埂是不是还留着熟悉的欢笑？隔着21年的时光啊，我依稀看见，小孙孙牵着您的手，走过稻浪的背影；我还要告诉您，一辈子没有耕种过的母亲，稻芒划过手掌，稻草在场上堆积成垛，谷子在阳光中噼啪作响，水田在夕晒下泛出橙黄的颜色。这都是儿子要跟您说的话，说不完的话啊！……

儿：平

《我有一个梦》

作词：袁隆平　作曲：杨柠豪

我有着一个梦

埋在泥土中深信它不同

光给了它希望

雨给了它滋养

它陪种子成长

我有着一个梦

走在田埂上

它同我一般高

我拉着我最亲爱的朋友

坐在稻穗下乘凉

妈妈我来看您了

你看这晚霞洒满小山村

妈妈我陪您说说话

这种子是您亲手种下

在我心里发芽

（童谣）：

风吹起稻浪

稻芒划过手掌

稻草在场上堆成垛

谷子迎着阳光哔啵作响

水田泛出一片橙黄

第191号的发现者

—— 药学家屠呦呦

张婷婷

一、阅读资源导入

幼时喜读"有字书"和"无字书"

1930年，屠家唯一的女孩儿降生，开堂坐诊的父亲摘引《诗经》"呦呦鹿鸣，食野之苹"，为家中小妹取名"呦呦"，意为鹿鸣之声。受父亲影响，屠呦呦从小就喜欢翻看医书。屠家楼顶有个摆满各类古典医书的小阁间，这里是屠呦呦童年时的阅览室：《黄帝内经》、《神农本草经》、《伤寒杂病论》、《千金方》、《四部医典》、《本草纲目》、《温热论》、《临症指南医案》……虽然因识字不多且读得磕磕绊绊，但这里却是她医学梦萌发的温床。

在这样的环境下屠呦呦慢慢地长大，她开始跑下楼来给父亲做帮手，而看到前来求医问药的病人喝下父亲煎熬的汤药后疼痛逐渐有所缓解，心里不由得对中草药产生了浓厚的兴趣。每当父亲背起竹篓外出采药时，少年时期的屠呦呦都会像个跟屁虫似的一路追着，或钻进丛林寻觅，或抄起铁铲挖掘，或捧起草药嗅闻，其间自然会不停地向父亲询问诸种中草药的点滴知识，比如采收时节、药用部分、保存方法、品质疗效、贮藏要点……采药归来，屠呦呦的劲头会更大，宁可不吃饭不睡觉，也非要跟着父亲一起炮制药材，忙得不亦乐乎。

喜学习好读书的邻家女孩

屠呦呦的老家在宁波市中心开明街一带。她 1948 年春到 1950 年春在浙江宁波效实中学读高中，读书时的屠呦呦"长得还蛮清秀，戴眼镜，梳麻花辫"。

后来由于家庭经济原因，她从私立的效实中学转到公立的宁波中学读高二。她在班上不声不响，经常上完课就回家，成绩也在中上游，并不拔尖。但屠呦呦有个特点，只要她喜欢的事情，就会努力去做。

据宁波中学的同学翁鄮（mào）康回忆说，当时男女同学之间很少说话，他对屠呦呦不是特别熟悉，只是觉得她为人很低调，读书很认真。该学籍表上还详细记录着屠呦呦高中三个学年的各科学习成绩，学科分为政治、国文、英语、算学、历史、地理、物理、化学、生物，还有劳作、图书、音乐、体育等。从学籍表来看，正如屠呦呦的一些老同学所介绍的，她成绩中等，算不上"学霸"。她的一位马姓同学介绍，那是因为当时班上"学霸"很多。从宁波中学保留的学生名册来看，屠呦呦毕业于 1951 年春季，那届人才辈出，中科院院士石钟慈、中华书局总编傅璇琮等都是她的同届同学。有同学回忆说，当年班上 70 多名同学基本都考上了大学，考取北京大学的就有四五个，而且不少同学后来从事卫星、导弹研究。

在众多"学霸"级同学中，一向低调、婉约的屠呦呦越发显得平凡。不过，她的聪明和认真，给当年的老师和同学留下了深刻的印象。据当年宁波中学的生活辅导主任徐老师评价说，"屠呦呦，优秀、幽静，是个好学生，聪慧、灵巧，不仅读书好，品格也好，不是一个捧着书死板读书的人，本身就有学习上的天赋。"

二、屠呦呦的主要研究成就

2015 年 10 月 5 日，瑞典卡罗琳医学院在斯德哥尔摩宣布，屠呦呦，一名来自中国的女科学家与一名来自日本的科学家和一名来自爱尔兰的科学家共同获得了 2015 年诺贝尔生理学或医学奖，以表彰他们在寄生虫疾病治疗研究方面的成就。屠呦呦成为第一位获得诺贝尔自然科学奖的中国本土科学家和第一位获得诺贝尔生理学或医学奖的中国科学家，从而实现了中国人诺贝尔自然科学奖的重大突破。

屠呦呦多年来一直从事中西医结合的研究，她的突出贡献是创造了新的抗疟药青蒿素和双氢青蒿素。1972 年，一种分子式为 $C_{15}H_{22}O_5$ 的无色晶体被成功提取出来，并命名为青蒿素。

在过去几十年里，用于治疗疟疾的药物青蒿素，拯救了全世界数百万人的生命，特别是在发展中国家。屠呦呦还获得美国拉斯克奖和葛兰素史克中国研发中心颁发的"生命科学杰出成就奖"。这两个奖项分别表彰屠呦呦"发现了青蒿素"以及"用现代的科学方法研究中药"。

三、教学设计

（一）设计说明

了解有关屠呦呦的事迹，学习屠呦呦身上坚毅、奉献的科学家精神。对中草药产生研究兴趣。在开展实地考察活动时，用科学的方法观察和记录，形成成果。

（二）适用学科、学段、学生群体

"呦呦鹿鸣，食野之蒿。"屠呦呦的名字源于《诗经》。诗句中的"蒿"即为"青蒿"。从父母起名到发现"中国神药"——青蒿素，到荣获诺贝尔奖，她的一生与"蒿"有缘。青蒿素是传统中医送给世界人民的礼物，是中国科学事业、医学事业走向世界的一个荣耀。在屠呦呦的手中，一株小草提高了中药地位、改变了世界看法，中国之蒿将大踏步地走向全球、走向未来、走向辉煌。获诺奖后，她说得最多的是："荣誉多了，责任更大，我还有很多事要做。"低年级同学可以从日常生活和阅读中了解到屠呦呦的贡献，有这样一位心系苍生、勇于奉献、敢于创新的科学家做我们的榜样，就让我们从生活的小事做起，坚守信念，早早地在心里埋下一个个强国、复兴，创造更和谐、更富强国家的医学梦。

适用于小学低年级活动课、班会课或课后服务。

（三）学习目标

1.学生通过科普知识和资料汇总，了解有关屠呦呦的事迹，学习她身上坚毅、奉献的科学家精神。中华民族的伟大复兴、社会主义现代化强国的建设离不开科技支撑，应从小培养科学家精神。

2.学习屠呦呦永葆初心、勇攀高峰、坚持奋斗、造福人类的工匠精神和立志报国的爱国情怀。

（四）课程实施策略

1.立足学生的需求和好奇心，低年级学生学习可以从绘本入手，以故事为载体，对屠呦呦的不同成长阶段有所认识，尊重学生已有的知识和经验，了解她不同成长阶段所具备的科学家精神。

2.强调学生、学校和社会之间的联系，充分利用社会资源，以调查、走访的形式深入理解人物的精神，塑造更加饱满的人物形象，在逐步认识屠呦呦这一代科学家爱国、创新、求实、奉献、协同、育人的科学家精神后，树立正确的价值观。

3.探索性学习环境的建立是培养科学精神的前提。教师要通过提供素材、组织讨论、搜集信息等多种方式，营造一个对学生友好的学习环境。在学习中，要鼓励学生提出问题，提高他们的好奇心和质疑精神，更好地促进他们的思考和学习。

（五）教学流程

渐进式教学方式，将动手与动脑有机结合，在认识中由学生自发生成问题，在好奇心的推动下学生主动认识问题，剖析问题产生的背景与原因。深刻体会屠呦呦在研发青蒿素中遇到的困难和想要战胜困难的决心，学习屠呦呦这些美好的科学品质和人性光辉，为以后学生的成长和梦想的追求带来不断进步的动力。

学习目标逐级递进：

| | 目标环节 | 主要内容 | 概念生成 |

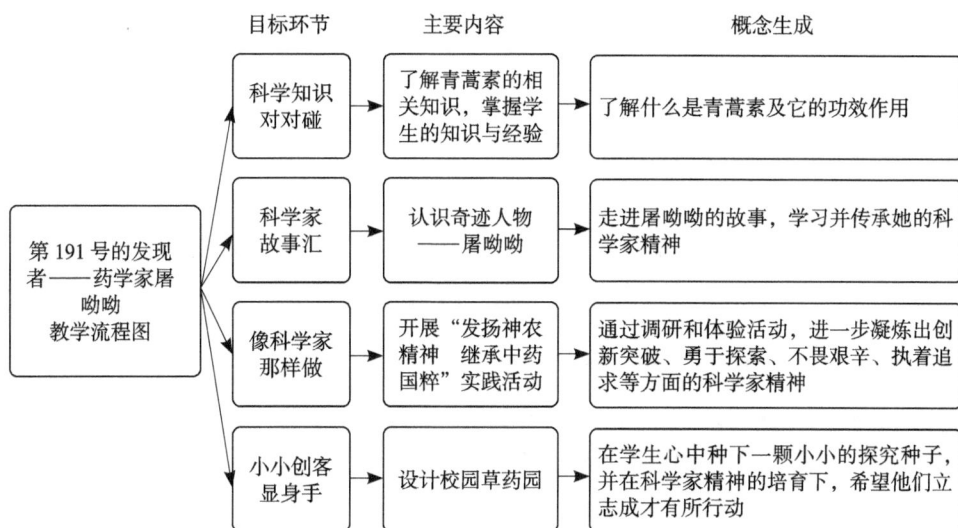

第191号的发现者——药学家屠呦呦教学流程图

- 科学知识对对碰 → 了解青蒿素的相关知识，掌握学生的知识与经验 → 了解什么是青蒿素及它的功效作用
- 科学家故事汇 → 认识奇迹人物——屠呦呦 → 走进屠呦呦的故事，学习并传承她的科学家精神
- 像科学家那样做 → 开展"发扬神农精神 继承中药国粹"实践活动 → 通过调研和体验活动，进一步凝炼出创新突破、勇于探索、不畏艰辛、执着追求等方面的科学家精神
- 小小创客显身手 → 设计校园草药园 → 在学生心中种下一颗小小的探究种子，并在科学家精神的培养下，希望他们立志成才有所行动

（六）学习评价量表

	☆	☆☆	☆☆☆	☆☆☆☆
认识了解	知道屠呦呦的事迹和主要贡献	了解屠呦呦获奖的原因及其对世界的贡献	理解屠呦呦在研究过程中的艰辛，对其充满敬畏之心	了解屠呦呦不只是有坚毅精神，还要敢于拼搏，学会丰富的知识，在实验中有创新设想
探究实践	积极了解屠呦呦的事迹	了解疟疾对人类生命的威胁，研制出青蒿素对世界的重大作用	查阅资料，了解青蒿素研制过程中的困难与艰辛	了解什么是青蒿素及它的功效、作用
态度责任	了解屠呦呦在研究过程中遇到的困难	理解屠呦呦在研究过程中的艰辛，对其充满敬畏之心	通过不断学习，希望能够像屠呦呦那样，遇事不气馁，有努力克服困难的勇气	具有社会责任，深入了解社会问题，并通过不断学习和实践增长自己的能力，愿意为解决社会问题作出自己的贡献

（七）教学设计

◎ 课前科学知识对对碰

中药材有着悠久的历史和文化底蕴。中药学是我国独有的宝贵传统学问，已经在数千年的历史中得到了不断积累和发展。世界上独一无二的《本草纲目》是我国古代最全面、最系统的药物学著作，对中药材的分类、功效、方剂

等方面做出了重要贡献，为后世研究中药材提供了重要依据。中药材代代相传，体现了我国医学传统的智慧和精髓，也体现了我国丰富多彩的文化。

1. 生活中，你见到过哪些中草药？

2. 这些中草药都有什么药用价值？

3. 中草药一定是苦的吗？

4. 你了解青蒿素及它的功效吗？

◎ 课堂故事汇

教师活动	学生活动
环节一：儿童眼中的屠呦呦	
引导学生认识发现"中国神药"的科学家——屠呦呦。	1. 了解屠呦呦。 2. 说一说屠呦呦获得的荣誉。
活动意图说明：通过图片和视频，引出发现"中国神药"的科学家——屠呦呦，让枯燥的人物变得有趣，从而调动学生的积极性，培养学生的语言表达能力。	
环节二：儿童眼中的科学梦	
1. 引导学生了解屠呦呦的科学梦。 2. 引导学生为自己种下一颗科学梦想的种子。	学生通过学习了解屠呦呦的科学梦以及梦想在现实中的实现。
活动意图说明：在了解屠呦呦的科学梦的时候，也就是在学生心中播撒科学梦想的时候，学生在歌颂科学精神的时候，会以此为榜样。学生在不断总结的过程中，就是在学习和提升。	
环节三：实践激发科学梦	
1. 运用看、捏、闻等方法观察中草药，引导学生说出中草药的名称及外形、味道等特征。 2. 观察、品尝，相互交流中草药在水中的变化，了解中草药的保健作用。	1. 学生介绍菊花、枸杞、胖大海等中草药的简单特征。讲一讲中草药。 2. 学生品尝中草药，知道一些基本的常识。
活动意图说明：从生活实际入手，从身边的事入手，贴近学生的生活，引起学生共鸣；通过学生动手触摸，更能有直观体会，激发其科学梦。	

◎ 像科学家那样做

开展"发扬神农精神　继承中药国粹"实践活动

【学习目标】

（1）通过开展认识中药活动，引导学生了解中药的起源、功效和使用方法，增强学生对中药的兴趣和认知，培养学生爱护中药的意识。

（2）能运用各学科知识，在认识中药的全过程中，初步培养科学探究意识和积极探索思维，激发学生的创造力。

（3）在认识中药的全过程中，能借助网络或书本查阅资料，初步认识一些中药材，并体验中药实践活动，提升动手能力。

【核心任务】

通过开展认识中药活动，引导学生了解中药的起源、功效和使用方法，增强学生对中药的兴趣和认知，感受我国中药材的悠久历史，体验中药知识及作用等学习活动，培养学生爱护中药的意识。

【设计思路】

本学习活动设计思路如图所示：

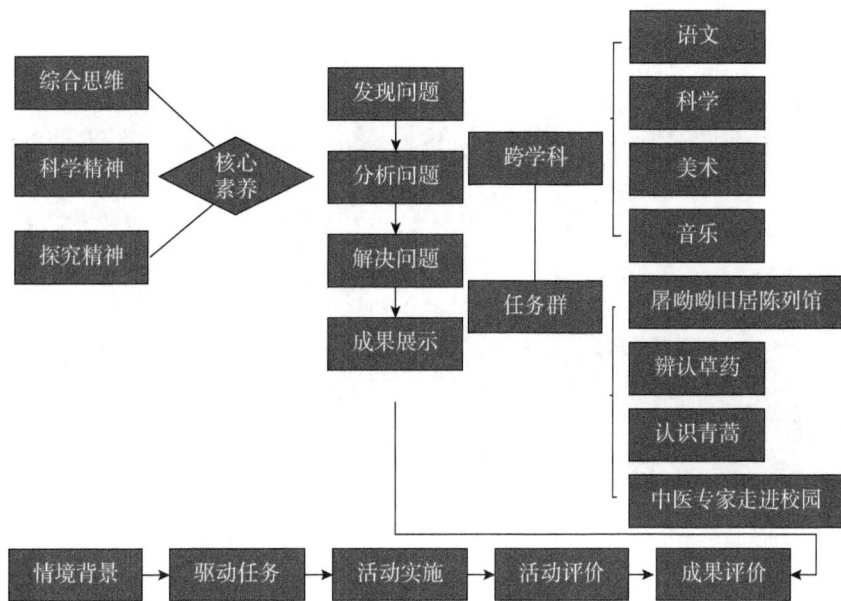

【确定任务群】

每一个任务，将课内外相结合、学校和家庭相结合、各学科相结合，借助认识中药材任务，通过问题提出、动手实践、成果分享，让学生开动脑筋，动手制作，激发学生的创造力。

任务一：视频观看宁波屠呦呦旧居陈列馆的相关视频

（1）小而精的宅子，两栋楼包含陈列馆和书屋，中间的院子还植着黄花蒿。展厅部分以图文、影像结合实物资料介绍屠呦呦家族和个人的生平经历、所获荣誉、青蒿素发现经过等。此外，科普体验馆展示了青蒿素的提取过程。

（2）陈列馆一楼"呦呦鹿鸣依依乡情""矢志寻蒿不辱使命""神药济世造福人类""传承弘扬贵在创新"四个陈列篇章，对屠呦呦生平事迹、科研成就及中医中药文化内涵有了更加深刻的理解，进一步体会到屠呦呦勇于创新、甘于奉献的时代精神。

（3）陈列馆二楼主要为中医药专家研究室、培训活动室和学生科普基地，通过观看历史文献、医学知识、模拟实验室，使用"提取青蒿素"及"青蒿灭蚊"等多媒体互动软件，对屠呦呦矢志寻蒿的艰辛探索和伟大力量有了更为生动、深入的了解。

任务二：小小神农，学会辨认草药

选取几种草药，讲解其特性，学生学习辨认。

（1）观看生活中人们冲泡枸杞、菊花、胖大海的视频，产生对中药的兴趣，提出问题：为什么人们要冲泡这些？

（2）运用多种感官探究操作，认识菊花、枸杞、胖大海等几种生活中常见的中草药的名称、特征。

任务三：认识青蒿

（1）了解青蒿是一味中药，在全国大部分地区都有分布。该药材气香特异，味微苦，以色青绿、质嫩、未开花、香气浓郁者为佳。

（2）了解青蒿的功效。既可用于治疗暑热外感的发热无汗或有汗、头昏头痛等，也善于治疗阴虚发热的骨蒸潮热、盗汗、手足心热等，以及温热病后期的夜热早凉或低热不退等。此外，青蒿还能用于疟疾之寒热往来，是治疗疟疾，尤其兼暑邪的要药。青蒿还有凉血之功，可用于血热鼻衄、紫斑。

（3）了解青蒿素治病原理。根据现代药理学知识，青蒿中含有青蒿素，对各种类型疟疾均疗效突出。青蒿素及其衍生物具有抗动物血吸虫病的作用。青蒿素还能减慢心率，抑制心肌收缩力，降低冠脉流量，降低血压，促进机体细胞的免疫力，对多种细菌、病毒具有杀伤作用，亦有较好的解热、镇痛作用。

任务四：中医专家走进校园

请中医院的专家教授为同学们开展生动的讲座，介绍屠呦呦的故事以及她的研究成果和做出的突出贡献，了解青蒿及青蒿素，以及一些中医文化。

【成果展示与交流】

教师为学生搭建成果展示交流的平台。在认识中草药的过程中，学生亲自体验了草药的神奇，感受我国中药材的悠久历史，培养科学探究意识和积极探索思维，激发学生的创造力。

【学习活动评价】

学习活动评价要以学习目标为依据，以核心素养的发展水平为标准。针对不同的学习内容，采用多种评价方式，实现评价内容与评价方式的多元化。

◎ 小小创客显身手

项目	设计校园草药园	小组成员	
		指导教师	
		学习时间	
项目背景	生态校园是学校校园文化的设计理念之一。校园草药园既能美化校园环境，又为学生提供了学习中草药的珍贵场所。学生在草药园可以经历播种—养护—收获的过程，能够近距离观察草药的结构特点、生长过程。		
学习原则	学科知识应用、实验探究、小组合作等		
学习目标	目标1：学生了解校园草药园的建设意义。 目标2：能够基于对中草药的理解，将中草药按照一定标准分类。 目标3：能通过查阅资料、实地考察等方式设计校园草药园的方案。 目标4：学生能够通过设计产生更多的对中草药的兴趣，同时热爱生活，珍爱生命，保护大自然。		
研究问题	如何设计校园草药园		
学习方法	设计构思、实地探究、小组合作等		
学习过程	了解中草药的相关知识，去药用植物研究所实地考察。 汇报前期调研结果，交流、研讨，以小组为单位进行设计。 汇报设计方案，学生相互评价，提出修改意见，根据意见进行修改，形成最终的设计方案		
研究报告	包括：项目背景、研究的问题、研究方案设计、研究过程与方法、研究结果、建议与展望等。		
分享交流	分享、交流前期调研成果 分享、交流设计方案		
学习评价	学习过程：学生在以完成最终目标的项目式学习中，逐步深入了解，充分发挥主观能动性，通过实践形成正向反馈，可以在认识的基础上改造世界，切实为社会发展做贡献。 态度责任：能积极开展调研、设计。 成果：设计方案集		

四、课后阅读

第 191 号的发现者 —— 药学家屠呦呦

1930 年冬，一个女孩诞生于屠家，她是家里五个孩子中唯一的女孩子，父亲屠濂规给她取名屠呦呦。"呦呦鹿鸣，食野之苹"，《诗经·小雅》的名句寄托了屠呦呦父母对她的美好期待。

屠呦呦出身名门，其父亲曾在上海太平洋轮船公司工作。根据屠濂规所在的《甬上屠氏家谱》记载，屠家祖先在南宋庆元年从江苏常州府无锡县迁居至宁波，至今绵延达 700 余年。曾出过吏部尚书、太子太傅赠太保屠滽，文学家和戏曲家屠隆和博物学家屠本畯等等。比起屠呦呦的父族，屠呦呦的母族更是不遑多让，称得上当时宁波的豪门望族。根据《鄞县姚氏宗谱》记载，屠呦呦的外公姚传驹，曾于东北三省沦陷前任中国银行行长、民国财政司司长等职。谁也不明白出生在如此显赫家庭背景之下的屠呦呦为何走上了医学科研之路。原来十六岁那年，屠呦呦染上了肺结核，不得不终止学业，正值豆蔻年华，却不曾料想得此恼人的病，好在经过两年的求医问药后痊愈，得以返回学校。这次的病却驱使她走向了医学研究之路。1951 年，二十一岁的屠呦呦考入北京大学，在北大医学院药学系学习，专业是生药学。大学四年期间，屠呦呦学习很刻苦，她发现自己对植物化学、本草学和植物分类学有着极大的兴趣。这也为她发现研究青蒿素奠定了基础。

神奇的小草

今天晚上我和妈妈一起看了一个故事名叫《神奇的小草》，里面讲了一个小女孩名叫呦呦，她小时候看到了一个老爷爷，每天很早去采草药。她觉得非常好玩，所以她的梦想就是当一个采药人。

长大后的她怀抱着这个梦想，真的变成了一个中医研究院的研究员。在二十世纪六七十年代，可怕的疟疾正在中国、东南亚一些国家、非洲等地爆发蔓延，严重危害着人类的生命。所以呦呦背着药箱独自走进了中国南方热带的丛林中，这里是疟疾的高发区。在丛林深处的村子里，呦呦走访和检查着不同年龄的病人，疟疾正在折磨着这里的女人、老人和孩子……

呦呦对着古老的医书，从 100 多种草药中选出了一种幸运的小草，这就是青蒿。

呦呦和她的团队为了提取青蒿素，他们经历了 190 次失败的实验，但是他们还是成功了，用第 191 号的发现成功打败了疟疾。

中国肝胆外科之父

——医学家吴孟超

韩　娜　白晓曼　宋官雅

一、阅读资源导入

一颗心许党报国，一双手济世苍生

1975年，春节刚过，一个挺着大肚子的男子在家人的搀扶下，点名要找吴孟超。原来这位患者长了个拳头大的瘤子，去医院检查后发现是肝癌。两年过去了，瘤子越长越大。他换了个医院做了个穿刺。不料引起大出血，医生再也不敢接诊这个病人。吴孟超确认这是一个罕见的特大肝海绵状血管瘤。检查显示，这个瘤子直径竟达68cm。将直径在5cm以上的肝海绵状血管瘤划为"巨大"，其瘤破裂会引起腹腔急性大出血，常可导致死亡。

吴孟超带着助手查阅了国内外大量资料，在反复推敲后，制订了周密的手术方案。考虑到手术难度高、风险大，学校和医院调集了15个科室共40多名医务人员全力配合。当切口完全打开时，一个装满鲜血的蓝紫色的巨大瘤体赫然呈现在眼前，让所有在场的手术室"常客"都有点毛骨悚然。

吴孟超定了定神，沉着地切断一根血管，并立即止血，又切断一根血管，再止血，小心翼翼地剥离瘤体。10分钟，20分钟，30分钟，他重复着这些动作。1小时，2小时，3小时，吴孟超依然重复着这些动作。助手们看着他，大气都不敢出。要知道手术刀只要稍稍碰破哪怕是一点点瘤体，鲜血立即会喷涌而出。

吴孟超的额头渗出了汗水。护士见状，连忙用纱布帮他吸掉。不断渗出，不断吸掉。当钟表指向晚上8点30分，在手术台上站了整整12个小时的他顺利完成了手术！

三十几年过去了，这个患者依然健康地活着，已经80多岁的他还经常打电话给吴孟超，表达他们全家人的感激。吴孟超说："我看重的不是创造奇迹，而是救治生命。医生要用自己的责任心，帮助一个个病人渡过难关。"

二、吴孟超的主要研究成就

吴孟超是中国肝脏外科的开拓者和主要创始人之一，被誉为"中国肝胆外科之父"。他创立了中国人肝脏"五叶四段"理论，奠定了中国肝胆外科的理论基础。

吴孟超成功完成了我国第一例肝脏肿瘤切除手术，并开创了间歇性肝门阻断切肝法和常温下无血切肝法等先进技术。他还完成了世界上第一例中肝叶切除手术，极大地提高了肝癌手术的成功率。

吴孟超先后获国家、军队和上海市科技进步奖数十项，出版医学专著19部，发表论文220余篇。他于1991年当选为中国科学院院士，2005年荣获国家最高科学技术奖。2011年，第17606号小行星被命名为"吴孟超星"，这是对他卓越贡献的永久纪念。

三、教学设计

（一）设计说明

我们从了解吴孟超的生平事迹和他在肝胆外科领域的贡献，引导学生学习吴孟超的科学家精神，从而培养学生勇于探索、坚持不懈、无私奉献的科学家精神，激发学生对医学和科学的兴趣。

（二）适用学科、学段、学生群体

一个好医生，眼里看的是病，心里装的是人。吴孟超正是这样一位好医生。低年级同学可以从日常生活和阅读中了解到吴孟超是我国肝胆外科之父，要把"吴孟超精神"转化为敢于有梦、勇于追梦、勤于圆梦的动力，不怕苦、肯吃苦，耐得住寂寞，经得住风雨，勇敢战胜前进道路上的一切困难。

适用于小学低年级活动课、班会课或课后服务。

（三）学习目标

1. 通过科普知识和资料汇总，了解有关吴孟超的事迹，知道世人称颂吴孟超为"中国肝胆外科之父"的原因。

2. 通过阅读、实践探究等，理解吴孟超在进行肝胆外科手术过程中的艰辛与困难，学习他身上创新、拼搏、深耕不辍的科学家精神。

（四）课程实施策略

1. 立足学生的需求和好奇心，低年级学生学习可以从绘本入手，以故事为载体，对吴孟超的不同成长阶段和所处的相应历史背景有所认识，尊重学生已有的知识和经验，了解不同背景下吴孟超的科学家精神。

2. 强调学生、学校和社会之间的联系，充分利用社会资源，以调查、走访的形式深入理解人物的精神，塑造更加饱满的人物形象，在逐步认识吴孟超这一代科学家爱国、创新、求实、奉献、协同、育人的科学家精神后，树立正确的价值观。

3. 体验式课程，渐进式教学，将活动与课堂结合，点燃学生的学习兴趣。

（五）教学流程

渐进式学习方式，将动手与动脑有机结合，在认识中由我们自发生成问题，在好奇心推动下我们主动认识问题，剖析问题产生的背景与原因。深刻体会吴孟超在研究过程中遇到的困难和想要战胜困难的决心，学习吴孟超那些美好的科学品质和人性光辉，为我们以后的成长和梦想的追求带来不断进步的动力。

学习目标逐级递进：

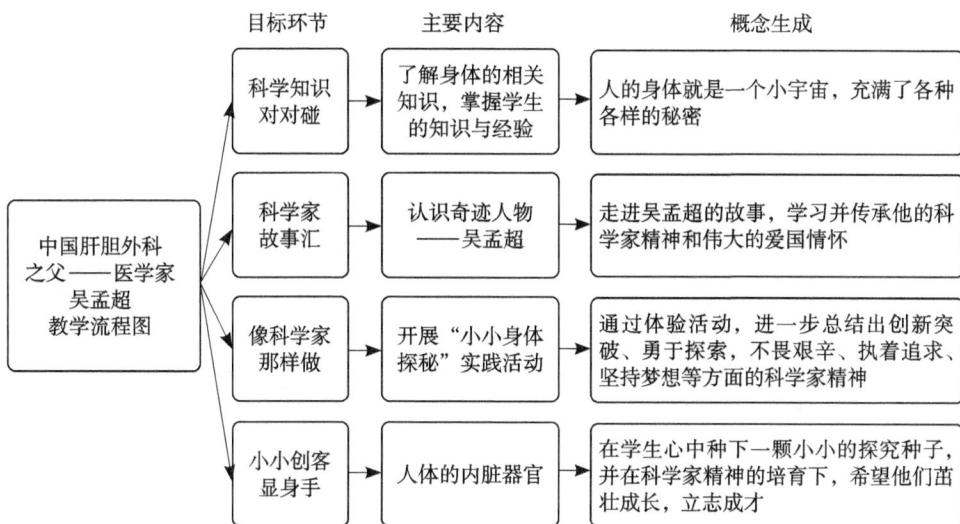

	目标环节	主要内容	概念生成
中国肝胆外科之父——医学家吴孟超教学流程图	科学知识对对碰	了解身体的相关知识，掌握学生的知识与经验	人的身体就是一个小宇宙，充满了各种各样的秘密
	科学家故事汇	认识奇迹人物——吴孟超	走进吴孟超的故事，学习并传承他的科学家精神和伟大的爱国情怀
	像科学家那样做	开展"小小身体探秘"实践活动	通过体验活动，进一步总结出创新突破、勇于探索，不畏艰辛、执着追求、坚持梦想等方面的科学家精神
	小小创客显身手	人体的内脏器官	在学生心中种下一颗小小的探究种子，并在科学家精神的培育下，希望他们茁壮成长，立志成才

（六）学习评价量表

	☆	☆☆	☆☆☆	☆☆☆☆
认识了解	知道吴孟超的事迹和主要贡献	了解吴孟超被大家称颂的原因	了解吴孟超在研究过程中历经艰难险阻，遭遇无数挑战，但坚持不懈，最终攻克难关	了解吴孟超不只是有深耕不辍的精神，还要有敢于拼搏的创新设想
探究实践	积极了解吴孟超的事迹	了解我国肝胆外科的不足	能够观察并描述身体的外部结构	能够用摸、听等方法，探知身体内部的情况。能够尝试用不同方法开展观察活动，以证实自己的观察结果
态度责任	知道吴孟超的研究是要付出努力和心血才能有成果的	理解吴孟超在研究路上面临无数艰辛，长期研究刻苦攻关，孜孜不倦	通过不断学习，希望能够像吴孟超那样，遇事不气馁，有努力克服困难的勇气	具有社会责任，深入了解社会问题，并通过不断学习和实践增长自己的能力，愿意为解决社会问题作出自己的贡献

（七）教学设计

◎ 课前科学知识对对碰

人的身体就是一个小宇宙，充满了各种各样的秘密。小朋友们，对自己的身体，你了解多少？

　　1. 你的身体是由哪些部分组成的？

　　2. 你身体的内部器官有哪些？

　　3. 你了解肺的作用吗？

　　4. 你了解肝胆的作用吗？

◎ 课堂故事汇

教师活动	学生活动
环节一：创设情境，识榜样	
引导学生认识"中国肝胆外科之父"——医学家吴孟超。	1. 了解吴孟超。 2. 说一说他获得的荣誉。
活动意图说明：通过图片和视频，引出"中国肝胆外科之父"——医学家吴孟超，让学生特别想了解吴孟超，从而调动学生的积极性。	
环节二：小小故事，话榜样	
1. 让学生了解吴孟超创造的奇迹： （1）他从医78年里，用一把柳叶刀，挽救和延长了16000多位病人的生命，90多岁高龄还坚持每周出门诊、为病人做手术。 （2）他创造了肝胆外科领域的无数个世界第一，将中国肝脏外科推动至国际领先水平。 2. 听故事《一颗心许党报国，一双手济世苍生》，引导学生了解中国肝胆外科之父吴孟超。 3. 让学生朗读歌谣： 手中一把刀，游刃肝胆，依然精准； 心中一团火，守着誓言，从未熄灭！ 他是一匹不知疲倦的老马， 把病人一个一个驮过河。	1. 学生通过学习，了解吴孟超心系祖国和人民的优秀品格。 2. 让学生谈一谈吴孟超的哪件事情给自己留下了深刻印象。
活动意图说明：让学生通过故事了解吴孟超一生热爱党、热爱祖国、热爱科学事业，为中国肝胆科学事业鞠躬尽瘁的优秀品质，培养学生的爱国主义情怀。	
环节三：拓展延伸，学榜样	
1. 让学生讲一讲吴孟超的故事。 2. 让学生说一说应该怎么向吴孟超学习。	1. 用红领巾广播，向全校学生介绍吴孟超的故事。 2. 写下自己心中的理想。 3. 做"我心中的吴孟超"手抄报。 4. 开展吴孟超名言搜集活动。
活动意图说明：通过"学榜样"这样的活动，给学生们讲理想、说奉献搭建平台，从而进一步体会老一辈科学工作者伟大的科学家精神，帮助学生们树立正确的人生观和价值观。	
环节四：总结提升，诵榜样	
1. 齐诵诗歌《赞吴孟超》 2. 引导学生说一说自己以后在学习和生活中应该怎么做？	说一说自己的感触和以后自己想为祖国做出的贡献。
活动意图说明：通过诗歌，渗透爱国情怀，从小树立为祖国争光的理想，努力为祖国做出自己应有的贡献。同时，让学生们在诗歌中感受科学家的伟大精神，使班会氛围达到高潮，让孩子们记忆深刻。	

◎ 像科学家那样做

开展"小小身体探秘"实践活动

【学习目标】

1. 能够观察并描述身体的外部结构。

2. 能够用摸、听等方法，探知身体内部的情况。

3. 能够尝试用不同的方法开展观察活动，以证实自己的观察结果。

4. 能够如实描述自己的观察结果。

【核心任务】

能够观察和描述身体的外部结构，知道人的身体的基本结构分为头、颈、躯干、四肢，以及身体外形具有左右对称的特点。

能够尝试用不同的方法开展观察活动，以证实自己的观察结果。

【设计思路】

本学习活动设计思路如图所示：

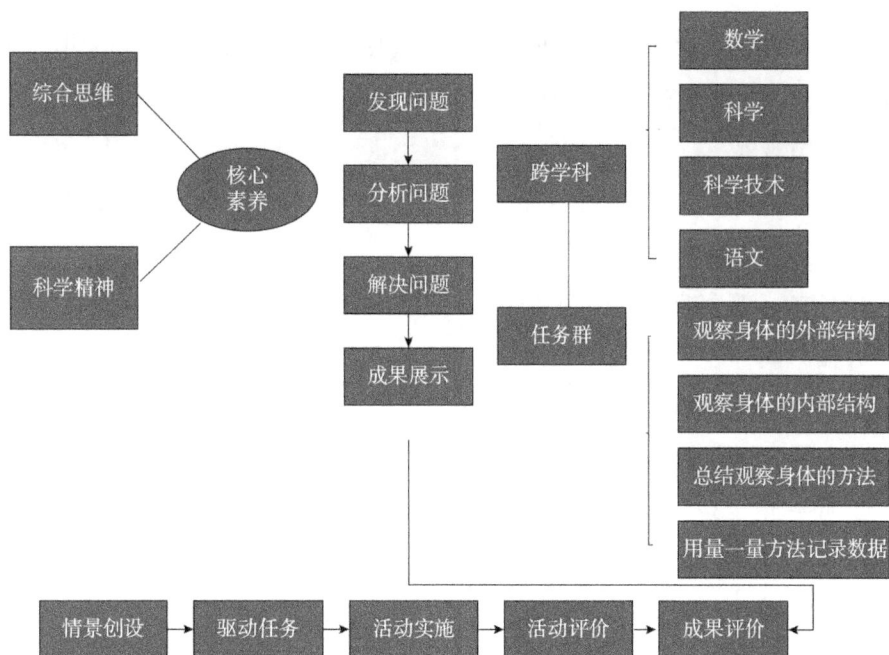

【确定任务群】

每一个任务，课内外相结合、各学科相结合，借助任务，通过问题提出、实践探索、成果分享，让学生了解身体结构。

任务一：观察身体的外部结构

1. 整体观察

（1）引导学生从整体上观察自己的身体或同伴的身体，对身体的整体形态有一个初步的认识。

（2）强调身体的左右对称性，让学生观察并描述身体左右两侧的相似之处。

2. 分部观察

（1）头部：观察头部的形状大小，以及头发、眼睛、鼻子、耳朵等面部特征。

（2）颈部：观察颈部的长度、粗细和灵活性。

（3）躯干：观察躯干的形状、大小，以及胸部、腹部、背部等部位的特征。

（4）四肢：观察手臂的长度、粗细，以及手掌、手指的形状和大小；观察大腿、小腿的长度和粗细，以及脚部的形状和大小。

3. 细节观察

引导学生进一步观察身体各部分的细节特征，如皮肤的颜色、纹理和关节的构造等。

任务二：观察身体的内部结构

1. 摸一摸

（1）引导学生用手触摸自己的身体，感受皮肤下的肌肉、骨骼等。

（2）小组内互相触摸并讨论感受，记录在白纸上。

2. 听一听

（1）使用听诊器，让学生互相听一听腹部和背部的声音，感受心脏跳动、肠蠕动等。

（2）汇报听到的声音及可能的器官。

3. 看一看

（1）展示人体内部结构图，引导学生认识心脏、肺、胃、肠等主要器官的位置和功能。

（2）学生对照图片，指出自己刚才摸到的部位和听到的声音对应的器官。

任务三：总结观察身体的方法

1. 提问：刚才我们用了哪几种方法观察身体？

根据学生回答板书：摸、听、看

2. 交流：在观察身体的过程中你还有其他不清楚或者想知道的问题吗？

3. 整理学生的疑问：关于身体不能观察到的内部结构。

（1）引导：刚才同学们提出了许多自己的疑问和想研究的问题。

（2）观察一下，说说你知道我们身体里还有什么？

4. 小结：我们的身体里还有许多部分等着我们继续深入了解。

任务四：用量一量的方法来记录身体数据

1. 引导：除了摸一摸、听一听、看一看，我们还可以用量一量的方法来记录自己的身体数据。

2. 两人一组，学生互相量一量并记录。

3. 小结：我们每个人的身体都有相同的部分，但也有不同的地方，比如我们的这些长度、重量等等。通过今天的学习，我们认识到人的身体的外部结构都是相同的，包括头、颈、躯干、四肢四部分。同时，人体还具有左右对称性。我们身体内部还包括其他器官。

【成果展示与交流】

活动手册可以让学生在课前进行信息收集工作，在课上"聚焦"环节使用。也可以在课上让学生亲自测量、收集数据，这样可以帮助学生通过测量认识身体的各部分。还可以让学生学习完本课之后再填写身体信息，画出手的轮廓图，进一步加深对身体结构的认知。

【学习活动评价】

要以学习目标为依据，以核心素养的发展水平为标准。针对不同的学习内容，采用多种评价方式，实现评价内容与评价方式的多元化。

◎ 小小创客显身手

项目	认识人体的内脏器官	小组成员	
		指导教师	
		学习时间	
项目背景	人体内脏器官是指位于身体内部的器官，各自拥有特定的生理功能。它们协同工作，维持着人体的新陈代谢、循环、呼吸、消化、排泄等生命活动。了解内脏器官的生理结构与功能，对于保持身体健康具有重要意义。本项目既可以满足学生的好奇心，又可以培养学生科学观察的探究精神。		
学习原则	学科知识应用、小组合作等		
学习目标	目标1：让学生认识内脏器官的名称。 目标2：让学生对人体内脏的各部分功能有初步了解。 目标3：初步培养学生保护内脏器官的意识。		
研究问题	人体内脏器官		
学习方法	小组合作等		
学习过程	一、人体模型介绍 首先向学生们展示人体模型，指出各部分的名称，如头、胸、腹等，并重点强调这些部分内部的器官位置。 二、人体内脏器官实验模拟 1.心脏实验 （1）取一个气球，吹气并系紧口部。这个气球就像我们人体的心脏，不断为身体输送血液。 （2）让学生们触摸气球，感受其形状和弹力，体验心脏跳动的感觉。 2.消化系统实验 （1）在透明水杯中倒入一定量的醋（为了模仿胃酸的化学性质），并放入几小勺小苏打（模拟食物）。当小苏打与醋混合时，会产生气泡，就像胃中食物被消化一样。 （2）解释这一过程是如何在人体内发生的，并展示塑料管代表的食道和肠道。 3."变色"的血液实验 （1）在另一个透明水杯中加入一些红色食用色素的水（模拟血液），然后通过塑料管模拟血管。 （2）让学生们想象当心脏泵出"血液"时，血液如何流经全身各处，为器官提供养分和氧气。 4.呼吸系统实验 （1）展示如何通过鼻子和嘴巴进行呼吸，用气球代表肺，演示空气如何进入和离开肺部的动作。 （2）解释这一过程如何为身体提供氧气并排出二氧化碳。 三、检验学习成果 刚才我们学习了内脏器官在人体的位置及其作用，现在，我们做个练习，检验一下我们的学习成果。我们连连看，内脏器官都像在做什么？（请几个同学到展台展示，老师稍加小评） 四、总结 人体的内脏器官必须每分每秒都在工作，我们的身体才能健康，所以我们要好好保护这些器官，保护我们的身体。		
研究报告	包括：项目背景、研究的问题、研究方案设计、研究过程与方法、研究结果、建议与展望等。		
分享交流	1.学生以小组形式在学校提供的交流场所进行分享交流展示。 2.连连看，内脏器官都像在做什么？ 3.书籍——《解密身体》。		
学习评价	成果：书籍和成果分享展示。 创新点：制作适合小学生的内脏科普动画，以生动有趣的动画形式展示内脏器官的功能、保护方法等知识，让学生在观看过程中轻松学习内脏知识，为低年级学生提供一个生动、有趣的学习平台，帮助他们更好地了解、保护和珍惜自己的身体。 学习过程：通过这个简单的实验过程，学生们不仅能够直观地了解人体的主要器官及其功能，还能在参与和体验中增强对知识的理解和兴趣。这样的互动式学习方式有助于提高学生的学习兴趣和效果。		

四、课后阅读

吴孟超那双手

读吴孟超"以心灵温暖心灵"的先进事迹，最令我难忘的是他的那双手。

吴孟超的身高仅 1.62 米，年近九十，但那双手，依然粗壮有力。中央电视台报道吴孟超的事迹，以他的一个洗手镜头开始。吴孟超把洗手叫作"刷手"。他洗手确实是用刷子刷的。记者陈青曾目睹他"刷手"的全过程：先用水把手和胳膊淋湿，然后在一小块海绵内浸上消毒洗手液，从双手一直抹到手臂上面，等起了白色泡沫，便拿起一个肥皂盒大小的塑料刷子，开始用力刷手臂和每个手指。把手洗干净后，他才稳步走上手术台。洗手一丝不苟，具有一种象征意义：清清白白行医、干干净净做人。

吴孟超在门诊给病人看病，和某些医生怕接触病人相反，常用双手和病人握手。几十年来，凡在冬天查房时，他总是先把手放在口袋里捂热，然后再去接触病人身体。病人和这位鼎鼎大名的名医握手，心头的恐惧和不安，就会消去大半；病人心情踏实，能增强和病魔作斗争的信心和勇气。肝病患者一般都伴有一定程度低烧，吴孟超和他双手一握，对病人的发烧程度，已能掌握八九分；双手一握，又顺势把手滑到病人的脉搏上，可给病人切脉，有助于病情诊断。吴孟超跟病人握手，既是一种对病人的人性关怀，又是一门治病救人的艺术。

有一次，吴孟超探视一位半睡半醒的肝癌晚期老人，用自己的手抚摸他那又黑又瘦又粗糙的双手。老人醒来听说刚才来的医生是吴孟超，惶恐得连晚饭也吃不下。吴孟超闻讯后，再次来到病人床边，一面劝解病人，一面拿起勺子给病人喂稀饭，二两稀饭足足喂了半小时。美国医学人文学家刘易斯·托马斯说过："触摸和谈话曾经是诊病的主要方式，现在完全被各种仪器取代了，唯有'最好的医生'才会继续做着这两件事。"吴孟超无愧为当今最好的一位医生。他用双手触摸病人的行动，诠释了"为医之道，德为先"这个做医生的基本道理。

吴孟超的手，更是一双起死回生的手。它是那样的神奇精妙，那样的灵活细巧，又是那样的柔若无骨。手术刀到不了的地方，眼睛看不到的地方，他都可以仅凭一双手，伸探下去，轻轻一割，将别人认为无法剥离的瘤子一个一个拿将出来，把一条又一条奄奄一息的生命，从死神的手里抢救回来。北京外国语学院新生王甜甜长了一个巨大的海绵状血管瘤，手术中稍有不慎，就会因血管破裂大出血而死亡。三家大医院都说不能开刀。那天，吴孟超和姚晓平教授一起花了近12个小时，才成功地将重达4.9公斤的瘤体完全切除。切下的瘤子有排球那么大。两年前的9月24日，27岁的王甜甜结婚了。不做"太平医生"，这是吴孟超一以贯之的行医风范。

吴孟超的手，是一双勤劳的手，是一双特级劳动模范的手。去年一年，他主刀完成的手术就有190台。有人问手术室护士长："开刀时，'老爷子'的手抖吗？"护士长回答说："不抖。"记者向他求证，他坦言："要说一点都不抖，那不符合科学规律。但可能是因为拿笔和拿手术刀的姿势不一样的关系，力度不一样，心情不一样吧。我拿起手术刀来，自己也觉不出抖来。"生命之树常绿，一滴蜜落进自己的蜂巢里分外甜蜜。好心情可以转化成为一种物质力量。名医的手之所以不抖，就在于吴孟超一拿起手术刀，想起自己的手能挽救他人的生命，心情极其振奋，就会忘记自己的年龄，忘记开刀的辛苦，忘记个人的得失，进入一种崇高的精神境界。双手不仅不抖，而且会变得格外灵活。这就是我对这位可敬的"老爷子"在手术台上双手不抖的一种解释。

吴孟超说："做医生在品格上至少要具备三种精神，也就是无欲无求的献身精神、治病救人的服务精神、求实求是的科学精神。"观察吴孟超那双手，愈加相信这一点。

中国植物"活词典"

——植物学家吴征镒

韩 娜 白晓曼

一、阅读资源导入

奇怪的树叶

在朝鲜战场上，可恶的美国军队用病菌杀人，但我们却一直无法找到证据。这些病菌沾在树叶上，用飞机撒下去，谁沾上了病菌，谁就生病，真是太可怕了！

怎样才能抓住美国军队发动细菌战的罪证呢？世界各国派出了许多科学家，来到朝鲜战场上调查。就在大家一筹莫展的时候，美军发动的细菌战罪证，被我国植物学家吴征镒抓住了！

一天，吴征镒在行军路上，看到路旁有几片树叶，他习惯性地蹲下来看了一下。吴征镒的目光落在一片奇怪的树叶上。他一眼就看出这种叶子在朝鲜是没有的，只有在北美洲才会有这种树叶，这叶子肯定有问题。吴征镒小心地用纸包好树叶，送去检验。果然，叶子上满是病菌！这下，狡诈的美军在铁的事实面前无可抵赖。

吴征镒为什么能在千万片树叶中，一眼就认出那片奇怪的树叶呢？

原来，吴征镒专门研究植物分类学。他建立了厚厚的植物"户口簿"，上面写着各种植物的特征和名称。他可以根据一片树叶，查找出那是从什么树上掉下来的，这树生长在哪里，有些什么特性和用途。在几十年的研究工作中，吴征镒积累了四万多张卡片，上面详细记载了各种植物的不同特性。

吴征镒能够从一片树叶查出美国军队发动细菌战的罪证，正是因为他在漫长的岁月中认识了千树万叶。

二、吴征镒的主要研究成就

吴征镒参加并领导中国植物资源的有效保护与合理利用的理论研究与实践，开展植物系统分类研究，发表和参与发表的植物新分类群 1766 个，是中国植物学家发现和命名植物最多的一位，改变了中国植物主要由外国学者命名的历史。他系统全面地回答了中国现有植物的种类和分布问题，摸清了中国植物资源的基本家底，提出"被子植物八纲系统"的新观点。他提出的建立"自然保护区"和"野生种质资源库"的建议得到党和政府的高度重视并施行，为中国生物多样性的保护和资源可持续利用作出了前瞻性的部署。

新中国成立之初，他负责橡胶宜林地的考察，与其他科学家共同解决了我国橡胶种植的一些关键技术难题，使国家急需的战略物资紧缺状况得到缓解。

1958 年底，吴征镒创建了中国首个热带森林生物地理群落定位站。

1959 年，吴征镒创建了大勐龙、勐养等 4 个热带森林生态保护站，总面积为 85.84 万亩。

1975—1976 年，吴征镒着手编纂《西藏植物志》。

1983 年，吴征镒发表了题为《太平洋洲际间断分布的意义》（英文）的重要论文，并与王荷生合作完成了《中国自然地理——植物地理》（上册）。

1988 年，吴征镒任《中国植物志》英文修订版中方主编。

2006 年，90 岁高龄的吴征镒率领弟子着手整理研究中国清代著名的植物学专著《植物名实图考》及其《长编》，开启了中国植物考据学研究的新篇。

2007 年，91 岁高龄的吴征镒出任《中华大典·生物学典》主编。

2008 年 1 月 8 日获得 2007 年国家最高科学技术奖。同年吴征镒提出了"东亚植物区"的概念，为最古老的植物区；还提出了被子植物起源"多系—多期—多域"的理论。

三、教学设计

（一）设计说明

通过对吴征镒的生平事迹和科学成就的学习，让学生们了解吴征镒的科研历程和卓越贡献；通过图片、视频的观看，让学生们更加深刻地了解吴征镒的科学素养和探索精神；通过学生们亲身体验科学实验和讨论交流，在研究过程中坚定信念，培养学生的科学素养和探索精神。

（二）适用学科、学段、学生群体

植物和我们的生活息息相关，亿万棵不同种类的花、草、树木不但丰富着地球的表面，更为地球上的生命提供了美好的家园。古有李时珍系统研究药用植物、编纂《本草纲目》，今有吴征镒极命草木。他敢于立宏志、对世界孜孜以求的追寻、摔跤也能成好事的乐观精神深深地鼓舞着我们。

低年级学生从认识校园里的植物、家周围的植物等简单识别做起，适用于综合实践课、活动课、班会课。

（三）学习目标

1.学生通过走进植物园、森林公园等，认识植物种类的丰富多样，对比不同种类的植物叶片，了解植物之间以及植物不同生长过程中的差异性，学习吴征镒立宏志、踏实做研究的科研精神。

2.学生通过阅读、探访、尝试考证草木的信息，感受吴征镒在保护植物的过程中用爱记录、乐观向上的奉献精神。

3.学生通过记图案、看物识图、地图寻宝等记忆游戏，感受吴征镒被誉为中国植物"活辞典"背后深深印刻的扎实学识、治学严谨的求实精神。

4.学生在学习中，以吴征镒为榜样，感受热爱祖国、胸怀博大的爱国主义精神。

（四）课程实施策略

1. 多样化学习方式，让学生在乐中学，逐级分辨科学家精神在日常生活中的体现，体会原来我们都可以成为科学家的奇妙感受。

2. 多角度认识吴征镒的科研、爱国、创新、奉献精神，塑造他的立体形象，落实立德树人教育。

3. 充分利用社会资源，强调学生、学校与社会之间的关系，多方协作，塑造更加饱满的人物形象，帮助小学生树立正确的价值观，立壮志，树新风。

（五）教学流程

结构化教学方式，多角度、多样化的体验和学习过程，更有利于学生认识立体丰富的吴征镒人物形象和他身上所具备的科学家精神，培养学生的核心素养、充分发挥课程育人的功能。

学习目标逐级递进：

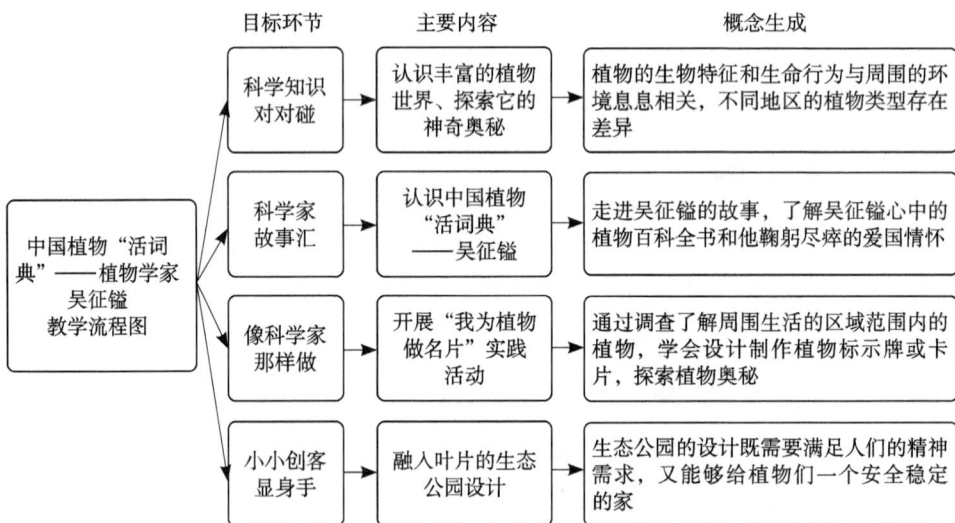

（六）学习评价量表

	☆	☆☆	☆☆☆	☆☆☆☆
认识了解	知道吴征镒的事迹和研究方向	了解吴征镒深入研究、淡泊名利	了解吴征镒面临重重困难，却坚韧不拔，克服重重艰辛，最终成就卓著	了解吴征镒设立目标之高远、研究内容之丰富，愿意为探索中国植物奉献的科学家精神
探究实践	积极了解吴征镒收集植物的事迹	了解中国植物的数量和种类，从身边的一片小区域开始	积极动手，通过收集和对比，制作植物卡片，并利用分类形成卡片集	通过多种方式，多角度感受吴征镒对植物研究的热爱，年逾不惑，依然盼望有所建树
态度责任	理解吴征镒在研究过程充满艰辛与困难	理解吴征镒面对重重困难，仍坚持不懈，勇攀科学高峰	通过不断学习，希望能够像吴征镒那样，遇事不气馁，有努力克服困难的勇气	培养热爱环境、热爱大自然、保护植物的观念，有社会责任。在平淡的生活中保持探索的好奇心，希望能够做出具有前瞻性的积极贡献

（七）教学设计

◎ 课前科学知识对对碰

植物世界是我们赖以生存的地球上众多生态系统中不可分割的一部分，在浩瀚深邃的绿色世界里蕴藏着许多不为人知的奥秘。每一株植物，都蕴含着可供人类持续探索的生命密码。对植物，你了解多少？

1. 秋天的枫叶为什么是红的？

2. 辣椒为什么是辣的？

3. 种子为什么不会同时发芽？

4. 仙人掌的刺为什么是尖尖的？

5. 昙花为什么只开一会儿就谢了？

6. 藤萝会把树缠死吗？

7. 车前子的叶子为什么排列成螺旋形？

8. 向日葵为什么向着太阳转动？

◎ 课堂故事汇

教师活动	学生活动
环节一：课堂引入，进入主题	
引导学生认识"中国植物活词典"——吴征镒。	1. 了解吴征镒 2. 说一说他获得的荣誉。
活动意图说明：通过图片和视频，引出中国植物活词典——植物学家吴征镒，给学生带来视觉冲击，让学生特别想了解吴征镒，从而调动学生的积极性，进而自然地进入主题。	
环节二：善于发现植物百科	
1. 引导学生了解第一次在朝鲜战争时期，年仅36岁的吴征镒在对美军事斗争中做出了重大贡献。 2.《奇怪的树叶》 3. 让学生了解吴征镒建立了中国植物的"户口薄"。 4. 让学生了解"摔跤冠军"摔出的新纪录。 5. 让学生了解吴征镒心中装着植物百科全书。	1. 学生通过学习，了解吴征镒心系一草一木、一枝一叶，择一事终一生的优秀品格。 2. 让学生谈一谈吴征镒的哪件事情给自己留下了深刻印象。
活动意图说明：让学生通过故事了解吴征镒一生热爱党、热爱祖国、热爱科学事业。他扎根边疆，淡泊名利，治学严谨，学识渊博，为中国植物科学事业鞠躬尽瘁的优秀品质，培养学生的爱国主义情怀。	
环节三：搜集故事，学习榜样	
1. 让学生讲一讲吴征镒的故事。 2. 让学生说一说应该怎么向吴征镒学习。	1. 用红领巾广播，向全校学生介绍吴征镒的故事。 2. 写下自己心中的理想。 3. 做"我心中的吴征镒"手抄报。 4. 开展吴征镒名言搜集活动。
活动意图说明：通过"学榜样"这样的活动，给学生们讲理想，说奉献搭建平台，从而进一步体会老一辈科学工作者伟大的科学家精神，帮助学生们树立正确的人生观和价值观。	
环节四：走向校园，争做百科	
走向校园，在校园中进行动植物的细节观察	在观察过程中，乐于交流分享，积极看待找错植物等行为，并能够在交流中得到正确的知识。
活动意图说明：通过观察和交流，学生或许也能够感受到在搜集植物的某个瞬间，出现和"摔跤大王"一样的场景，能积极看待成长路上一些有趣的小插曲，那么在未来的学习和生活中，我们会更加乐观向上，积极向着自己的目标前进。	

◎ 像科学家那样做

开展"我为植物做名片"实践活动

【学习目标】

1. 通过调查了解学校不同种类的植物及其相关知识。

2. 选择合适材料，设计制作植物标识牌，解决实际问题。

3. 利用电脑绘制设计图并优化改进。

4. 美化植物标识牌结构设计，色彩搭配有美感。

5. 组织语言推广，展示小组植物标识牌。

6. 认识几何图形，学会测量统计，分析植物标识牌的适当尺寸。

【核心任务】

美丽的校园中种植了许多植物，但有很多植物，教师和学生并不认识，这让学生在认识校园植物的过程中遇到了困难。于是，学生们萌生了给校园植物制作名片（标识牌）的想法，他们将对校园植物进行探究，通过网络获取自己喜欢植物的更多信息，为植物设计制作名片，通过这些活动来认识校园植物，探索校园植物的奥秘。

【设计思路】

本学习活动设计思路如图所示：

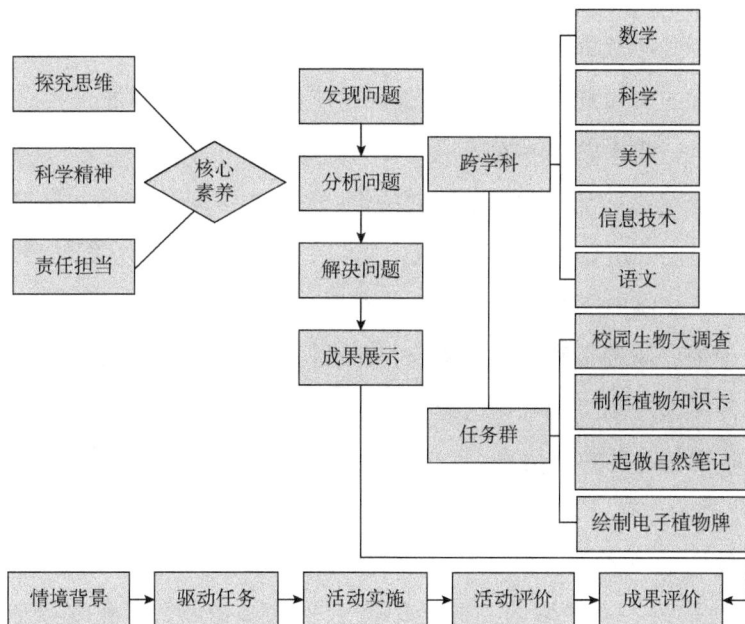

【确定任务群】

每一个任务，课内外相结合、各学科相结合，借助任务，通过问题提出、实践探索、成果分享，让学生亲近自然，了解校园植物的特性，感受自然美。

任务一：校园植物大调查

认识和初步了解校园里的每一种植物。识别植物，了解植物名称。选择自己感兴趣的植物进行观察，与它们进行一次亲密的"对话"，看一看，摸一摸，闻一闻，并将自己的发现记录在《植物调查表》上。

任务二：制作植物知识卡

选择校园中最感兴趣的一种植物作为研究对象，利用电脑搜索植物相关知识，了解植物特征资料，制作一张植物知识卡。

具体步骤如下：

1. 准备一张卡片，写上植物的名称、生长环境。

2. 写一些有关形态的描绘，要特别注意花、果，对花的各部分特征要描写清楚（也可以绘画）。

3. 写出对土壤以及施肥的要求。

4. 写出浇水的时间和浇水的量，写出植物摆放的位置、光照条件等。

5. 写出一些注意事项，如防虫害预防措施等。

6. 把写好的卡片背面贴上双面胶粘在对应的花盆侧面即可。

任务三：一起来做自然笔记

校园植物是独一无二的，观察它的根、茎、叶、花和果实，触摸叶脉的细微纹理，学生们一定会有独特的发现，用巧手和画笔记录下它们的美好。

任务四：手绘电子植物标牌

用手中的画笔给最喜爱的植物来一个特写，再搜索植物知识，利用二维码生成器，为植物定制二维码，这样老师和同学就可以利用电子设备和网络方便地查阅到各种植物的完整信息。

【成果展示与交流】

收集校园的草木芳香，一笔一画写下观察和思考；翻阅书本、搜索网络，探究植物的知识。通过学习，同学们认识了许多植物，了解了植物的科属、习性、价值，提高了资料收集、名片设计能力，进一步体会到了生命美、自然美。

【学习活动评价】

要以学习目标为依据，以核心素养的发展水平为标准。针对不同的学习内容，采用多种评价方式，实现评价内容与评价方式的多元化。

◎ 小小创客显身手

项目	融入叶片的生态公园设计	小组成员	
		指导教师	
		学习时间	
项目背景	生态公园是人们脱离城市环境，让身心得以放松的重要环境场所。公园里的生态设计也越来越受到关注和喜爱。在用人工美辅助自然美的整体融合中，我们可以将休息场所的生态化价值做到最大。 叶片具有多种形态，其上的叶脉可以很好地成为分区标准，叶缘的自然形态也可以很好地与山、水等接洽。将公园景观部分人工区域人工生态化，连接周围环境和谐统一，可以更好地规划建设生态公园。		
学习原则	学科知识应用、实验探究、小组合作等		
学习目标	目标 1：学生了解生态公园的建设意义。 目标 2：学会欣赏植物叶片，并善用发现美的眼睛感受植物叶片之美。 目标 3：学生能够乐于分享，积极改进，做出最好的生态设计。 目标 4：学生能够通过实验更加热爱生活，珍爱生命，保护大自然。		
研究问题	如何利用叶片特征设计生态公园人工区域		
学习方法	设计构思、实地探究、小组合作等		
学习过程	展示北京城市环境中可用于开发的生态区域。 结合自然美与人工美的典型案例，了解感兴趣的生态区域的主要生态特征。 学生相互交流、研讨，整理出各典型案例中值得借鉴的部分，并找到可以开发的最优设计。 沿用设计——制造——改进——再设计——成品的过程，完成各小组的生态公园设计。		
研究报告	包括：项目背景、研究的问题、研究方案设计、研究过程与方法、研究结果、建议与展望等。		
分享交流	1. 学生以小组形式在学校提供的交流场所进行融入叶片的生态设计分享交流展示。 2. 形成设计图纸集。		
学习评价	成果：设计图纸集和成果分享展示。 创新点：叶片的特点除了其形态，也兼具其功能，如：荷叶的防水特点，可以在廊道或者亭子顶部加以借鉴，开发认识多种叶片，也有助于学生进行自主探究式学习；独有的设计，能够让设计者充满成就感。 学习过程：学生在以完成最终目标的项目式学习中，逐步深入了解，充分发挥主观能动性，通过实践形成正向反馈，可以在认识的基础上改造世界，切实为社会发展做贡献。		

四、课后阅读

"摔跤冠军"

他长年在野外工作用"脚底板"发现植物，时常遭遇危险摔跤，被取外号"摔跤冠军"，他便是被称为中国植物"活字典"的中国科学院院士吴征镒。因为他在植物分类领域的卓越贡献而荣获了 2007 年的国家最高科学技术奖。

故事要从头说起，吴家为清末民初的书香门第，吴征镒的三个兄弟也都是各学界泰斗，分别是大哥南京大学中文系的知名教授吴征铸、二哥中国医学科学院人体寄生虫病防治专家吴征鉴和五哥中国原子能研究院核化学院士吴征铠，而唯独吴征镒走上了植物分类学这个冷板凳学科。就这样吴征镒步入了植物分类学的海洋，一做就是一辈子。

"读万卷书，不如行万里路"。作为一个科学家，吴征镒并不仅仅是在实验室埋头苦干，还脚踏实地，走遍了祖国大江南北。

吴征镒的探索之路始于云南。1958年，他主动调任到偏远的中科院植物研究所昆明工作站工作，吴征镒主动扛起当时国内亟需完成的橡胶宜林地考察重任，吴征镒和他的同行、助手、学生们一起，从林海莽莽的哀牢山到白雪皑皑的点苍山顶，从玉龙雪山到西双版纳的原始森林，他们都一一涉足，艰难跋涉，足迹遍布云南。终于共同解决了中国橡胶种植的关键技术难题，使这个国家紧缺的战略物资得到缓解。而昆明工作站在他的努力与带领下，筚路蓝缕，后面逐渐发展为昆明植物所，成为我国西南野生植物研究中心及后面西南种子库挪亚方舟，他的贡献不可忽视。

而西双版纳是云南植物种类最多的地方，也是吴征镒学术考察最频繁的地方。只是每逢雨季，泥泞的红土地让这位平脚板的植物学家吃尽苦头。在雨林深处，吴征镒不知滑过多少跤，经常弄得全身都糊满红泥。同事和学生笑称他是"摔跤冠军"，说他看上去不像一个科学家，倒像是泥里打滚的庄稼汉呢。吴征镒满不在乎，笑着说："摔跤也好，有时摔跤还能发现新种呢！"

这无数次的摔跤，使吴征镒基本理清了云南1.6万多种植物的分类和分布，同时也对全国植被的认识更为全面，眼界也更为开阔，识遍了全国由北至南，横跨寒、温、热三带的主要植被类型。花甲之年，这位"摔跤冠军"仍然停不下来，以过人的精力继续奔赴祖国的大江南北，一遍遍重走祖国山川。

吴征镒一生鞠躬尽瘁，功勋著作等身，获得的荣誉奖项更是数不胜数。他主导完成的中国植物志是目前世界上最大型、种类最丰富的一部巨著。2009 年获得国家自然科学一等奖。他的学生们为了纪念他在植物分类学领域的杰出贡献，"征镒冬青"、"征镒报春"、"征镒卫矛"、"征镒麻属"和"征镒木属"等植物新类群以他命名。同时中国植物学会成立了云南吴征镒科学基金会、吴征镒植物学奖、国家命名吴征镒星等，以纪念他一生的杰出贡献，以他为代表的植物分类学家彻底改变了中国植物主要由外国人命名的情况。

吴征镒却谦虚地觉得自己只是起到了承前启后的作用，完成了一个植物学家应尽的职责。学无止境，年届九旬的他仍然每天专研科学。同时他一生也培养了一批优秀的传承学子，他们成为当今植物分类学的脊梁骨干。

可是，在 21 世纪的今天，被誉为"世界园林之母"的中国，在植物分类学领域却面临着后继人才不足的窘况。这主要是由于唯 SCI 论、唯高影响因子论的科研评价体系，导致植物分类学——这一植物学中最基础的学科遭受了极大的打击。然而，值得庆幸的是，国家层面已经逐渐意识到这一问题，并开始逐步加大对基础学科的投入倾斜。仍有一批批年轻学子怀着激情和热血，沿着吴老的足迹前赴后继投身到这个领域。

90 岁重出江湖

"2007 年，吴老已经 91 岁了，当年清华的同事任继愈先生想邀请他担任《中华大典·生物典》的主编，认为中国只有吴老可以做这事。此时，他的身体不好，眼疾已经非常严重了。"吴征镒的助理吕春朝回忆起当时的情景说，"吴老说，'我 90 岁了，想休息了'。任先生说，'我也 90 岁了，我们两个 90 岁的老头子一起把国家重任做下去吧'。最后两位老先生作好了约定。"

为此，吴征镒花了两年时间重读清代《草木典》，看不清的就让吕春朝念给他听，并指导吕春朝进行了大量的资料整理工作。直到 2012 年春节前夕，吴征镒因身体不适再度入院，却仍记挂着手头未完成的工作。躺在病床上的吴征镒很遗憾，工作只开了个头，却没能完成。他对吕春朝说："希望你们能抓紧时间做完这项工作，让我在有生之年能看到《中华大典·生物典》出版。"

万婴之母
—— 医学家林巧稚

黄志军　宋官雅

一、阅读资源导入

我是中国医生

北京协和医学院的前身是由美国洛克菲勒基金会于1917年创办的"协和医学院"。1951年，中华人民共和国政府接办北京协和医院。1921年，林巧稚一共在协和医学院学习八年，直至拿到博士学位。毕业那年，林巧稚获得了那一届协和毕业生的最高荣誉"文海奖"。

1933年，留学回国后的林巧稚已经获得了医学界的广泛赞誉，她在妇产科领域的一些研究大有进展，发表了一篇又一篇有影响力的论文，前进的步伐又快又稳，再往前走，她就可以去摘取一个个学术成果了。

可就在这几年里，日本帝国主义的铁蹄踏上了神州大地。东北失守，华北告急，国难当头，烽烟四起。令人悲伤的消息像一块块巨石砸在林巧稚原本平静的心上。国家贫弱，侵略者趁虚而入，如今山河破碎，同胞受难，她还有什么心思搞科研，写论文……

她的英国导师说："你是一位献身于医学的中国女性，我邀请你一同去英国。在那里，实验室、手术室、高收入、安稳的环境，一切都会有。"他看到林巧稚眉头紧锁，继续说道："林医生不要再犹豫了。如果你同意，我马上叫人为你办出国手续，怎么样？"林巧稚回答道："现在国内形势这么严峻，我怎么能离开呢？"

"你又不是军人，能去战场保卫你的国家吗？"

"谢谢您的关照，可是我不想离开这里，我哪儿也不去。"

"你不离开这儿，北平的环境一旦继续恶化，连协和医院都难以保全。将来你可就身不由己了。"

"就算协和医院完了，我也不离开北平。"

"这是为什么？"

林巧稚动情地说："先生，我和您不一样，您是英国人，当然可以回到自己的国家去。我是一个中国人，一位中国医生。我不能离开灾难深重的祖国，不能离开中国这些需要救治的病人。"

1941年，太平洋战争爆发，协和医院也被迫关闭，但林巧稚仍然没有离开沦陷的北平，她在胡同里办起了私人诊所。

我要当医生

年幼的林巧稚非常喜欢上学，对学习知识非常渴望，她觉得有那么多的学问等着自己去了解。而且爸爸和哥哥也希望她好好学习，成为一个有出息的人。

林巧稚对搞不清楚的事情总要问个明白，她就想知道为什么？常常在一些人们看来无关紧要的事情上陷于疑虑而不能自拔。比如父亲跟她说，宇宙是天地间最大的，包容了一切。当她问清了宇宙，不管什么都包进去后，就一直想知道宇宙有没有邻居。如果没有，谁来证明它是宇宙。如果有，它怎么没把邻居也包进去？翻来覆去，如此矛盾对立，想得太难受时，她竟肚子发胀，脸色煞白，虚汗都出来了。

林巧稚心灵手巧，她的手工在学校里面是出了名的。她用竹叶、青草编成的蝴蝶、蜻蜓惟妙惟肖，让人爱不释手。她的老师说："巧稚的手这么灵巧，将来是做医生的好材料。"

林巧稚问："医生的手很灵巧吗？"

老师说："外科医生要做手术，做手术的手要很灵巧。"

林巧稚怯怯地说："我能做医生吗？"

老师说："能啊，怎么不能？"

说者无心，听者有意。林巧稚抿着嘴不再说话，她想起了自己的妈妈。她的妈妈就是得了病去世的，如果自己是医生，就能看妈妈这样的病人，也许她就不会死。老师说自己是做医生的好材料，好像在她心中点燃了一盏灯，给了她努力的方向。当医生，她第一次明确长大后要做什么。

从此以后，林巧稚更加刻苦努力了。她感觉知识就像泉眼一样，越掏涌出来越多，越学越爱学。她在学校学习成绩突飞猛进，遥遥领先于其他同学，她经常在放学后，回家吃完饭、洗完澡又返回学校学习。

这些刻苦学习的经历成为她迈入医学殿堂的坚实基础。

二、林巧稚的主要研究成就

林巧稚早年从事胎儿宫内呼吸的研究，对滋养细胞肿瘤发生及发展规律、女性盆腔结核的发生及其治疗进行了深入研究，并进行了大量科普宣传和妇幼保健工作。林巧稚为了降低中国新生婴儿死亡率，防治妇女宫颈癌，撰写了妇幼卫生科普通俗读物《家庭卫生顾问》等书；为了治疗新生儿溶血症，创造出用脐静脉换血的医疗方法；开辟了产科、妇科、妇科肿瘤、生殖内分泌、计划生育等妇产科学的亚专业。

三、教学设计

（一）设计说明

从认识一位被尊称为"万婴之母"、"生命天使"、"中国医学圣母"的中国妇产科学的奠基人开始，逐步了解"一生只做一件事"的林巧稚从小树立伟大的志向，"学医"治病救人，在医学研究过程中怀揣梦想、克服困难、坚持不懈的精神与品质。通过刻苦学习，矢志不渝，深怀赤子之心攀登医学领域高峰。在国家所受苦难面前，多次谢绝国外的高薪聘请，在艰难岁月自办诊所，遇到困难者，免收诊金，有时还解囊相助，一辈子为妇女和婴儿辛勤工作。深刻体会每个人都可以树立远大理想，并为之奋斗。

（二）适用学科、学段、学生群体

林巧稚这个名字家喻户晓，一是因为她医术高明、医德高尚，二是因为她亲手接生了 5 万多婴儿，虽然她自己从未有过孩子。每一个林巧稚亲手接生的孩子，出生证上都有她秀丽的英文签名："Lin Qiao zhi's Baby"（林巧稚的孩子）。林巧稚说过："生平最爱听的声音，就是婴儿出生后的第一声啼哭。"低年级同学可以从日常生活和阅读中了解到林巧稚的贡献。她是我国医学史上的一座不朽丰碑，是我国妇产科学的主要开拓者和奠基人，一生累计接生过 5 万余名婴儿，被誉为"万婴之母"，也是首届中国科学院唯一的女院士。

适用于小学低年级活动课、班会课或课后服务。

（三）学习目标

1.学生通过科普知识和资料汇总，了解有关林巧稚的事迹，学习林巧稚身上坚毅、奉献的科学家精神。中华民族的伟大复兴，社会主义现代化强国的建设离不开医学知识支撑。

2.将科学家精神融入基础教育，引导学生树立远大理想。

（四）课程实施策略

1.低年级学生学习可以从绘本入手，以故事为载体，对林巧稚的不同成长阶段有所认识，尊重学生已有的知识和经验，了解不同成长阶段林巧稚所具备的科学家精神。

2.充分利用社会资源，以调查、走访的形式深入理解人物的精神，塑造更加饱满的人物形象，在逐步认识林巧稚这一代科学家爱国、求实、奉献的科学家精神后，树立正确的价值观。

3.探险性学习环境的建立是培养科学精神的前提。教师要通过提供素材、组织讨论、搜集信息等多种方式，营造一个对学生友好的学习环境。在学习中，要鼓励学生提出问题，提高他们的好奇心和质疑精神，更好地促进他们的思考和学习。

（五）教学流程

渐进式教学方式，将动手与动脑有机结合，在认识中由学生自发生成问题，在好奇心推动下学生主动认识问题，剖析问题产生的背景与原因。深刻体会林巧稚在医疗领域中为中国妇女儿童的疾病研究付出一生心血的无私奉献精神、遇到的困难和想要战胜困难的决心，学习林巧稚美好的科学品质和人性光辉，为以后学生的成长和梦想的追求带来不断进步的动力。

学习目标逐级递进：

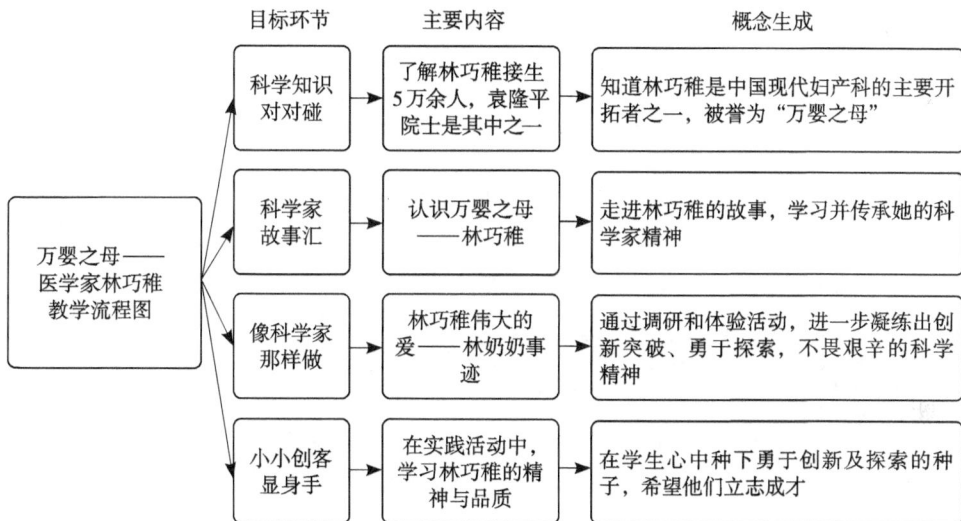

	目标环节	主要内容	概念生成
万婴之母——医学家林巧稚教学流程图	科学知识对对碰	了解林巧稚接生5万余人，袁隆平院士是其中之一	知道林巧稚是中国现代妇产科的主要开拓者之一，被誉为"万婴之母"
	科学家故事汇	认识万婴之母——林巧稚	走进林巧稚的故事，学习并传承她的科学家精神
	像科学家那样做	林巧稚伟大的爱——林奶奶事迹	通过调研和体验活动，进一步凝练出创新突破、勇于探索，不畏艰辛的科学精神
	小小创客显身手	在实践活动中，学习林巧稚的精神与品质	在学生心中种下勇于创新及探索的种子，希望他们立志成才

（六）学习评价量表

	☆	☆☆	☆☆☆	☆☆☆☆
认识了解	知道林巧稚的事迹和主要贡献	了解林巧稚对中国医学界的贡献	理解林巧稚在医学研究过程中的艰辛与困难	了解林巧稚不只是有坚毅精神，还要敢于拼搏，学习丰富的知识，在妇产科临床实践中勇于突破传统
探究实践	积极了解林巧稚的事迹	了解新中国成立初期妇女儿童的医疗状况，对人民群众的健康有重大作用	查阅资料，了解妇科疾病治疗过程中的困难与艰辛	了解新中国成立初期出生儿童成活率及妇科疾病的情况
态度责任	了解当时女子在医疗领域研究中的困难	理解林巧稚在研究过程中的艰辛与困难，充满敬畏之心	通过不断学习，希望能够像林巧稚那样，治学严谨，孜孜以求	具有社会责任，深入了解社会问题，并通过不断学习和实践增长自己的能力，愿意为解决社会问题作出自己的贡献

（七）教学设计

◎ 课前科学知识对对碰

林巧稚是中国现代妇产科的主要开拓者之一，被誉为"万婴之母"，她一生中亲手接生了数万名婴儿。在当时的年代，妇女生产过程中死亡率很高。针对这种状况，她心中的愿望一直是希望妇女同胞们能用科学的方式生产，减少死亡。

1. 为什么称林巧稚为"万婴之母"？

2. 女性的科学家有很多，为什么林巧稚那么受人尊敬？

3. 面对金钱与国家，林巧稚是怎么抉择的呢？

◎ 课堂故事汇

教师活动	学生活动
环节一：儿童眼中的林巧稚	
1. 初识"林巧稚" 主持人：林巧稚是中国妇产科专家，福建厦门人。1929年毕业于北京协和医学院，获医学博士学位。曾先后赴英国、美国考察。回国后任协和医院妇产科主任医师。1955年被选为中科院学部委员、全国人大代表、世界卫生组织医学研究顾问委员会顾问。她一生从事妇产科学，并有显著成绩。著有《妇科肿瘤病学》《妇科学进展》《家庭卫生顾问》等，并主编《家庭育儿百科全书》。（播放颁奖视频） 主持人：看完视频，大家有什么想说的？ 2. 我眼中的"林巧稚" （1）主持人：大家说得非常好！我们都很好奇林巧稚究竟是个什么样的人？她都有怎样的经历？ XXX利用课余时间收集了有关林巧稚的资料，请他们来给我们讲讲吧！ （2）主持人：感谢XXX给我们带来精彩的分享，通过他们的分享，我们对林巧稚有了进一步的认识，她毕生致力于医学研究，挽救了无数妇女儿童的生命。下面就有请XXX为我们讲述林巧稚的故事，大家掌声欢迎！	1. 学生发言谈自己的感受。 2. 播放PPT，同学进行介绍。 3. XXX讲林奶奶的故事。
活动意图说明：通过汇报，对科学家"林巧稚"有了一个初步的认识，知道她是谁？林巧稚究竟是个什么样的人？她都有怎样的经历？为学生进一步学习她的精神做好铺垫。	
环节二：爱国奉献　仁爱之心	
1. 听了第二小队讲述的林巧稚治病救人的故事，我和大家一样都被深深地感染了。那么队员们，我想请大家讨论一下，林巧稚为什么能够成功？她成功的诀窍是什么？好，请开始讨论。 2. 组织学生交流 小结：林巧稚在困难面前不低头，不退缩，兢兢业业，无私奉献，对科学执着追求，锲而不舍，表现了作为一名医学家的态度、品质和精神，这就是科学家精神的具象化表现。	小组讨论 学生分别谈自己的认识
活动意图说明：在了解林奶奶的志向的时候，也就是在学生心中播撒远大志向的时候，学生在歌颂科学家精神的时候，会以此为榜样。学生在不断总结的过程中，就是在学习和提升。	

续表

教师活动	学生活动
环节三：缅怀万婴之母，树立远大志向	
1. 朗读名人对林巧稚的评价。 2. 音视频播放林巧稚雕像前的名言。	1. 学生通过学习感受世人对林巧稚的怀念。 2. 学生说一说林巧稚身上伟大的科学家精神。
活动意图说明：通过世人对林巧稚的高度评价，以及她的人生感悟，感受林巧稚的伟大与不平凡，体会医学工作者伟大的科学家精神。	
环节四：童趣激发科学梦	
结合自己的学习与生活，学习林巧稚从小立志，为国、为民，刻苦学习，矢志不渝，为中国和世界做出的巨大贡献。	说一说自己的感触和以后自己想为人类做出的贡献。
活动意图说明：在实践活动体验的过程中，林奶奶身上那种优秀的科学品质和精神：爱国奉献、坚持不懈、刻苦钻研、勇于创新。深入学生心灵，在他们幼小的心灵深处埋下了科学的种子。	

◎ 像科学家那样做

开展"在实践中去了解事情的真相"实践活动

【学习目标】

1. 通过对校园、小区周边树木的观察、采集等活动，全过程实践，认识树叶的颜色、形状、味道都是不一样的，从而得到基本道理，即"想要了解真相，就需要实际行动"。

2. 能运用各种科学的方法收集、整理调查对象的基本情况，在全过程中，初步养成调查研究的习惯，调查了解身边的植物、小动物的生活习性。

3. 在实践过程中，能借助网络或书本查阅资料，初步掌握调查研究能力、小组合作的能力，培养学生亲近自然、爱护小动物的品性。

4. 根据自己的整理内容，对调查研究的对象有一定认识，并能对所研究对象进行讲解、分析，形成简易的汇报报告。

【核心任务】

由学生自己确定需要调查研究的对象，提出问题，并通过问答、实际考察、查阅资料、询问成年人、查阅网络资料等一系列方法，研究自己身边的动植物，获得丰富的经验，以期达到"在实践中去了解事情的真相"的目的。

【设计思路】

本学习活动设计思路如图所示：

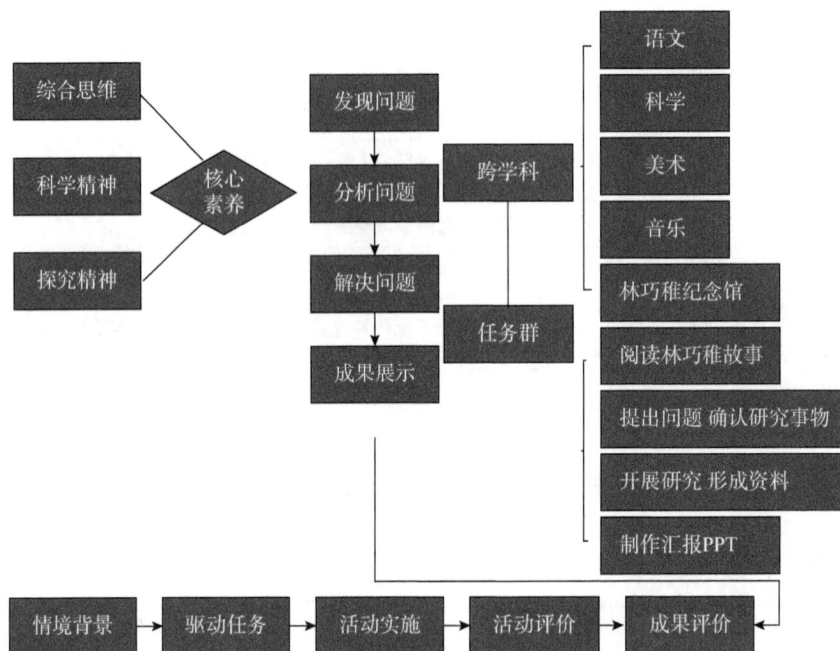

【确定任务群】

每一个任务，将课内外相结合、学校和家庭相结合、各学科相结合，借助实践调查任务，通过问题提出、调查实践、成果分享，让学生亲近自然，爱护小动物，在实践活动中去了解事情的真相，从而养成认真严谨的好习惯。

任务一：观看厦门林巧稚纪念馆毓园旧居的相关视频

林巧稚纪念馆位于厦门市鼓浪屿毓园，是纪念我国当代著名的妇产科专家林巧稚大夫而修建的。林巧稚纪念馆是厦门市首家入选的国家级"科学家精神教育基地"。毓园的建筑布局自然，园中立着林巧稚大夫的汉白玉雕像，建有"林巧稚大夫生平事迹展览室"，邓颖超同志亲手在园中种植的两株南洋杉，象征着林大夫秀逸高洁的品格。

林巧稚是我国当代著名的妇产科专家。她从医 60 多年，亲手接生了 5 万多个中外婴儿，这些婴儿如今有的已儿女成群，有的已当了爷爷、奶奶，而她一生却孜孜求学，孑然一身，终未成婚。这位受到多少人尊敬的医生，1901 年诞生于鼓浪屿晃岩路的一座"小八封楼"里。1983 年病逝。次年，鼓浪屿人民为了纪念这位平凡而伟大的女性，在"毓园"内建立了林巧稚纪念馆和塑像。"毓园"二字被镌刻在一块长方形的灰白色石碑上。林巧稚的塑像是用汉白玉雕刻而成的，身穿白色大褂，凝视远方，神态安详，表现了这位一生志高行洁的女性形象。

任务二：阅读短文《树叶都是绿色的吗》

1. 阅读林巧稚的故事

林巧稚是我国著名的妇产科专家。她当医生五十多年，接生了无数个婴儿，救治了无数位母亲。她是中国科学院的第一位女学部委员，在妇产科学上做出了显著的成绩。

每当林巧稚回忆起她中小学时期的生活时，总要称赞老师讲授知识时注意联系实际，启发学生独立思考。比如上地理课时，老师就把他们带到海边，在海滩上做地形沙盘。大家边玩儿边做，兴味盎然，不仅在不知不觉中学到了知识，还深深地印在脑子里，久久不忘。

林巧稚从小就对生物课有很大的兴趣。有一次，老师上生物课时，问道："树叶是什么颜色的？"

"是绿色的。"林巧稚和同学们异口同声地回答。

老师又问道："树叶是什么形状的？"

不少同学答道："是椭圆的。"

生物老师当时没有马上对学生的回答作结论，而是把他们带上山去，采集各种树叶。采集回来，大家把树叶放在课桌上，老师让大家重新回答上面的两个问题。原来树叶不仅有绿色的，还有红色的、黄色的、紫色的……树叶的形状更是千奇百怪，掌形的、针状的、扇形的……什么样儿的都有。

一堂生物课结束了，林巧稚不仅学到了知识，更体会到了一种人生的哲理：世界上的任何事情都不会那么简单，你要认识它，就要亲自到实际中去调查了解，不能人云亦云。

林巧稚小时候从生物课上悟到的这一道理，对她一生的事业产生了深刻的影响。她大学毕业做了协和医院妇产科医生以后，非常重视医疗实践，数十年如一日，始终坚持在医疗第一线工作，不折不扣地实现了她的诺言："我要做一辈子值班医生。"无数次的医疗实践，使她掌握了大量的第一手材料，积累了宝贵的治疗经验。她在中小学时期形成的思维方法，使她在医学上一再创造出奇迹。

2. 从林巧稚的故事里，你有什么收获吗？

（1）懂得了一个人的成长不仅需要向老师学习丰富的知识，还要自己努力去实践的道理。

（2）没有调查就没有发言权，做事情要有自己的判断，要自己去调查研究后才是真实的。

任务三：提出问题　确认研究的事物

同学们，在我们的生活中有许许多多的事物、许许多多的动植物需要我们去探索呢。可是，一些事物的情况似乎已经给了我们答案，真相是什么呢？我们身边的植物、动物会有一些什么困扰我们的问题呢？让我们开动脑筋想一想，我们可以提出哪些问题呢？

（1）小区周围都有什么树木呢？它们的树叶是什么味道的？

（2）学校里有多少种植物呢？他们都叫什么名字？

（3）同时在阳光的照耀下，为什么感觉温度不一样呢？

（4）小狗身上的毛发为什么颜色不一样呢？

（5）人类眼珠的颜色有多少种？为什么会不一样呢？

（6）……

任务四：开展研究　形成资料

有趣的问题是打开世界大门的钥匙，充满着问题的小脑袋会促使一个个小科学家不断去探索，越是有趣的、不可思议的问题，越能够激发学生的探索欲、求知欲……

（1）提出问题相近的同学可以组成研究小组，确定研究的目标。

（2）在小组内做好分工，确定好采取什么方式进行资料的收整。

（3）小组成员形成汇报资料，准备向全班同学宣讲。

任务五：进行汇报展示

（1）小组成员共同展示汇报，分工明确。

（2）汇报中要突出过程与分工合作，宣布最后的结论。

【成果展示与交流】

以《我眼中的真相》为主题的综合性展演，将在调查研究中的收获用别开生面的方式告诉更多人。

【学习活动评价】

要以学习目标为依据，以核心素养的发展水平为标准。针对不同的学习内容，采用多种评价方式，实现评价内容与评价方式的多元化。

◎ 小小创客显身手

项目	认真做好一件事	小组成员	
		指导教师	
		学习时间	

项目背景	热爱劳动自古以来就是中华民族的优良美德，劳动是生活的基础，是幸福的源泉，也是每个人走向成功和辉煌的重要途径。学校教育与家庭教育、社会教育相结合，从培养良好行为习惯入手，以培养学生全面发展及培养学生的创新意识和动手实践能力，同时积极探索课程改革新路，发展学生的全面素质，以学生为主体的实践活动，认真开展劳动技术教育，形成初步的劳技意识和实践能力。培养学生综合运用能力和创新精神。
学习原则	学科知识应用、实验探究、小组合作等
学习目标	目标1：结合语文、数学、科学学科的教学，以培养学生的劳动观念、养成良好的劳动习惯为目的，注重劳动技术教育与相关学科的整合。 目标2：注重生活中的技能学习，学会自理，形成积极的生活态度。 目标3：开展劳动实践活动，带领学生走出课堂，亲历劳动过程，在劳动中增长技能，学会劳动。 目标4：亲近自然，热爱自然，形成自觉保护自然的意识和能力。
研究问题	认真做好一件事
学习方法	实验法、小组合作等
学习过程	1.教师带领学生平地，根据学生的兴趣、爱好选自己喜欢植物的种子和实验地。 2.教师指导学生进行分组，选负责的组长。 （1）按组分配任务。第一组，种玉米；第二组，种金娃娃萱草；第三组，种韭菜、葱（植物的生长过程记录要详细、全面）。 （2）安排小组人员开始观察、记录，并在不同的阶段拔草、浇水、施肥，各负其责。 （3）教师对学生进行不定期观察记录的检查和指导。 （4）让学生在劳动实践活动过程中不断总结与交流科学种植的小窍门。 （5）教师要为学生及时提供农用肥料、浇水用的工具等，为学生的劳动实践活动提供及时的服务。请学生及时汇报自己负责种的花、草、蔬菜、玉米等的长势情况，对植物进行了哪些方面的护理工作，如除草、浇水、施肥等。
研究报告	包括：项目背景、研究的问题、研究方案设计、研究过程与方法、研究结果、建议与展望等。
分享交流	1.学生以小组形式在学校提供的交流场所进行分享交流展示。 2.找到更多的生活小科学，无土栽培。 3.分享果实，进行配图和视频录制。
学习评价	成果：到了秋天，教师请学生把自己的劳动成果和小档案一起展示给大家，让大家和我们一起感受丰收的欢乐，收获自己的劳动成果，感悟成功的喜悦。 创新点：具有很强的生活实践性，既能培养学生的兴趣、爱好，又能丰富学生的课余生活和提高学生的综合素质；能根据学生个性发展的需要开展各项活动，这也适应了社会发展的需求。每一个学生的个性发展都具有独特性，综合实践活动为每个学生的个性发展创造了空间。综合实践活动为学生参与探究提供了机会，让学生在实践中通过亲自体验劳动、学习，积累丰富的经验，培养劳动能力、实践能力和一丝不苟的学习态度。

四、课后阅读

丰碑永存

在毓园中立着19本石头雕成的"书"，书页上铭刻着林巧稚的名言：

我随时随地都是值班医生，无论什么时候，无论在什么地方，救治危重的孕妇都是我的职责。

只要我一息尚存，我存在的场所便是病房，我存在的价值便是医治病人。

我一闲下来就会感到寂寞、孤单，生命就会完结。

我是一个中国人，一位中国医生，我不能离开灾难深重的祖国，不能离开战乱中需要救治的中国病人。科学可以无国界，科学家却不能没有祖国呀。

新出来的太阳比什么都好。我爱这明朗的天空和这明朗天空下的生活。

我愿意为年轻同志当铺路的石子、向上的梯子。你们年轻人就大胆地踩着我的肩膀上吧！

……

中年级（3—4年级）：
创新与应用的先驱者

　　面向全体学生开展科学教育，如何做到有教无类，如何做到真正的启发，如何做到有效点燃，我们认为，关键在于引导学生在做中学、用中学、创中学。3—4年级的学生开始接触社会，了解我国科学发展的一些情况。我们选择地质、生物、数学等领域的六位代表性科学家，用他们的故事告诉孩子们，爱国、创新等精神是体现一个人价值的最好表达。

李四光：对地质学和石油地质学的贡献，为中国能源开发提供了重要支持，是科技与能源的结合。

童第周：在生物学领域的贡献，特别是细胞、遗传等方面的研究，为生命科学的发展奠定了基础。

邓稼先：作为核武器研究的领军人物，他的工作直接推动了国防科技的发展。

陈景润：数学领域的成就为科技研究提供了强大的工具，推动了科学技术的进步。

孙家栋：航天工程的杰出代表，推动了卫星通信、导航等技术的民用化，提升了人们的生活质量。

刘东生：地质学的研究为资源勘探、环境保护等提供了科学依据，是科技进步的重要支撑。

探寻宝藏的人

—— 地质学家李四光

吴励峰　鲁小凡

一、阅读资源导入

探寻救国真理

李四光出生于1889年，甲午海战时，他还是一个幼童，但中国的惨败，让他下定决心，长大了要去学习造船，为国家造出坚船利炮。15岁，李四光东渡日本学习造船。在日本留学期间，李四光结识了孙中山、宋教仁等革命志士，在他们的影响下，李四光开始认识到仅仅造出坚船利炮并不能改变中国的命运。16岁的李四光毅然加入革命行列，决心改变中国内忧外患的状况，建设一个民富国强的新国家。宣誓入会后，孙中山送给他八个字——"努力向学，蔚为国用"，李四光用一生践行了这八个字。

在1911年的武昌起义中，李四光表现卓越，23岁的李四光被推选为湖北省实业司司长。但不久袁世凯就篡夺了革命果实，使李四光想要发展实业、造福人民的愿望成了泡影。李四光愤而辞去职务，远赴欧洲进修，希望学会一套本领，以反抗帝国主义对中国的侵略。

自日本留学回国后，李四光就发现，当时的中国连一个像样的铁矿都没有，没有铁就炼不出钢，就造不出坚船利炮，所以这次去英国留学，他特别选择了采矿专业。一年后，李四光又改学了地质学。1921年，李四光学成回国，接受蔡元培先生的邀请，到北京大学地质系任教。

投身新中国地质事业

李四光因为1948年代表中国地质学会到伦敦参加第十八届国际地质大会而暂时留在英国，1949年年初，根据周恩来的指示，郭沫若给李四光写了一封信，请他早日回国。收到信后，心情激动的李四光立即着手办理回国的手续。就在李四光焦急等待启程的时候，国民党策划了一个阻挠他回国的阴谋。得知这个消息后，李四光立即离开英国，绕道意大利，经过六个多月的跋涉，终于在1950年4月6日抵达新中国。

李四光刚回国的时候，满心想的是再回到科学研究第一线。他到北京的第二个星期，周恩来总理去看望他，两人畅谈了三个小时。看到周总理那热情、殷切、期待的眼光，想到百废待兴的新中国亟待地质工作者发现、开发矿产资源，为工业发展提供原料，李四光接受了全国地质机构的重组工作任务。

1950年，全国地质工作者还不到300人，而且分散在各地的各个机构。在组建领导机构、地质科学研究所和矿产勘探队伍的同时，李四光还着手开办地质学校，为国家培养地质科研调查人才。除了北京大学、清华大学等原有的地质系以外，1952年还开办了东北地质专科学校。后来又陆续成立了北京地质学院、成都地质学院等，培养了大批地质人才。加上国家逐年给地质部门配调的干部职工，到第一个五年计划末，全国地质队伍已发展到20多万人。如今，中国的地质普查已经覆盖了大部分国土，地质科学研究水平也名列世界前茅，这一切都起始于70多年前不到300人的地质队伍。

二、李四光的主要研究成就

李四光发现了中国第四纪冰川的遗迹，推翻了西方学者们曾做出的"中国没有第四纪冰川"的结论。

他还根据几十年的实践和研究，创建了地质力学理论，并和其他的中国科学家一道，在这个理论的指导下，为祖国找到了大庆油田、胜利油田、大港油田等许多大油田。

除此之外，他也为国家开采地下水、开发地热能、预报地震灾害等许多重要工作付出了一生的智慧和心血。

李四光的代表作有《冰期之庐山》《中国北部之蜓科》《地质力学概论》《天文、地质、古生物》和《看看我们的地球》等。

三、教学设计

（一）设计说明

学生从生活中常见的地震预警系统、地下水的开采、地下热能的开发、油田的被发现等认识地质学对我们生活的影响，到认识"破裤子教授"名字的由来，李四光在研究过程中追求真理、敢于创新、勇于探索、甘于奉献，深刻体会科学家为国立命、为国争光的精神，从而激励学生树立远大理想，并为国家复兴和强大努力奋斗。

（二）适用学科、学段、学生群体

"求木之长者，必固其根本；欲流之远者，必浚其泉源"。基础研究是科学体系的源头和根基。基础研究的重点在于不断挑战现有知识的界限，勇于克服传统概念的局限性，创造出新假设、新理论和新方法。作为一名兼具创新及求实精神的科技工作者，李四光一生追逐真理，不唯书、不唯上、只唯实，在从事科学研究的路上，他从不被已有观点和学说束缚，而是按照规律去探寻尚未被掌握的真理和世界，正如他所说"真理，哪怕只见到一线，我们也不能让它的光辉变得暗淡。"中年级同学可以从日常生活、课外资料和实践活动中了解科学家李四光为我国地质科学事业做出的杰出贡献，理解丰功伟绩的背后都包含着他"努力向学，蔚为国用"的科学家精神。

适用于小学中年级活动课、班会课、社会实践活动课或课后服务。

（三）学习目标

1.学生通过科普知识和资料汇总，了解地质学家李四光的事迹，知道李四光被称为"破裤子教授"的原因，学习李四光努力向学、追求真理、求实创新、科学报国的科学精神。

2.学生通过阅读、走访、实践探究、实地考察等，理解李四光为祖国寻找和开发地下宝藏过程中的艰辛与困难，学习他"努力向学，蔚为国用"的科学精神。

3.学生通过资料查阅、整理、学习，了解地质学知识，知道生活中的地质知识对我们的生活产生的影响，拓宽知识面，激发科学研究的兴趣，从而树立远大科学理想，为人类造福。

（四）课程实施策略

1.从科学家故事书入手，以故事为载体，对李四光的不同成长阶段和所处的相应历史背景有所了解，立足中年级学段学生的需求和好奇心，尊重学生已有的知识和经验，学习李四光体现出的科学家精神。

2.充分利用社会资源，可采用调查、走访、采访等多种形式深入理解人物的经历和精神，塑造更加饱满的人物形象，既能够强化学生、学校和社会三者之间的联系，也能够充分认识李四光这一代科学家爱国、创新、求实、奉献、协同、育人的科学家精神，从而树立正确的价值观。

3.社会实践活动课程、体验式实验课程等，渐进式教学，将活动与课堂结合，点燃学生对"探寻宝藏的人"的兴趣。

（五）教学流程

1.渐进式教学方式，将动手与动脑有机结合，在认识中由学生自发生成问题，在好奇心的推动下学生主动认识问题，剖析问题产生的背景与原因。

2.深刻体会李四光在为中国探寻宝藏的过程中遇到的困难和攻克难关的决心，学习李四光身上美好的科学品质和人性光辉，为以后学生的成长和梦想的追求带来不断进步的动力。

3.学习目标逐级递进：

| | 目标环节 | 主要内容 | 概念生成 |

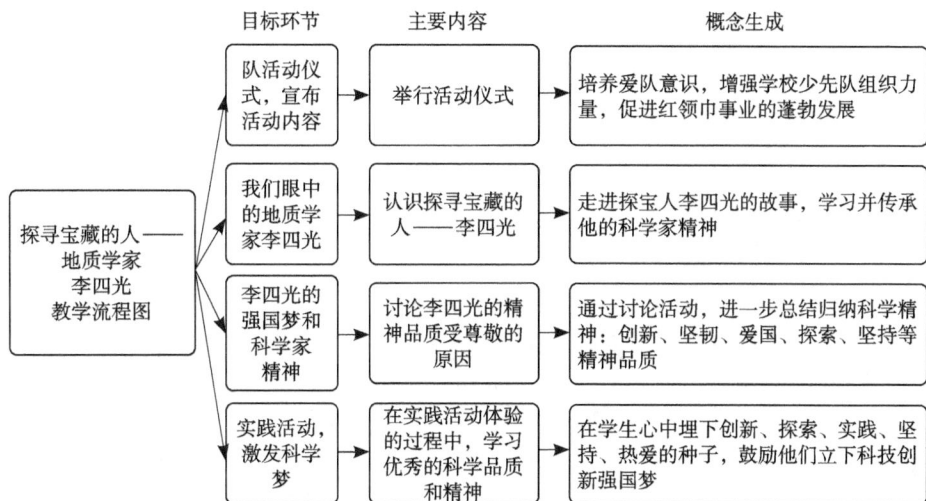

探寻宝藏的人——地质学家李四光 教学流程图

目标环节 → **主要内容** → **概念生成**

- 队活动仪式，宣布活动内容 → 举行活动仪式 → 培养爱队意识，增强学校少先队组织力量，促进红领巾事业的蓬勃发展
- 我们眼中的地质学家李四光 → 认识探寻宝藏的人——李四光 → 走进探宝人李四光的故事，学习并传承他的科学家精神
- 李四光的强国梦和科学家精神 → 讨论李四光的精神品质受尊敬的原因 → 通过讨论活动，进一步总结归纳科学精神：创新、坚韧、爱国、探索、坚持等精神品质
- 实践活动，激发科学梦 → 在实践活动体验的过程中，学习优秀的科学品质和精神 → 在学生心埋下创新、探索、实践、坚持、热爱的种子，鼓励他们立下科技创新强国梦

（六）学习评价量表

	☆	☆☆	☆☆☆	☆☆☆☆
认识了解	知道李四光的事迹和主要贡献	了解李四光被赞颂的原因	理解李四光在研究过程中历经艰难险阻	了解李四光一生追逐真理，不唯书、不唯上、只唯实，为国家地质科技复兴贡献一切力量
探究实践	积极了解李四光的事迹	了解地质学和中国科技发展进步的关系	积极动手，收集资料，了解地震预警的原理，以小组为单位进行地动仪实验	反复试验，记录数据，改善地动仪的精准度，确定实验数据，完成实验研究报告
态度责任	理解李四光在研究过程中的艰辛与困难	理解李四光在研究过程中日夜钻研，不断探索	通过不断学习，希望能够像李四光那样，努力克服困难，拥有勇于承担和创新的勇气与魄力	具有社会责任，深入了解科技发展的问题，并通过不断学习和实践增长自己的能力，愿意为解决问题贡献自己的力量

（七）教学设计

◎ 课前科学知识对对碰

关于地质科学，你知道多少？邀请你做一份调查问卷。

1.最早的地震探测仪是（　　　）时期发明的。

2.发明火箭的国家是（　　　）。

3.李四光是我国著名的（　　　）学家。

A.物理　　　B.地质　　　C.数学

4.李四光的主要成就有哪些？（多选）

A.创立地质力学

B.为我国找到油田、矿藏、铀矿

C.为地震预测研究作出重大贡献

答案：1.东汉　2.中国　　3.B　　4.ABC

◎ 课堂故事汇

教师活动	学生活动
环节一：背景介绍，引入新课	
1.播放过去生活出行方式、取暖、住房和现代生活的对比视频，学生谈自己的感受。 2.提问：先进的武器、说走就走的汽车、结实保暖的住房，这些都离不开什么？ 3.引导小组汇报关于《李四光》书中内容的了解和相关资料的汇报。	1.学生观看视频、谈感受。 2.自由发言回答问题。 3.小结：丰富的石油资源、宝贵的矿产资源、稀有物质的开采技术、地震预警系统减少人员伤亡。我的生活有多便利，说明地质科学就对我们的生活有多重要。
活动意图说明：通过各小队的汇报，对地质学家李四光有一个初步的认识，知道李四光究竟是怎样的人？他都有怎样的经历？为学生进一步学习他的精神做好铺垫。	
环节二：讲科学家故事，寻李四光足迹	
介绍李四光，播放其感动中国人物中的视频片段。 引导学生谈一谈看完视频的感受。 引导学生讲关于李四光的故事或传奇经历。	学生谈感受，讲李四光故事： 《探寻救国真理》 《投身新中国地质事业》 《推翻"中国贫油论"》 《探索地震预报》
活动意图说明：学生通过讲、演科学家李四光的故事，将科学家精神从抽象转化为生动的科学家故事，引导学生真正走进地质学家李四光的精神世界。	
环节三：探寻李四光精神，启迪智慧人生	
李四光为什么能得到国家和人民对他的认可和敬仰？ 他哪些方面吸引了你？	小组讨论李四光的精神品质： 勇挑重担、勇于承担、甘于奉献、尽职尽责、团结协作、刻苦学习、知难而进、刻苦钻研、为国争光、爱国等等。
活动意图说明：在了解李四光的科学梦的时候，也就是在学生心中播撒科学梦想的时候，学生在歌颂科学精神的时候，会以此为榜样。学生在不断总结的过程中，就是在学习和提升。	
环节四：沿着前辈足迹前进	
（播放我国油田勘探、地震预测技术的发展视频）你对哪些问题比较感兴趣呢？我们可以组织"向探宝人致敬"延伸社会实践活动，参观中国地质博物馆研学活动。 以小组为单位，为研学活动制定活动方案。	1.学生提出问题： （1）地动仪的结构和作用。 （2）地壳运动的原理。 （3）怎样预测地震发生？ （4）怎样判断油田、矿藏的位置？ 2.为"致敬探宝人"延伸社会实践活动——参观中国地质博物馆研学活动，制定活动方案。
活动意图说明：在实践活动体验过程中，学生学习李四光身上那种优秀的科学品质和精神：研究一个问题，就把问题研究明白的钻研精神，才能学到更多知识。深入学生心灵，在学生幼小的心灵深处埋下科学的种子，爱国奉献、坚持不懈、刻苦钻研、勇于创新。	

◎ 像科学家那样做

"中国地质博物馆"研学——社会实践活动

【学习目标】

1.能够从不同的视角聚焦地质学与人类生活的关系，提出有价值的问题。

2.能够应用相关软件或者通过采访等方式，了解地动仪的构造和工作原理，或者地震的产生及预测原理，并完成学习研究记录表。

3.通过实地考察中国地质博物馆，或者利用各种视频资料，探究地动仪、地质运动的工作原理或者构造，根据学习所得，小组合作设计简易的地动仪，了解工作原理，成果可以用PPT或者研究报告呈现，提高对跨学科问题的研究能力。

4.通过实践活动提升团队协作、调查研究、语言表达等能力，提高数字素养、创造力，逐步形成勇于创新、主动学习的良好品格。

【核心任务】

在博物馆研学活动中，学习地质科学知识，对不同矿物、地震仪、地质结构等重要信息进行观察和记录，分析各要素之间的内在关联，全面认识地质科学对人类生存和发展的影响。

【设计思路】

活动一：探索地动仪的奥秘

活动背景：

近现代，"地震"一词敏感而热门，唐山、汶川大地震牵动亿万心弦。在灾难中，人类渺小而脆弱；在困难面前，人类又展现出团结共渡之力。地震频发的东汉时期，张衡为掌握地震动态发明了地动仪。这个奇妙的仪器外观似酒坛，八龙对应八方，龙嘴含珠，预测地震灵敏异常。地动仪作为我国古代人民智慧的结晶，体现了中华文明的伟大。地动仪作为我国曾经的智慧光辉，是先人对我们的启发。

活动目的：

客观正确地看待科学的历史和发展，无论是古人的智慧结晶，还是现代科学技术的发展，都值得我们自豪和骄傲。

活动内容：

1. 了解地动仪的历史由来和原理。

2. 了解现代测试地震的原理和技术。

3. 地质知识问答。

4. 中国地质博物馆参观研学。

活动二：致敬探宝人——模拟制作地动仪

实验原理：

实验原理就来自张衡发明的地动仪。当发生震动时，纸和箱子会随着大地运动，而悬挂着的重物因为受到惯性的作用，会保持相对静止。这么一来，悬挂的重物和纸会发生相对位移。

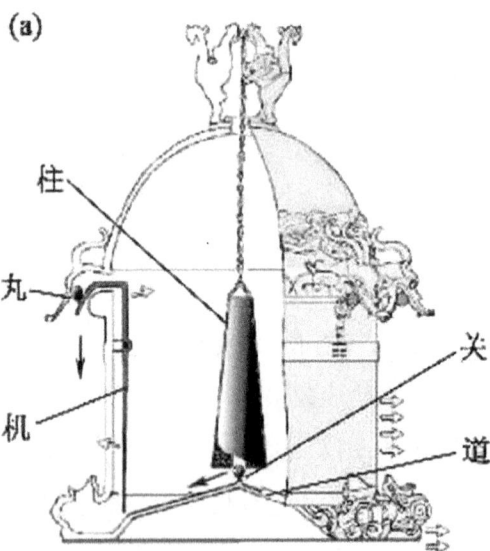

实验准备：

1. 纸盒子（如鞋盒、快递盒）

2. 一次性杯子

3. 笔

4. 棉线

5. 一些重物（如鹅卵石）

6. 纸

7. 剪刀

注意事项：做适当的防护，小心使用剪刀，要注意安全。

活动形式：以小组为单位动手操作。

活动过程：

1. 播放地动仪工作原理的视频。

2. 教师用自制模型边示范边讲解地动仪工作原理全过程。

3. 小组动手模拟制作简易地动仪。

4. 小组交流总结实验失败和成功的经验。

5. 教师引导学生提炼制作成功所具备的精神。

【确定任务群】

学生在教师的引导下，围绕"中国地质博物馆研学活动"开展深度讨论，确定学习任务。

任务一：制作参观地图，规划考察路线

学生从小组查找到的博物馆参观攻略的学习资料中获取有效信息，了解博物馆的主要内容和布局；通过网络资源，查找和了解地质科学知识；确定想了解和研究的问题，为进一步开展实地考察活动做好准备。

任务二：探究地动仪工作原理（探究地震预测工作原理）

实地寻找问题的根源，搜集有用信息，学生在实地考察的过程中，寻找自己感兴趣的地质知识，通过同伴互助、聆听讲解及网络查询等方式，综合运用相关知识，认识地动仪或者地震预测的工作原理，分析其中关联，学习考察结果，可记录在学习表中。

学习记录单

主题	地动仪原理或地震预测原理研究报告 （2选1） 指导教师 学习时间	小组成员	组长： 组员：	
		总体		
		每周		
学习手册	安全： 考勤： 任务：			
前期思考	背景分析			
	设计理念			
	任务目标			
	学习规划			
学习探讨探究	第一阶段：理论学习与初步设想 理论学习： 个人思考： 初步设计：			
	第二阶段：构思与再学习 基本构想： 再学习： 第三阶段：设计与修正 设计：根据学习计划及任务分工，设计完整的制作方案 修正：小组讨论，修正不足之处			
产品制作	准备： 1.各种材料。 2.练习制作技术、技巧。 3.再一次修正设计制作方案。 制作： 优化： 再优化：			
分享交流	1.PPT展示分享学习过程和成果。 2.参加相关科技创新竞赛。 3.撰写案例或研究报告，形成最终成果。			
评价	产品： 创新： 过程评价：			

任务三：提出设计方案

学生在了解了相关地质知识的基础上，对在学习考察中发现的问题进行探究，再次搜集资料，补充理论知识的学习，提出实验设计方案或者研究计划。例如，可以通过制作模型、PPT展示、动画展示、拍摄微视频、绘画等活动方式进行成果展示。

【成果展示与交流】

教师为学生搭建成果展示交流的平台，学生通过平台向全班同学展示小组和个人设计，进行解说，并反思其合理性；组内成员之间、小组之间展开交流，并进行评选。

◎ 小小创客显身手

项目	简易地动仪制作和设计	小组成员	组长：　　　　组员：
		指导教师	
		学习时间	
项目背景	学生在教师的引导下，围绕"中国地质博物馆研学活动"开展深度讨论，确定学习项目。学生从小组查找到的博物馆参观攻略的学习资料中获取有效信息，了解博物馆的主要内容和布局；通过网络资源，查找和了解地质科学知识；确定想了解和研究的问题，为进一步开展实地考察活动做好准备。实地寻找问题的根源，搜集有用信息，学生在实地考察的过程中，寻找自己感兴趣的地质知识，通过同伴互助、聆听讲解及网络查询等方式，综合运用相关知识，认识地动仪或者地震预测的工作原理，分析其中关联。		
学习原则	学科知识应用、实验探究、小组合作等		
学习方法	实验法、小组合作等		
学习过程	第一阶段：理论学习与初步设想 理论学习： 个人思考： 初步设计：		
	第二阶段：构思与再学习 基本构想： 再学习： 第三阶段：设计与修正 设计：根据学习计划及任务分工，设计完整的制作方案 修正：小组讨论，修正不足之处		
	准备： 1. 各种材料。 2. 练习制作技术、技巧。 3. 再一次修正设计制作方案。 制作： 优化： 再优化：		
分享 交流	1.PPT 展示分享学习过程和成果。 2. 参加相关科技创新竞赛。 3. 撰写案例或研究报告，形成最终成果。 学生在了解了相关地质知识的基础上，对在学习考察中发现的问题进行探究，再次搜集资料，补充理论知识的学习，提出实验设计方案或者研究计划。例如，可以通过制作模型、PPT 展示、动画展示、拍摄微视频、绘画等活动方式进行成果展示。		
研究报告	包括：项目背景、研究的问题、研究方案设计、研究过程与方法、研究结果、建议与展望等。		
学习评价	通过制作简易地震仪，小小地震学家可以更好地了解地震的发生过程和规律。通过观察和记录地震仪的位移情况，可以对地震的强度和持续时间进行初步估计。这对于地震预警和应急管理非常重要，帮助人们提前做好防范和准备工作，减少地震带来的损失和伤害。同时，制作地震仪也可以培养孩子们对科学的兴趣和好奇心，让他们在实践中学习和探索地震现象。未来，这些小小地震学家可能会成为真正的地震学家，为保护地球做出贡献。		

四、课后阅读

勤奋刻苦的李四光

李四光（原名李仲揆）于 1889 年出生于湖北省黄冈市的一个贫寒家庭，是家中的第二个儿子。尽管家境贫寒，但他自小便展现出对知识的渴望。村里有个老秀才叫陈二爹，李四光经常去他家，跟着他读书识字，以此作为自己的启蒙教育。他的勤奋和聪慧赢得了陈二爹的赞赏，并免除了他的学费。

李四光深知学习机会的来之不易，因此他每天都极为认真地学习，不敢有丝毫懈怠。在煤油灯下，他坚持苦读，即使灯光微弱且有害健康，他也从未放弃。

为了能让李四光有更好的学习环境，父亲不惜变卖家产，为他购买了一盏清油灯。在清油灯下，李四光更加珍惜每一个学习的夜晚，他细心地调整灯芯，以节省用油并延长学习时间。他常说："就点一根灯芯吧，这样可以多看一会儿书。"

李四光的勤奋和才华很快得到了认可。13 岁时，他以优异的成绩考入省城武昌的高等小学。后来，他更是被保送到日本深造，这是他人生中的重要转折点。

李四光勤奋刻苦的故事告诉我们：无论出身如何贫寒，只要心怀梦想并坚持不懈地努力追求，就一定能够取得成功。他的精神品质将永远激励着我们不断前行、勇攀科学高峰。

中国的"克隆"先驱

——生物学家童第周

王佳宇

一、阅读资源导入

童第周出生在浙江鄞县的一个偏远山村，因家境贫寒，他不得不在很小的年纪就帮助家里干农活，同时也在父亲的指导下学习一些基础知识。这种早年的生活经历锻炼了他的坚韧和自学能力。

童第周17岁才进中学。他文化基础差，学习很吃力，第一学期期末考试，平均成绩才45分。校长要他退学，经他再三请求，才同意让他跟班试读一个学期。

在第二个学期，他利用一切可以利用的时间学习，无论是清晨在校园的路灯下，还是夜晚当同学们都已入睡时，他都在默默苦读。这种不懈努力让他的各科成绩都有了显著提升，甚至在数学上还取得了满分的优异成绩。

童第周28岁的时候，得到亲友的资助，到比利时去留学，跟一位在欧洲很有名的生物学教授学习。与他一起学习的还有别的国家的学生。旧中国贫穷落后，在世界上没有地位，中国学生在国外被同学瞧不起。童第周暗暗下了决心，一定要为中国人争气。

那位教授一直在做一项实验，需要把青蛙的卵的外膜剥掉。这种手术非常难做，不仅要有熟练的技巧，而且还要有耐心和细心。教授自己做了几年，没有成功；同学们谁都不敢尝试。童第周不声不响地刻苦钻研，他不怕失败，做了一遍又一遍，终于成功了。教授兴奋地说："童第周真行！"

这件事震动了欧洲的生物学界。童第周激动地想："一定要争气。中国人并不比外国人笨。外国人认为很难办的事，我们中国人经过努力，一定能办到。"

二、童第周的主要研究成就

童第周在实验胚胎学领域取得了重大成就，被认为是中国克隆技术的先驱，特别是在鱼类细胞核移植研究方面做出了重要贡献。1963 年，童第周和他的同事们成功完成了世界上第一例鱼类的体细胞克隆，这一成就比 1996 年克隆羊"多莉"的诞生还要早 15 年。

除了在克隆技术方面的贡献，童第周还研究了胚胎发育的极性现象，特别是在两栖类鱼类的研究中取得了显著成果。他的研究为理解系统发育和核质关系提供了重要见解。

童第周的教育理念和对科学研究的贡献也得到了高度评价，他被誉为"中国克隆之父"，并且是中国科学院的创始人之一。他的故事和成就继续激励着后来的学者和科学家。

三、教学设计

（一）设计说明

从童第周的生平事迹与对于生物学的科学贡献，了解他的基本生平、主要科学成就及对生物学领域的贡献。激发学生对科学探索的兴趣，培养学生坚韧不拔、勇于攀登的科学精神，以及爱国敬业的价值观。树立不畏艰难、持之以恒的学习态度，增强民族自豪感和爱国情怀。

（二）适用学科、学段、学生群体

童第周的故事是一个关于勤奋、坚持和不断努力的典范。他通过不懈的努力，克服了种种困难，最终取得了生物学方面的重大突破。这激励着年轻一代，要勇于面对挑战，不畏艰难，坚持自己的目标和梦想。同时培养学生的信息收集与处理能力、批判性思维能力以及通过案例分析理解科学家精神的能力。

适用于小学中年级活动课、班会课或课后服务。

（三）学习目标

1.通过课堂学习知道我国克隆研究的过程与历史，了解童第周对于我国生物学研究所做的贡献。

2.借助课上学习和课下阅读知道童第周在克隆和胚胎研究过程中所蕴含的坚持不懈、勇于探索、不怕困难的实践精神，培养学生热爱科学、乐于探索、勤于钻研、热爱祖国的思想与精神。

3.能够向身边的人讲述关于童第周的故事，可以简单介绍克隆的知识。能够主动探索科学知识与奥秘。可以用勤于探索、勇于实践的精神不断激励自己。

（四）课程实施策略

1.立足学生的需求和求知欲，中年级学生对于人物故事有比较大的兴趣，可以以故事为载体，通过对童第周生平事迹的学习，了解他面对困难不屈不挠、勇于创新、刻苦钻研的精神风貌。

2.强调学生、学校和社会之间的联系，了解生物学的相关知识，重点了解童第周在实验胚胎学、细胞生物学领域的突破性贡献，从而体会大自然奥秘的博大与神奇。

3.利用所学的科学知识与科学研究方法，改进学校的小菜园种植方案，将活动与课堂结合，激发学生对生物知识的兴趣。

（五）教学流程

渐进式学习方式，将动手与动脑有机结合，在认识中由我们自发生成问题，在好奇心的推动下我们主动认识问题，通过科学方法来剖析问题产生的背景与原因，了解原因之后制定有关改进方案与改进策略，体会一代代的科学家们为了祖国的发展需求贡献自己的力量。

学习目标逐级递进：

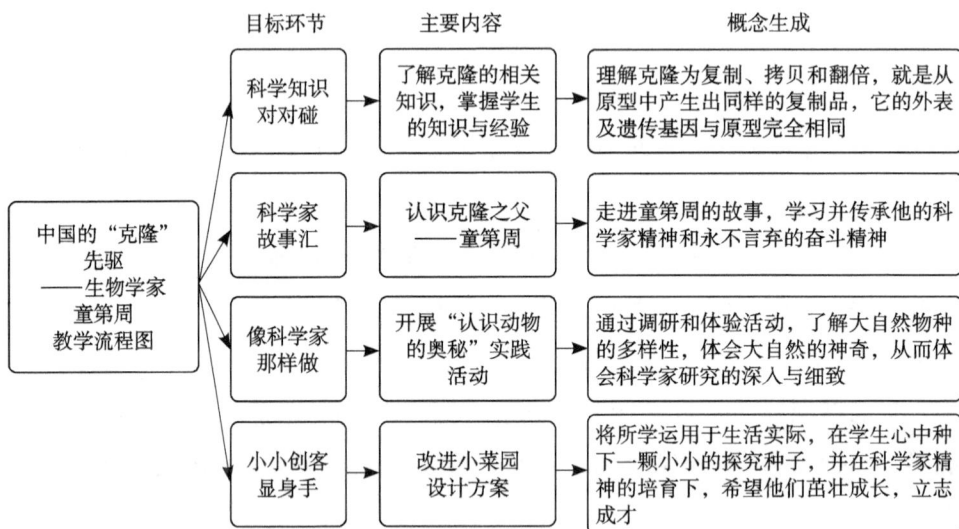

中国的"克隆"先驱——生物学家童第周教学流程图

目标环节	主要内容	概念生成
科学知识对对碰	了解克隆的相关知识，掌握学生的知识与经验	理解克隆为复制、拷贝和翻倍，就是从原型中产生出同样的复制品，它的外表及遗传基因与原型完全相同
科学家故事汇	认识克隆之父——童第周	走进童第周的故事，学习并传承他的科学家精神和永不言弃的奋斗精神
像科学家那样做	开展"认识动物的奥秘"实践活动	通过调研和体验活动，了解大自然物种的多样性，体会大自然的神奇，从而体会科学家研究的深入与细致
小小创客显身手	改进小菜园设计方案	将所学运用于生活实际，在学生心中种下一颗小小的探究种子，并在科学家精神的培育下，希望他们茁壮成长，立志成才

（六）学习评价量表

	☆	☆☆	☆☆☆	☆☆☆☆
拓展认知	知道童第周的事迹和主要贡献	了解童第周的研究的重要意义和价值	理解童第周在研究过程中的艰辛与困难	了解童第周为了科学研究而克服困难、艰苦奋斗背后蕴含的精神
关注情感	了解童第周在研究过程中的困难	理解童第周在研究过程中的艰辛，能够对科学研究充满敬畏之心	通过不断学习，希望能够像童第周那样，遇事不气馁，有努力克服困难的勇气	具有社会责任，深入了解社会问题，并通过不断学习和实践增长自己的能力，愿意为解决社会问题作出自己的贡献
指导行为	积极了解童第周的事迹	了解简单的生物知识	积极动手，参与到植物的种植实验中	能够运用控制变量的方式，尝试探究影响植物生长的因素有哪些

（七）教学设计

◎ 课前科学知识对对碰

1. 你知道"克隆"是什么意思吗？

克隆是英文"clone"或"cloning"的音译，而英文"clone"则起源于希腊文"Klone"，原意是指以幼苗或嫩枝插条，以无性繁殖或营养繁殖的方式培育植物，如扦插和嫁接，译为"无性繁殖"、"复制"、"转殖"或"群殖"。中文也有更加确切的词表达克隆，即"无性繁殖"、"无性系化"以及"纯系化"。

2. "克隆"技术对于人类有什么意义呢？

（1）培育优良畜种和生产实验动物。

（2）生产转基因动物。

（3）生产人胚胎干细胞用于细胞和组织替代疗法。

（4）复制濒危的动物物种，保存和传播动物物种资源，维持生态平衡。

3. 我国的"克隆"研究最先是由谁开始的？

我国的"克隆"研究最先是由童第周开始的。1963年，他成功地将雄性鲤鱼的DNA放入雌性鲤鱼的卵子内，成为首位成功克隆鱼的科学家。这一成就不仅标志着中国克隆技术的起步，也为后来的克隆研究奠定了坚实的基础。

除了克隆技术外，童第周还在胚胎发育、核质关系等方面进行了深入研究，并取得了重大成果。他的研究成果在国内外学术界产生了广泛影响，为中国生物学的发展做出了杰出贡献。

◎ 课堂故事汇

教师活动	学生活动
环节一：了解科学，引出新课	
引导学生了解"克隆"技术。	1. 了解"克隆"技术 2. 简述"克隆"技术的含义
活动意图说明：通过介绍视频，了解"克隆"技术，体会这个技术的神奇。激发学生的学习兴趣。培养学生的语言表达能力。	
环节二：深入了解，明白意义	
1. 讨论"克隆"技术的应用场景 2. 总结克隆技术的研究价值 3. 阅读我国"克隆"技术研究发展历程的相关资料	学生通过学习，深入了解了克隆技术的价值与研究意义，也明白童第周所做的研究的历史意义。

续表

教师活动	学生活动
活动意图说明：让学生通过故事了解时代背景与克隆技术的价值所在，从而体会童第周的研究之于祖国的意义，同时也可以培养学生的爱国情怀。	
环节三：走近人物，了解成就	
1. 阅读童第周的相关资料。 2. 请同学们说一说童第周所研究的内容，在研究中克服的困难和取得的成就。	1. 学生通过学习深入了解童第周研究取得的伟大成就。 2. 学生说一说童第周身上伟大的科学家精神。
活动意图说明：借助故事了解童第周的伟大成就，体会老一辈科学工作者研究付出的艰辛与坚持，感悟他们身上伟大的科学家精神。	
环节四：借助故事，感悟精神	
借助故事"一定要争气"，了解童第周从小就具有的坚持不懈、决不放弃的精神与中国科学家所具有的骨气和爱国情怀。	1. 说一说故事当中讲了童第周的几件事，你从中体会到了什么？ 2. 说一说自己的感触和对童第周新的认识与了解。
活动意图说明：通过故事，让学生了解童第周几个典型性的故事，了解他所具有的精神，渗透爱国情怀，从小树立为祖国争光的理想，努力为祖国做出自己应有的贡献。同时，也锻炼学生的语言表达能力。	
环节五：深入了解，传承精神	
布置课后任务，继续查阅以下几方面的资料： 1. 童第周的故事或者事迹。 2. "克隆"技术的发展与应用。 3. 我国生物学研究历程。	课下查阅相关资料。 在小组内、班级中进行分享交流。
活动意图说明：通过布置任务，将课上的知识延伸到课下，激发学生的探索愿望，同时促进班级内的分享交流。	

◎ 像科学家那样做

"认识动物的奥秘"实践活动

【学习目标】

1. 通过参观国家动物博物馆，增加对动物多样性的认识与保护意识。

2. 借助完成生物知识记录单的过程，激发学生对自然科学的兴趣。

3. 通过了解动物世界的纷繁复杂，体会老一辈科学家的坚持与奋斗精神。

【核心任务】

国家动物博物馆是我国唯一的国家级动物专题博物馆，其核心任务之一是提供动物科学知识的教育和普及。学生可以通过浏览丰富的动物标本和展览，深入了解生物世界的多样性、进化历程、生活习性以及它们与自然环境的关系。这不仅能够丰富学生的知识体系，还能激发他们对动物和自然环境的兴趣与热爱。

作为中国科学院动物研究所的重要附属机构，国家动物博物馆还承担着科研和交流的任务。学生可以了解到博物馆在动物学领域的研究成果和最新进展，同时也可以与科研人员交流互动，了解生物科学的前沿问题。这种交流不仅有助于提升学生的科学素养，还能促进动物学研究的深入发展。

【设计思路】

本学习活动设计思路如图所示：

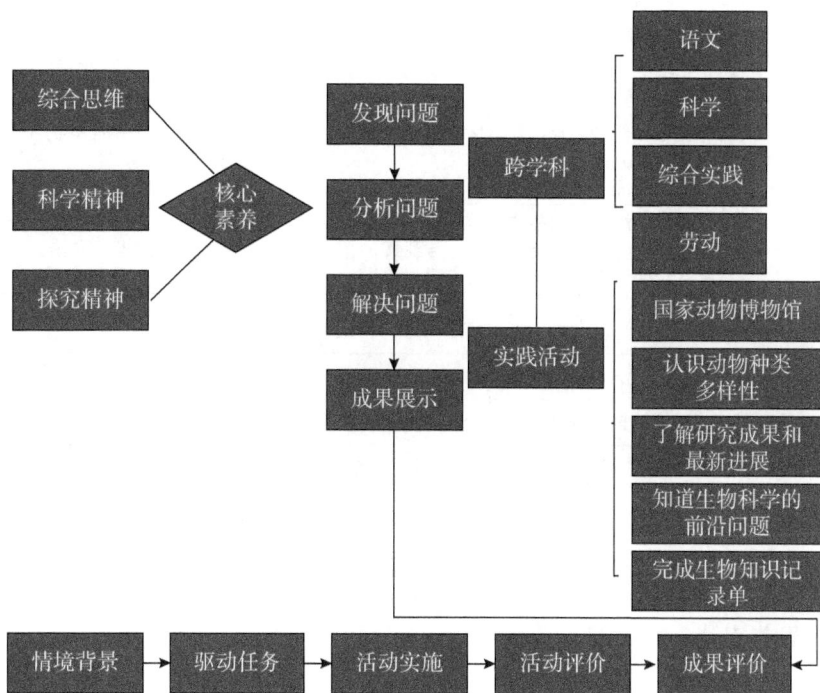

活动地点：国家动物博物馆

活动任务：以小组为单位完成生物知识记录单

评价量规：

☆	☆☆	☆☆☆
记录一种动物或者物种的相关知识	记录三种动物或者物种的相关知识	清晰记录五种动物或者物种的相关知识

◎ 小小创客显身手

项目	生活中的科学小实验——"我为菜园出把力"	小组成员	
		指导教师	
		学习时间	
项目背景	学校春耕节中为各班开辟了若干小菜园，到了收获的季节，有的同学奇怪为什么别的班的红薯收成比自己这里多不少；有的同学对于小菜园的利用率产生了思考，觉得有部分空间还能种些别的植物。所以设计开展一次探究小菜园农作物生长影响因素的调研。		
学习原则	学科知识应用、观察记录、实验探究、小组合作等		
学习目标	目标1：能够通过观察记录确定植物的生长受到多方面因素的制约。 目标2：能够通过控制变量法发现具体的因素有哪些。 目标3：可以根据实验结果对小菜园的种植方案进行改进。 目标4：学生能够通过实验了解科学实验要进行不断地思考、探索与尝试。		
研究问题	影响小菜园作物生长的因素有哪些		
学习方法	观察法、控制变量法、小组合作等		
研究报告	包括：项目背景、研究的问题、研究方案设计、研究过程与方法、研究结果、建议与展望等。		
分享交流	1.学生在小组内分享研究方案，根据分享对自己的方案进行修改，并且小组合作确定组内研究方案。 2.小组间交流研究结果。		
学习评价	学习过程：能够通过多种科学方法进行科学研究，并且通过数据进行简单的分析。 态度责任：能积极开展实验设计与观察，可以根据实验结果进行反思与改进。 成果：研究记录单、菜园种植方案		

学习评价：

项目	☆	☆☆	☆☆☆
实验设计	无实验设计或设计不合理	有简单设计，但没有操作办法	设计合理，操作办法合理
观察记录	无观察记录	观察记录较为简单	有翔实的观察记录
分工合作	没有分工合作	有简单分工，但合作较少	分工合理，协作流畅
展示	展示不清晰	展示内容较全面	对实验设计和研究过程讲解清晰、思路开阔

反思与表达：

研究过程中发现的问题：
解决问题采取的方法：
活动后的收获：

四、课后阅读

水滴石穿

童第周的父亲有开明的思想和崭新的教育理念，他不仅重视自己的学习提升，更重视对儿女们的知识启蒙和教化。他还创办了他们小山村的第一所私塾学校，教化村民，造福后代。童第周从小就受到父亲的影响，爱学习、追求知识的种子早早地就在他的心里生根发芽了。他好奇心十分强，遇到不懂的问题往往要向父亲刨根问底。

小时候童第周看到屋檐下的石阶上整整齐齐地排着一行小坑坑，他觉得非常奇怪，便去问父亲："父亲，那屋檐下石板上的小坑是谁敲出来的？是做什么用的？"父亲看到儿子这么好奇，便高兴地说："这不是人凿的，而是檐头水滴下来敲出的。"小童第周就更奇怪了，又问："水还能把这坚硬的石头敲出坑来吗？"父亲耐心地解释说："一滴水当然敲不出坑来，但是天长日久，点点滴滴不断地敲，那就不仅能敲出坑来，还能敲出一个洞呢！古人不是说'水滴石穿'嘛！说的就是这个道理。"童第周又问："那为什么天长日久就能敲出一个洞呢？""为什么……"一个石头上的小坑引起了他的无限思索。父亲说："这里面还有更深奥的问题，等你长大了学了更多的知识就会知道了。不过，你现在要懂得，这小小的檐水常年不懈就能把坚硬的石头敲出坑来，而一个人的恒心就像檐水，学知识要靠一点一滴积累，坚持不懈才能获得成功。"

"水滴石穿"，这是父亲对童第周的勉励，事实上在生活里，童第周也是这么践行的。他抓住每一分每一秒，以顽强的毅力向着科学的顶峰攀登。

少年立志

童第周考取宁波效实中学后，成为三年级的插班生，可是他的成绩全班倒数第一。面对成绩单，小童第周流下了伤心的泪水。很快，童第周所在的寝室传出了"小童第周不顾学习，经常谈恋爱到深夜"的新闻，引起了关心他的同学和老师的担忧。一天深夜，教数学的陈老师发现在昏黄的路灯下有个瘦小的身影在晃动，陈老师带着疑问走过去一看，原来是童第周正在借着路灯光演算习题。陈老师望着童第周瘦小的身躯，关心地劝童第周回去休息，可是走出不远，童第周又站在路灯下捧着书本读了起来。陈老师被深深地感动了，他深深地理解童第周的志气，为自己有这样的学生而感到自豪。期末考试，童第周靠自己刻苦的努力，使各科成绩都达到了70分，其中几何得了满分，引起了全校的轰动。

在自己的努力和老师的关心下，到高三期末考试，他的总成绩名列全班第一。校长陈夏常无限感慨地说："我当了多年校长，从来没有看到过进步这么快的学生。"

后来童第周回忆自己童年的时候感慨地说："在效实的两个'第一'，对我一生有很大影响。那件事使我知道自己并不比别人笨，别人能做到的，我经过努力也一定能做到。世上没有天才，天才是用劳动换来的。"

昂贵显微镜

日本侵华战争期间，童第周一家来到了四川的一个小镇上。当时，童第周在一所大学教书，教书之余，童第周还继续着他的胚胎学研究工作。要研究胚胎学，必要的实验是少不了的，做实验就得有实验设备，为了弄这些设备，童第周吃不香、睡不着。

一天，童第周在镇上的旧货摊上见到了一架显微镜。于是童第周返回家中拉着夫人出门，要让她和自己一起享受发现"宝贝"的喜悦。两人高高兴兴地来到了旧货摊，老板打量着他们，凭经验断定，他们是真心想买的，所以要价六万块，这个价钱相当于两人两年的薪水。没办法，两人只好空手而归。晚上，他们翻来覆去，睡不着觉。第二天，两人又到了旧货摊前，老板涨了价，要卖"六万五千块"了，理由是物价飞涨。夫妇俩下定决心，为了搞科研，这台显微镜非买不可。家里实在没有钱，他们向亲友借钱，还变卖了不少衣服，终于买回了这台显微镜。

　　有了显微镜，新的困难又来了。用显微镜时，必须要有灯光照明或者要有很明亮的阳光照明。童第周住的屋子又小又暗，且常常停电，童第周想尽了办法，他和同事们把显微镜放在窗台上，阳光好的时候利用阳光照明，阳光不好又停电时，就用干电池作电源照明或用煤油灯照明。

保家卫国的"两弹元勋"

—— 物理学家邓稼先

王佳宇　房晓彤

一、阅读资源导入

　　当大漠的苍茫点缀了蘑菇云的硝烟，当五星红旗升起在联合国的上空。是他，长空铸剑，吼出雄师的愤怒；是他以身许国，写下山河的颂歌。殷红热血，精忠报国，他是共和国忠诚的奠基人；鞠躬尽瘁，死而后已，他是中华民族不倒的脊梁，他就是我国著名核物理学家邓稼先。

　　邓稼先（1924 年 6 月 25 日—1986 年 7 月 29 日），出生于安徽怀宁，中国共产党党员，九三学社社员，核物理学家，中国科学院学部委员（院士），生前系中华人民共和国核工业部科技委副主任、中华人民共和国国防科学技术工业委员会科技委副主任。1980 年，他当选为中国科学院学部委员（院士），1999 年，他被国家追授"两弹一星"功勋奖章。

　　从 1958 年 8 月开始，一直到邓稼先逝世前一年（1985 年）的 28 年间，邓稼先始终站在设计制造和研究中国原子武器的第一线，领导许许多多的学者和研究人员，仅用了 6 年时间，就成功设计了中国的原子弹；仅用了 2 年时间，就成功设计了中国的氢弹，创造了当时世界上研制氢弹的最快速度。邓稼先敏锐地预见到"世界性禁核"的趋势，在做切除直肠癌的手术期间，他拼尽最后的力气，和于敏合著了一份我国核武器未来发展的建议书。邓稼先的临终遗言是"不要让人家把我们落得太远……"，真正做到了"鞠躬尽瘁，死而后已"。

为了研制"两弹一星"，邓稼先35岁隐姓埋名，离开繁华的都市，走进大漠深处。这一走，就是28年。28年看不见故乡的花开花落，看不见长安街的车水马龙，听不到妻儿的欢声笑语。多少个日日夜夜，他住在干打垒里，面前永远是如血的夕阳、如豆的灯光，身后是无边无际的荒漠、绵延起伏的雪山。当时，科研条件也很差，没有高性能计算机，没有现代化车间，只能用小小的算盘计算实验数据。邓稼先绝不是为了奖金之类的个人名利，而是要用满腔热血造出原子弹，浇铸共和国强盛的根基。

邓稼先的一生，是对科学事业的执着追求的一生，是对国家和民族的忠诚奉献的一生，他的精神将永远激励着一代又一代的科研工作者，为祖国的繁荣昌盛不懈努力。邓稼先展现出了伟大的精神品质，他不计名利，为国家的核事业默默奉献。他的不朽英名，将永远闪耀在历史的天空；他的卓越功勋，将永远铭记在人民心中；他的崇高品德，将永远激励科研人员不懈奋斗。

二、邓稼先的主要研究成就

邓稼先是中国第一颗原子弹和氢弹的理论方案设计者。为了祖国核事业的发展，他甘当无名英雄，隐姓埋名28载。直到去世前一个月，他的名字才被绝大多数中国人知晓。生命的最后时刻，他强忍剧痛，和于敏等人写下关于中国核武器发展的建议书，影响至今。

邓稼先也是中国核武器研制与发展的主要组织者、领导者，他始终在中国核武器制造的第一线，领导了许多学者和技术人员，成功地设计了中国原子弹和氢弹，把中国国防自卫武器引领到了世界先进水平。由于他对中国核科学事业做出了伟大贡献，被称为"两弹元勋"。

三、教学设计

（一）设计说明

从以邓稼先为代表的物理学科学家们研究原子弹的故事当中，我们可以体会到老一辈科学家勇于尝试、敢于探索、甘于奉献的伟大精神。同时深刻领会到每一个研究的背后，都承载着无数人的汗水与心血。

（二）适用学科、学段、学生群体

邓稼先是中国核科学事业的奠基人和开拓者之一，他的生平事迹和精神品质对于小学生来说有很多值得学习的地方。他毫不犹豫地投身到核科学研究中，为国家的核事业做出了巨大贡献。他勇于挑战未知，不断探索新的科学领域。他在工作中勤奋刻苦，不畏艰难，不怕困难，始终坚持不懈地追求科学真理。这样的爱国主义精神、科学探索精神、刻苦钻研精神都是值得我们学习的。同时通过学习，我们还能够了解到核武器对于一个国家的重要战略意义。

适用于小学中年级活动课、班会课或课后服务。

（三）学习目标

1. 通过课堂学习知道我国原子弹、氢弹研究的过程与历史，了解邓稼先对于我国原子弹和氢弹研究的付出与成就。

2. 借助课上学习和课下阅读知道邓稼先对于"两弹"研究过程中所蕴含的坚持不懈、自力更生、不怕困难的探究精神，培养学生热爱科学、乐于探索、勤于钻研、热爱祖国的思想与精神。

3. 能够向身边的人讲述有关邓稼先的故事，可以简单介绍我国原子弹、氢弹的研发过程。能够主动探索科学知识与奥秘。可以用勤于探索、不轻易放弃的精神不断激励自己。

（四）课程实施策略

1. 立足学生的需求和求知欲，中年级学生对于人物故事有比较大的兴趣，可以以故事为载体，从不同角度了解邓稼先，尊重学生已有的知识和经验，了解故事中蕴含的邓稼先所体现出的科学家精神。

2. 强调学生、学校和社会之间的联系，了解核武器研究的危险性与重要性，明白核武器对于国家的战略意义，同时了解邓稼先等科学家为研究核武器所付出的牺牲与艰辛，体会老一辈科学家舍小家为大家的奉献精神，树立正确的价值观。

3. 体验自主设计制作动力运载车，将活动与课堂结合，激发学生对物理知识的兴趣。

（五）教学流程

渐进式学习方式，将动手与动脑有机结合，在认识中由我们自发生成问题，在好奇心的推动下我们主动认识问题，剖析问题产生的背景与原因。体会一代代的科学家们为了祖国的发展需求贡献自己的力量。

学习目标逐级递进：

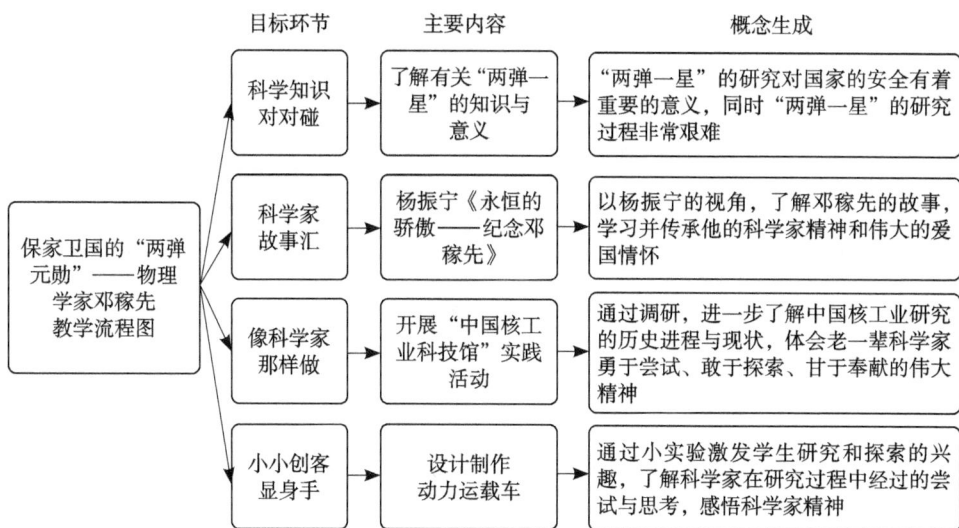

	目标环节	主要内容	概念生成
保家卫国的"两弹元勋"——物理学家邓稼先教学流程图	科学知识对对碰	了解有关"两弹一星"的知识与意义	"两弹一星"的研究对国家的安全有着重要的意义，同时"两弹一星"的研究过程非常艰难
	科学家故事汇	杨振宁《永恒的骄傲——纪念邓稼先》	以杨振宁的视角，了解邓稼先的故事，学习并传承他的科学家精神和伟大的爱国情怀
	像科学家那样做	开展"中国核工业科技馆"实践活动	通过调研，进一步了解中国核工业研究的历史进程与现状，体会老一辈科学家勇于尝试、敢于探索、甘于奉献的伟大精神
	小小创客显身手	设计制作动力运载车	通过小实验激发学生研究和探索的兴趣，了解科学家在研究过程中经过的尝试与思考，感悟科学家精神

（六）学习评价量表

	☆	☆☆	☆☆☆	☆☆☆☆
拓展认知	知道邓稼先的事迹和主要贡献	了解邓稼先被世人称颂的原因	理解邓稼先在研究过程中的艰辛与困难	了解邓稼先不只是有斗争精神，还要敢于拼搏，学会丰富的知识，在实验中有创新设想
关注情感	了解邓稼先在研究过程中遇到的困难与阻碍	理解邓稼先在研究过程中的艰辛，充满敬畏之心	通过不断学习，希望能够像邓稼先那样，遇事不气馁，有努力克服困难的勇气	具有社会责任，深入了解社会问题，并通过不断学习和实践增长自己的能力，愿意为解决社会问题作出自己的贡献
指导行为	积极了解邓稼先的事迹	了解中国民用核技术的发展现状	积极动手，设计并制作动力运输车	借助草图等方式说明自己的设计思路；能利用常用工具对材料进行简单的加工处理；尝试发现实物模型的不足，改进并展示

（七）教学设计

◎ 课前科学知识对对碰

1. 你知道"两弹一星"指的是什么吗？

"两弹一星"（英文："Two Bombs and One Satellite"Project，又称："两弹一星"工程），是中国 20 世纪 60 年代组织研制核弹（原子弹、氢弹）、导弹和人造卫星工程的简称。"两弹一星"最初是指原子弹、导弹和人造卫星。"两弹"中的一弹是原子弹，后来演变为原子弹和氢弹的合称；另一弹是导弹。"一星"则是人造地球卫星。

2. 我们要研究"两弹一星"的原因是什么？

原子弹是第二次世界大战末期出现的新式武器，由于其威力巨大，一经使用就震撼了世界。20 世纪 50 年代，美国发动侵略朝鲜战争，扬言要用原子弹封杀中国，并在日本部署核武器。1951 年，远在法国的核科学家"小居里先生"请他的中国学生杨承宗回国后给毛泽东主席捎句口信，面对核垄断、核讹诈、核威胁，"你们要保卫世界和平，要反对原子弹，就必须自己拥有原子弹。"1954 年 12 月 2 日，美国和中国台湾当局签订《美台共同防御条约》，提出"台湾海峡安全受到威胁时"，他们有权使用原子弹。面临严峻的国际形势，中国领导人也意识到，必须拥有核武器，制造自己的核盾牌。

3. 你对"两弹"研究的过程有了解吗？

20 世纪五六十年代，中国面对严峻的国际形势，为抵制帝国主义的武力威胁和核讹诈，以毛泽东同志为核心的第一代党中央领导集体，根据当时的国际形势，为了保卫国家安全、维护世界和平，果断地作出了独立自主研制"两弹一星"的战略决策。大批优秀的科技工作者，包括许多在国外已经有杰出成就的科学家，以身许国，怀着对新中国的满腔热爱，响应党和国家的召唤，义无反顾地投身到这一神圣而伟大的事业中来。他们和参与"两弹一星"研制工作的广大干部、工人、解放军指战员一起，在当时国家经济、技术基础薄弱和工作条件十分艰苦的情况下，自力更生，发奋图强，依靠自己的力量，突破了核弹、导弹和人造卫星等尖端技术，取得了举世瞩目的辉煌成就。

◎ 课堂故事汇

教师活动	学生活动
环节一：植入背景，引出新课	
引导学生认识"两弹元勋"——邓稼先。	1. 了解邓稼先。 2. 说一说他研究的内容。
活动意图说明：通过介绍视频，引出"两弹元勋"——邓稼先，让学生对于学习的科学家有一个了解，从而调动学生的积极性，培养学生的语言表达能力。	
环节二：从"任人宰割"到"站起来了"	
1. 引导学生了解中国近代那段屈辱的历史。 2. 引导学生了解"两弹"研究的时代背景与历史意义。	学生通过学习，深入了解历史过往，也明白邓稼先所做的研究的历史意义。
活动意图说明：让学生通过故事了解时代背景与邓稼先的研究之于祖国的意义，同时也培养学生的爱国情怀。	
环节三：走近"两弹元勋"	
1. 阅读"两弹元勋"部分。 2. 请同学说一说邓稼先在研究中所取得的成就，也简单了解邓稼先为了研究所做的付出。	1. 学生通过学习深入了解邓稼先的研究取得的伟大成就。 2. 学生说一说邓稼先身上伟大的科学家精神。
活动意图说明：借助故事了解邓稼先的伟大成就，体会老一辈科学工作者伟大的科学家精神。	
环节四：励精图治，自强不息	
借助"邓稼先与奥本海默"与"民族感情？友情？"两个片段，明白中国研究"两弹"完全不靠外人，而是我国科学家自己努力所取得的伟大成就。	1. 说一说邓稼先在研究中遇到的困难。 2. 说一说自己的感触和对邓稼先新的认识与了解。
活动意图说明：通过故事片段，让学生了解邓稼先在研究过程中付出的努力，渗透爱国情怀，从小树立为祖国争光的理想，努力为祖国做出自己应有的贡献。同时，也锻炼学生的语言表达能力。	
环节五：缅怀英雄，承志励行	
借助"我不能走"和"永恒的骄傲"两个片段了解邓稼先深深的爱国情怀，以及邓稼先高尚的人格。	感受邓稼先深深的爱国情怀。 说一说自己的感触和对邓稼先新的认识与了解。
活动意图说明：通过故事片段，了解邓稼先为了研究所做的牺牲与付出，以此感悟老一辈科学家的情怀，让学生从小树立为国争光的思想，厚植爱国情怀。	

◎ 像科学家那样做

探索"核"奥秘实践活动

【学习目标】

1. 通过参观中国核工业科技馆，了解我国核动力研究的历史。

2. 借助完成中国民用核技术发展现状调查表的过程，了解核动力研究的重要作用与价值。

3. 借助了解的核动力研究的发展历史，体会老一辈科学家的坚持与奋斗精神。

【核心任务】

关于核的相关知识对于小学学生还是比较抽象且模糊的，在他们的印象当中，核基本上只能与武器挂钩。这种看不见摸不到的科学，就需要借助科技馆研学参观来了解，一方面了解历史，另一方面了解原理和作用。所以此次活动的核心任务就在于了解与核有关的知识和历史。

【设计思路】

本学习活动设计思路如图所示：

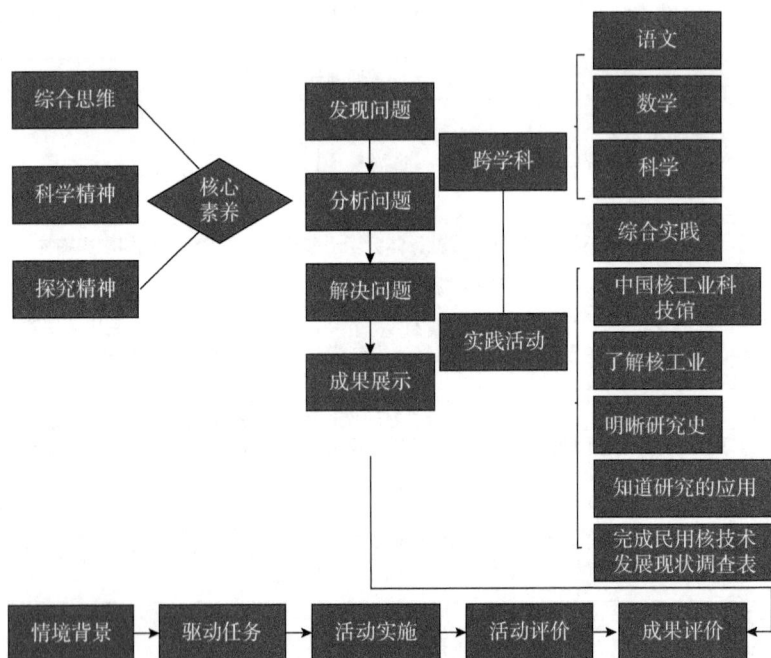

活动地点：中国核工业科技馆（实地或数字展馆）

活动任务：以小组为单位完成中国民用核技术发展现状调查表

评价量规：

☆	☆☆	☆☆☆
记录一种核能应用	记录三种核能应用	清晰记录五种核能应用

◎ 小小创客显身手

项目	生活中的科学小实验——设计制作动力小车	小组成员	
		指导教师	
		学习时间	
项目背景	物理知识就藏在生活中的每一个角落，只要你留心就能发现。但是从发现到使用之间，还有非常大的探索与研究的空间，用来实验与改进。所以我们借助设计动力小车的方式，让学生自主思考、探究、设计、改进，从而完成小车的设计制作，并借此明白科学研究需要不断地思考、探索与尝试。		
学习原则	学科知识应用、实验探究、小组合作等		
学习目标	目标1：学生了解动力的来源。 目标2：利用动力来源制作小车，进行物品运载。 目标3：学生能够乐于分享，互相交流，深刻认识到生活处处是科学。 目标4：学生能够通过实验了解科学实验要进行不断地思考、探索与尝试。		
研究问题	设计制作动力小车		
学习方法	实验法、小组合作等		
研究报告	包括：项目背景、研究的问题、研究方案设计、研究过程与方法、研究结果、建议与展望等。		
分享交流	1.学生以小组形式在学校提供的交流场所进行分享交流展示；可以用设计好的小车进行比赛 2.找到更多的生活中蕴藏的物理知识		
学习评价	学习过程：能够通过多种科学方法进行科学研究与设计，能够动手进行物品的制作，并且通过数据进行简单的分析改进。 态度责任：能积极开展设计与制作，并且可以根据实际情况进行调整与改进。 成果：研究记录单、动力小车设计图与设计实物		

学习评价：

项目	☆	☆☆	☆☆☆
设计图	有设计图，但设计不合理	设计合理，但标注不清晰	设计合理，标注清晰
功能	不能行驶	能够行驶，但不能达到要求	完全按照要求完成规定任务
分工合作	没有分工合作	有简单分工，但合作较少	分工合理，协作流畅
展示	展示不清晰	展示内容较全面	对设计和制作过程讲解清晰、思路开阔

四、课后阅读

"两弹元勋"邓稼先

　　邓稼先 1924 年出生于安徽怀宁县一个书香门第。翌年，他随母到北京，在担任清华、北大哲学系教授的父亲身边长大。他 5 岁入小学，在父亲的指点下打下了很好的中西文化基础。1935 年，他考入志成中学，与比他高两班、且是清华大学院内邻居的杨振宁结为最好的朋友。邓稼先在校园中深受爱国救亡运动的影响，1937 年北平沦陷后秘密参加抗日聚会。在父亲的安排下，他随大姐去了大后方昆明，并于 1941 年考入西南联合大学物理系。

　　1945 年抗战胜利时，邓稼先从西南联大毕业，在昆明参加了共产党的外围组织"民青"，投身于争取民主、反对国民党卖国独裁的斗争中。翌年，他回到北平，受聘担任了北京大学物理系助教，并在学生运动中担任了北大教职工联合会主席。抱着学更多的本领以建设新中国之志，他于 1947 年通过赴美研究生考试，于翌年秋进入美国印第安纳州的普渡大学研究生院。由于他学习成绩突出，不足两年便读满学分，并通过博士论文答辩。此时他只有 26 岁，人称"娃娃博士"。

　　1950 年 8 月，邓稼先在美国获得博士学位 9 天后，便谢绝了恩师和同校好友的挽留，毅然决定回国。同年 10 月，邓稼先来到中国科学院近代物理研究所任研究员。此后 8 年间，他进行了中国原子核理论的研究。1954 年，邓稼先加入了中国共产党。

　　1958 年秋，二机部副部长钱三强找到邓稼先，说"国家要放一个'大炮仗'"，征询他是否愿意参加这项必须严格保密的工作。邓稼先义无反顾地同意，回家对妻子只说自己"要调动工作"，不能再照顾家和孩子，通信也困难。从小受爱国思想熏陶的妻子明白，丈夫肯定是从事对国家有重大意义的工作，表示坚决支持。从此，邓稼先的名字便在刊物和对外联络中消失，他的身影只出现在严格警卫的深院和大漠戈壁。

邓稼先就任二机部第九研究所理论部主任后，先挑选了一批大学生，准备有关俄文资料和原子弹模型。1959年6月，苏联政府中止了原有协议，中共中央下决心自己动手，搞出原子弹、氢弹和人造卫星。邓稼先担任了原子弹的理论设计负责人后，开始部署同事们分头研究计算，自己也带头攻关。在遇到一个苏联专家留下的核爆大气压的数字时，邓稼先在周光召的帮助下以严谨的计算推翻了原有结论，从而解决了中国原子弹试验成败的关键性难题。数学家华罗庚后来称，这是"集世界数学难题之大成"的成果。

邓稼先不仅在秘密科研院所里费尽心血，还经常到飞沙走石的戈壁试验场。1964年10月，中国成功爆炸的第一颗原子弹，就是由他最后签字确定了设计方案。他还率领研究人员在试验后迅速进入爆炸现场采样，以证实效果。他又同于敏等人投入对氢弹的研究。按照"邓—于方案"，最后终于制成了氢弹，并于原子弹爆炸后的两年零8个月试验成功。这同法国用8年、美国用7年、苏联用4年的时间相比，创造了世界上最快的速度。

1972年，邓稼先担任核武器研究院副院长，1979年又任院长。1984年，他在大漠深处指挥中国第二代新式核武器试验成功。翌年，他的癌扩散已无法挽救，他在国庆节提出的要求就是去看看天安门。1986年7月16日，时任国务院副总理的李鹏同志专程前往医院，授予他全国五一劳动奖章。同年7月29日，邓稼先去世。他临终前留下的话仍是如何在尖端武器方面努力，并叮咛："不要让人家把我们落得太远……"

数学高峰攀登者

——数学家陈景润

魏　澜　鲁小凡

一、阅读资源导入

数学比游戏有趣

陈景润的童年与众不同，他更喜欢安静，不太热衷于小伙伴们常玩的池塘嬉戏。夏日里，当其他孩子在池塘中嬉戏时，他却常常悄悄回家或仅将脚轻轻放入水中。

捉迷藏是他较为热衷的游戏，因为这无需过多交流，只需找个好地方躲起来。一次捉迷藏游戏中，为了决定谁来找，哥哥陈景桐提出用七巧板拼数字的挑战，福庆失败，因此成为找人的那个。陈景润则巧妙地躲在哥哥宽大的旧衣服后面，成功躲避了搜寻。这次经历让他意识到躲藏时看书是个不错的主意。

新一轮该阿兴来找了，陈景润悄悄进入里屋，藏在了衣橱后的窄缝中。这里光线充足，他拿出带来的《古代趣味数学》读了起来，沉浸在数学的世界中。捉迷藏游戏持续了整个下午，而陈景润也看了一个下午的书。晚餐时，家人惊讶于他的消失，他却笑着分享自己躲藏的趣事，并问起古时候一斤橘子多少钱？爸爸通过计算解答了这个问题，一斤等于16两，一两售卖16钱，所以一斤橘子的价格是256钱。陈景润兴奋地确认爸爸的答案与书上所写一致，并兴奋地告诉家人，他觉得数学比捉迷藏有趣多了。

特殊的教学方式

1978 年，国家恢复研究生招生，陈景润课题组报考者超百人，但仅有两名录取名额。经过筛选，3 名考生进入复试，陈景润对 3 人都很满意，最终成功说服数学所领导，破例将 3 人都录取为他的研究生。

然而，这 3 名研究生入学后却发现，陈景润的教学方式与众不同。他既不给他们讲课，也不布置具体课题，只是列出书单让他们自学。学生有问题向他请教，他也常常以"自己考虑"回应，甚至有时避而不见。学生们一时找不到学习方向，感叹做陈景润的学生真苦。

但在之后与陈景润的接触中，学生们逐渐明白，老师其实是给了他们最大的研究自由和空间。陈景润平时和学生们相处时间不多，但要求严格，对他们的研究报告中的错误和疏漏毫不容忍。

陈景润治学严谨，他的论文几乎不用改动一个字。学生们逐渐理解老师的良苦用心，并学会了独立思考和精益求精。陈景润在生命的最后阶段，住院期间还带出了 3 个博士生，并与他们合作完成了多篇论文。

陈景润不仅传授知识，更以身作则，他的刻苦、严谨、坚韧和执着，深深影响了他的学生们。学生们从他身上学到了一个科学工作者应该具备的涵养与素质，成为了数学研究领域的佼佼者。

二、陈景润的主要研究成就

陈景润在哥德巴赫猜想的研究上做出了重大贡献。他于 1966 年 6 月在《科学通报》上发表了论文首次证明"1+2"，被认为是哥德巴赫猜想研究上的里程碑。1973 年，他在《中国科学》发表了"1+2"的详细证明，改进了 1966年宣布的数值结果，引起了国际数学界的轰动，被公认为是对哥德巴赫猜想研究的重大贡献，是筛法理论的光辉顶点。这一成果后来被称为"陈氏定理"，其后，美、英、法、苏、日等五国的数论书中也收入了他的研究成果。

陈景润还对算术级数中的最小素数进行了研究，于 1979 年初完成论文

《算术级数中的最小素数》，将最小素数上界从指数级降至多项式级。他的研究成果至今还在"哥德巴赫猜想"的研究领域保持着领先地位。

三、教学设计

（一）设计说明

1.通过对学生日常生活中常见的数学应用的讨论，使学生体会到数学在实际生活中的重要性，同时引入这些应用背后的科学原理和思考方式。以"哥德巴赫猜想第一人"陈景润作为教学案例，将抽象的数学理论与具体人物和事件相联系，使学生在熟悉的生活背景中理解科学家的角色和贡献。

2.通过分享陈景润的生平事迹、科学成就和研究过程，使学生了解一位科学家的成长轨迹和工作内容。引导学生深入探讨陈景润的科学精神，如胸怀祖国、严谨治学、潜心研究、勇攀高峰、甘于奉献等，理解这些精神在科学研究和个人成长中的意义。

（二）适用学科、学段、学生群体

数学是陈景润的主要研究领域，通过介绍陈景润的研究成果和学术成就，引导学生了解数学研究的重要性和意义，激发他们学习的兴趣和热情。同时可以通过讲解陈景润在数学研究中的探索过程和思维方式，帮助学生培养科学的思维方式和解决问题的能力。

中年级学生可以从日常生活、课外资料和实践活动中了解数学家陈景润为我国数学领域做出的杰出贡献。他对攻克哥德巴赫猜想这一难题的坚持不懈，最终找到了解决方案，为中国数学争得了国际声誉。他坚韧不拔的性格、对知识的热爱和不懈的努力，告诉学生不论遇到什么困难，只要拥有毅力和梦想，就能克服一切障碍，取得成功。

适用于小学中年级活动课、班会课、社会实践活动课或课后服务。

（三）学习目标

1. 学生通过科普知识和资料汇总，了解数学家陈景润的生平事迹，特别是他在数学领域的卓越贡献。通过介绍陈景润的故事，让学生明白数学在科学研究中的重要性，以及数学家在追求真理过程中所付出的努力和牺牲。

2. 学生通过阅读、走访、实践探究、实地考察等，引导学生树立正确的人生观和价值观。通过陈景润的故事，让学生感受到科学家为科学事业献身的精神。

3. 学生通过查阅资料、整理、学习，鼓励他们勇于追求自己的梦想，培养他们坚持不懈、勤奋努力的品质。通过了解陈景润在数学领域的成就，让学生认识到只有付出努力和汗水，才能取得成功。

4. 学习陈景润胸怀祖国、服务人民的爱国精神，勇攀高峰、敢为人先的创新精神，追求真理、严谨治学的求实精神，淡泊名利、潜心研究的奉献精神。

（四）课程实施策略

1. 立足学生的需求和好奇心，中年级学生学习可以从科学家故事书入手，以故事为载体，对陈景润的不同成长阶段和所处的相应历史背景有所认识，尊重学生已有的知识和经验，了解不同背景下陈景润的选择中表现出的科学家精神。

2. 强调学生、学校和社会之间的联系，充分利用社会资源，以调查、走访的形式深入理解人物的精神，塑造更加饱满的人物形象，在逐步认识陈景润这一代科学家爱国、创新、求实、奉献、育人的科学家精神后，树立正确的价值观。

3. 社会实践活动课程、体验式实验课程等，渐进式教学，将活动与课堂结合，点燃学生对"哥德巴赫猜想第一人"的兴趣。

（五）教学流程

1. 渐进式教学方式，将个人探索与小组合作有机结合，在认识中由个体学生自发生成问题，在好奇心推动下通过小组合作主动认识问题，剖析问题产生的背景与原因。

2. 深刻体会陈景润在研究过程中遇到的困难和攻克难关的决心，学习陈景润身上美好的科学品质和人性光辉，为学生以后的成长和梦想的追求带来不断进步的动力。

3. 学习目标逐级递进：

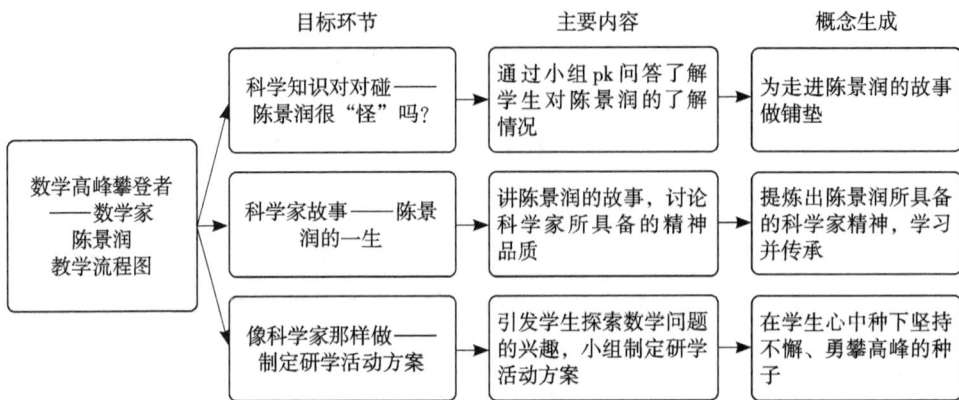

| | 目标环节 | 主要内容 | 概念生成 |

数学高峰攀登者
——数学家
陈景润
教学流程图

科学知识对对碰——
陈景润很"怪"吗？　→　通过小组pk问答了解学生对陈景润的了解情况　→　为走进陈景润的故事做铺垫

科学家故事——陈景润的一生　→　讲陈景润的故事，讨论科学家所具备的精神品质　→　提炼出陈景润所具备的科学家精神，学习并传承

像科学家那样做——制定研学活动方案　→　引发学生探索数学问题的兴趣，小组制定研学活动方案　→　在学生心中种下坚持不懈、勇攀高峰的种子

（六）学习评价量表

	☆	☆☆	☆☆☆	☆☆☆☆
认识了解	知道陈景润的事迹和主要贡献	了解陈景润被赞颂的原因	了解陈景润在研究过程中遇到的艰辛与困难	了解陈景润不仅刻苦钻研、坚持不懈、勇攀高峰、追求真理，还胸怀祖国、淡泊名利、甘于奉献，为中国数学事业的繁荣和发展做出了重要贡献
探究实践	积极了解陈景润的事迹	了解世界和中国的数学事业上的发展历程	积极动手，收集资料，以小组为单位讨论陈景润在数学研究中的方法和思路	反复研究讨论一些具体的数学问题，动手实践，解决问题，并在日常生活中发现类似问题，完成研究报告
态度责任	理解陈景润在研究过程中的艰辛与困难	理解陈景润在研究过程中的艰辛与困难，充满敬畏之心	通过不断学习，希望能够像陈景润那样，努力克服困难，保持热爱，具有勇攀高峰、敢为人先的勇气与魄力	具有社会责任，深入了解数学发展的问题，并通过不断学习和实践增长自己的能力，愿意为解决问题贡献自己的力量

（七）教学设计

◎ 课前科学知识对对碰

数学的奥秘深如海，数学是所有科学的基础，日常计算离不了，数学无处不在。作为学习和生活的基石，数学让我们觉得既亲近又遥远，亲近是因为每天都在用，每天都在学。遥远是因为我们对于数学的理解只是冰山一角，对数学的很多深度从未触及。

1.数学在生活中到底有哪些应用？

2.是不是只有数学天才才能学好数学呢？

3.你们知道数学是如何产生和发展的吗？

4.我国有一位著名的数学家，他有一个"哥德巴赫猜想第一人"的称号，你们知道他是谁吗？

◎ 课堂故事汇

教师活动	学生活动
环节一：背景介绍，引入新课	
1.说说生活中的数学。 2.播放视频：数学在生活中的应用 引导小组汇报阅读《陈景润》和搜集他相关资料的收获。	学生自由发言、观看视频 小组汇报有关"陈景润"的资料。对这位科学家提出自己的问题。
活动意图说明：通过各小组的汇报，对数学家陈景润有一个初步的认识，知道陈景润是个什么样的人？他都有怎样的经历？为学生进一步学习他的精神做好铺垫。	
环节二：追寻怪才，探景润之谜	
1.介绍陈景润。 2.引导学生用不同形式讲述陈景润究竟"怪"在哪些地方。	各个小组以不同形式讲述陈景润的故事。（讲故事、演故事……围绕"怪"） （见阅读资源）
活动意图说明：学生通过讲、演数学家陈景润的故事，将科学家精神从抽象转化为生动的科学家故事，引导学生真正走近数学家陈景润。	
环节三：解析陈景润，启迪智慧人生	
引导学生说一说陈景润是位怎样的人？	学生自由谈感受。
活动意图说明：可以引导学生为陈景润"贴标签"，如"数学隐士"、"素数猎人"、"数学界苦行僧"，通过这种方式让学生理解，这里的每一个"标签"实际上都反映了他对科学事业的极致追求、全身心投入，是科学家独特魅力的体现。学生将对陈景润的科学家精神与人格魅力有更深入的认识和理解，同时能够激发他们对科学的热爱与追求。	
环节四：悟景润精神，践行科学之路	
1.结合小组的表演和课前查阅的资料，小组讨论"陈景润"身上的科学家精神。 2.学生结合实际的学习和生活，说一说将怎样做。	小组讨论 1.陈景润所具备的科学家精神：胸怀祖国、勇攀高峰、严谨治学、淡泊名利、团结协作等等。 2.学生分享将在学习和生活中怎样做。
活动意图说明：通过小组讨论和分享，学生们可以更加深入地认识到科学家精神对个人成长和社会发展的重要性，同时激发他们的科学兴趣和探索精神。此外，本次活动还培养了学生们的团队协作能力、观察能力、分析能力等多方面的能力。	

◎ 像科学家那样做

"寻找宝藏"——校园寻宝延伸社会实践活动

【学习目标】

通过寻宝活动，让学生们运用数学知识和计算能力，解决实际生活中的问题，提高数学应用意识和实践能力。

通过小组合作，培养学生调查探究、协作精神和沟通能力，增强学生的集体荣誉感，逐步形成勇于探索、主动学习的品质。

让学生们在活动中感受到数学学习的乐趣，进一步激发学生学习数学的热情。

【核心任务】

首先，各小组设计不同的藏宝图和寻宝指南。之后，各小组抽签，在校园活动中，分析藏宝图和寻宝之间的关联，学习运用数学知识和计算能力，解决实际生活中的问题。借助道具完成寻宝活动。

【设计思路】

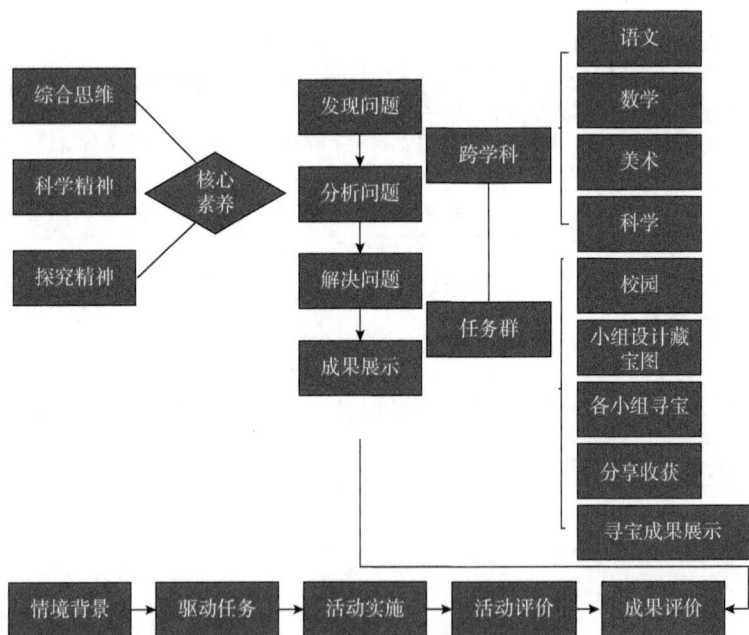

【确定任务群】

学生在教师的引导下，围绕"校园寻宝"开展深度讨论，确定学习任务。

任务一：每个小组制作一张藏宝图，规划寻宝路线，设置数学问题

各小组游览校园，设计藏宝图。藏宝图上包含校园的主要标志性地点，以及宝藏的具体位置。在寻宝过程中，经过的地点设置数学题。

任务二：每个小组抽取一张寻宝图，借助"寻宝工具"，开始寻宝

每个小组都设计了一张藏宝图，小组之间任意抽取其他小组设计的藏宝图，借助指南针、计算器、卷尺等工具，确定本队的寻宝计划，然后开始寻宝。

学习记录单

主题	校园寻宝	小组成员	小组长：　　　　组员：	
		指导教师		
		学习时间	总体：	
			每周：	
学习探讨探究	第一阶段：设计藏宝图 小组思考： 初步设计： 第二阶段：设计寻宝提示 基本构想： 再学习： 第三阶段：设计与修正 设计：根据学习计划及任务分工，设计完整的寻宝图 修正：小组讨论，修正不足之处			
实践过程	准备： 1.探宝需要的工具 2.制定寻宝计划 3.小组成员分工 探宝： 优化： 再优化：			
分享交流	1.PPT展示分享学习过程和成果； 2.参加相关数学竞赛； 3.撰写案例或研究报告，形成最终成果。			
评价	产品： 创新： 过程评价：			

任务三：分享收获

学生对在寻宝过程中发现的问题进行探究，各小组分享他们在寻宝经历中遇到的困难是如何克服的？有哪些收获？对小组成员在活动中的表现进行评价，并反思在活动中的失误如何提升？总结经验。

【成果展示与交流】

教师为学生搭建成果展示交流的平台。学生通过平台向全班同学展示小组设计，进行解说，并反思其合理性；组内成员之间、小组之间展开交流，并进行评选。例如，可以通过制作模型、PPT展示、动画展示、拍摄微视频、绘画等活动方式进行成果展示。

◎ 小小创客显身手

项目	生活中的数学小实验——"一分钟"时间漏斗	小组成员	
		指导教师	
		学习时间	
项目背景	一寸光阴一寸金，寸金难买寸光阴。孩子从小要学会珍惜时间，不虚度光阴，不浪费韶华。如何让孩子从小养成这样一个受益终身的良好习惯呢？本项目是利用生活中常见的物品，制作一个计时一分钟的时间漏斗，既可以满足学生的好奇心，又可以让学生运用平时学到的数学知识制作工具，从而让我们的生活更加方便和高效。		
学习原则	数学、科学知识应用、实验探究、小组合作等		
学习目标	目标1：了解沙漏的组成结构，通过制作分析影响沙漏计时多少的主要因素，探究沙漏速度与漏口大小、多少及装小米量的关系。 目标2：结合数学、科学等学科进行沙漏的制作，能自主发现问题并进行探究、解决问题，以小组合作的形式制作出一个能计时一分钟的"沙漏"。		
研究问题	如何用生活中常见的物品制作一分钟计时器		
学习方法	实验法、小组合作等		
学习过程	沙漏作为古代的计时工具，通过沙的流逝来表示时间的流逝，为古人的衣食住行精准测算了时间。我们可以利用身边的材料设计并制作沙漏。 1. 我们需要的材料：两个塑料瓶、一个小锥子、装满小米的纸杯、胶带、瓶盖或卡纸、两张白纸、计时器。 2. 制作简易"沙漏" （1）用锥子在瓶盖中打一个小孔，并将其扩大到能让小米顺利通过。 （2）轻轻挤压纸杯让小米顺利进到塑料瓶中后，盖上瓶盖。 （3）让瓶口对准瓶盖小孔，再利用胶带固定两个塑料瓶中的连接处。 3. 改进升级，制作精确计时一分钟"沙漏" （1）交流讨论"沙漏"计时长度的因素。 发现影响"沙漏"计时长度的因素与小米的多少、孔的大小有关。得出结论：小米越多，流动时间越多；孔越大，流动速度越快。 （2）思考本组自制"沙漏"出现的问题，并尝试解决方案。 调试本组"沙漏"，开展精准计时赛。 比赛结束，为各个小组颁奖，从不同角度对学生进行鼓励，比如最先完成的、勇于探究的、永不言败的等等。让学生知道，只要明白原理，相信通过一次次的尝试，必将制作成功。		
研究报告	包括：项目背景、研究的问题、研究方案设计、研究过程与方法、研究结果、建议与展望等。		
分享交流	1. 学生以小组形式在学校提供的交流场所进行分享交流展示； 2. 在课后尝试制作精准计时6分钟的沙漏。在不影响沙漏计时功能的前提下，利用身边的材料对沙漏进行美观装饰。		
学习评价	成果：6分钟沙漏成果分享展示。 创新点：生活中对于数学知识的小实验比较少，本次科学实验中更多关注了数学知识在生活中的应用，让学生更早地了解数学的实用性。 学习过程：学生在学习中运用数学知识，通过分析、判断、总结、试错等过程，实现由好奇心推动下的自我发展。在学习过程中关注学生知识学习深度、探究实验广度、乐于观察的态度。		

四、课后阅读

代表人民

陈景润是著名的数学家，他曾连续担任第四、第五、第六届全国人大代表。1975 年，在周恩来总理的推荐下，他成为全国人大代表，并被安排在天津代表团。尽管许多记者和代表都想采访和认识他，但陈景润却尽量避开，更喜欢独自读书。

然而，参加完这次大会后，陈景润开始认真履行人大代表的职责。他关心身边的人和事，了解到知识分子普遍面临待遇过低和住房困难的问题。陈景润自己虽然已被破格晋升为研究员，但工资并不高，居住条件也很差。他每次开会都会认真记录大家的意见，并在大会上提出，呼吁政府解决这些问题。

此外，陈景润还关注到中关村的交通问题。他经过实地走访和调研，提交了《关于解决中关村交通问题的建议》。这份建议得到了北京市交通局的重视，很快，320 路公交车得以开通，方便了中关村的居民。

陈景润的真诚和努力赢得了人们的信任和尊重。大家纷纷向他反映问题，希望他能代表大家发声。他无论多忙，都会认真倾听，并尽力解决。例如，他关注到北京黄庄小区屠宰场搬迁问题，并写下了相关建议，使屠宰场很快得到搬迁。

从 1975 年到 1988 年，陈景润做了 13 年的全国人大代表。在履职期间，他全心全意为人民发声，提出了许多有建设性的建议和意见，使许多老百姓关心的问题得到了重视和解决。

航天筑梦

——运载火箭与卫星技术专家孙家栋

刘　锐　魏　澜　吴励峰

一、阅读资源导入

勤学好问的孙家栋

1929 年 4 月 8 日，孙家栋出生于辽宁省盖县盖平师范学校，后来随父亲孙树人搬到哈尔滨。小时候的孙家栋，总是对各种东西充满好奇，特别是对新事物。他经常会好奇它们怎么会是这样的。看到汽车，他就好奇汽车为什么自己会跑。哈尔滨的冬天很冷，手握住金属门把手会被冻住，脱下一块皮，他就会对这种现象感到奇怪。学数学时，老师说 1+1=2，他就琢磨为什么 1+1=2。

好奇心让孙家栋从小养成了勤学好问的习惯，他的成绩一直很优异。13 岁的孙家栋被哈尔滨第一高等学校土木系录取。那时，他梦想成为一名土木建筑师，将来可以建造大桥。

1948 年，孙家栋考入哈尔滨工业大学预科班。读书期间，他听说学校要增设汽车专业，开始向往以后能制造汽车，毕竟那时候汽车更神秘，比建造大桥更有挑战性。

1950 年 1 月，新成立的中国人民解放军空军到哈尔滨工业大学挑选人员，孙家栋毅然报名参军。同年，精通俄语的孙家栋，经过多轮考核，和另外29名军人一起被派到苏联茹科夫斯基空军工程学院留学。在那里，他没能学到如何制造汽车，但学到了怎么制造飞机，并凭着优异成绩于1958年荣获苏维埃颁发的最高奖章——"斯大林奖章"。

来自中国的星光

1958年，孙家栋学成回国。这时，中国航天事业发展最早的火箭、导弹研究机构——国防部第五研究院急需技术人才。孙家栋没能从事飞机制造，而是带着他留苏期间积累的航空发动机理论知识，进入第五研究院一分院导弹总体设计部，从事导弹研究。此后的九年里，中国自主研制的导弹武器成功地完成了飞行试验，还成功进行了导弹、原子弹的"两弹结合"飞行试验。孙家栋参与了全部研制工作，从导弹总体设计员升为总体部副主任。

孙家栋本以为，这辈子都要在中国导弹事业上发挥自己的作用，但命运却在这时突然拐了个大弯，让他与卫星事业结缘，并成为我国第一颗人造卫星的技术负责人，我国"风云二号"卫星工程、北斗卫星导航系统第一代和第二代工程、月球探测一期工程的总设计师。我国第一颗人造地球卫星、第一颗返回式遥感卫星、第一颗绕月人造卫星、第一颗北斗导航卫星……中国航天史上的一个个关键节点，孙家栋都参与其中，他一生参与设计的卫星达到我国已发射卫星总数的三分之一。因此，孙家栋也被称为中国"卫星之父"。

可以说，孙家栋是我国航天人中最亮的那颗星，他和他参与设计制造的卫星，让全世界感受到中国星光的璀璨。

二、孙家栋的主要研究成就

孙家栋是中国第一个自行设计的中程导弹的主任设计师，领导完成了导弹总体设计；任多颗人造卫星的技术总负责人、总设计师，主持完成了中国第一颗人造卫星、第一颗返回式卫星和第一颗静止轨道试验通信卫星的卫星总体设计，领导了卫星研制和发射的技术管理工作，在解决重大工程技术问题上发挥了指导和决策作用。

孙家栋从事航天工作 60 年来，主持研制了 45 颗卫星；担任中国北斗导航系统第一代和第二代工程总设计师，实现了北斗卫星导航系统的组网和应用。在中国自主研制发射的 100 个航天飞行器中，由孙家栋担任技术负责人、总设计师或工程总师的就有 34 颗，占整个中国航天飞行器的三分之一。作为中国月球探测工程的主要倡导者之一，担任月球探测一期工程的总设计师，树立了中国航天史上新的里程碑。

1985 年，孙家栋获得两项国家科技进步奖特等奖。

2010 年，孙家栋获得国家颁发的 2009 年度国家最高科学技术奖。

三、教学设计

（一）设计说明

1. 从学生日常生活中常见的导航系统、天气预报、通信系统等实际应用出发，引导学生认识到卫星在现代社会中的重要性和广泛应用。

2. 引入"卫星之父"孙家栋的生平事迹和科学成就，讲述他在卫星研究和国家航空事业发展中的贡献。通过分析孙家栋在研究过程中敢于承担、克服困难、团结协作、甘于奉献的精神，让学生理解这些精神在科学研究和国家建设中的重要意义。

3. 通过孙家栋的故事和科学精神，激励学生树立远大理想，认识到个人的奋斗与国家的发展紧密相连。引导学生将孙家栋的精神内化到自己的学习和生活中，鼓励他们为实现国家复兴和强大而努力奋斗。

（二）适用学科、学段、学生群体

卫星已经渗透到我们生活的方方面面，除了导航卫星，还有通信卫星、气象卫星、侦察卫星、测地卫星、截击卫星等等。不同种类的卫星在各个领域都为人类社会做出了巨大贡献。中年级同学可以从日常生活、课外资料和实践活动中了解科学家孙家栋为我国航天科技事业做出的杰出贡献。我国卫星发射起步晚，但进步速度惊人。这丰功伟绩的背后都包含着航天人吃苦耐劳、攻克难关、默默奉献的航天精神。有这样的科学家做我们的榜样，让我们从小树立强国、复兴、创新的中国梦。

适用于小学中年级活动课、班会课、社会实践活动课或课后服务。

（三）学习目标

1. 学生通过科普知识和资料汇总，了解有关运载火箭与卫星技术专家孙家栋的事迹，知道孙家栋被称为"卫星之父"的原因，学习孙家栋身上爱国、奉献、拼搏、创新的科学家精神。

2. 学生通过阅读、走访、实践探究、实地考察等，理解孙家栋在中国航天科技事业研究卫星过程中的艰辛与困难，学习航天人"特别能吃苦、特别能战斗、特别能攻关、特别能奉献"的航天精神。

3. 学生通过资料查阅、整理、学习，了解卫星原理、航天知识等，知道生活中不常见到，但又能对我们的生活产生巨大影响的知识体系，拓宽知识面，激发科学研究的兴趣，从而树立远大科学理想，为人类造福。

4. 学习孙家栋自强不息、顽强拼搏、团结协作、开拓创新、为国争光的爱国情怀。

（四）课程实施策略

1. 立足学生的需求和好奇心，中年级学生学习可以从科学家故事入手，以故事为载体，对孙家栋的不同成长阶段和所处的相应历史背景有所认识，尊重学生已有的知识和经验，了解不同背景下孙家栋的选择中表现出的科学家精神。

2. 强调学生、学校和社会之间的联系，充分利用社会资源，以调查、走访的形式深入理解人物的精神，塑造更加饱满的人物形象，在逐步认识孙家栋这一代科学家爱国、创新、求实、奉献、协同、育人的科学家精神后，树立正确的价值观。

3. 社会实践活动课程、体验式实验课程等，渐进式教学，将活动与课堂结合，点燃学生对"航天筑梦人"的兴趣。

（五）教学流程

1.渐进式教学方式，将动手与动脑有机结合，在认识中由学生自发生成问题，在好奇心的推动下学生主动认识问题，剖析问题产生的背景与原因。

2.深刻体会孙家栋在卫星研究过程中遇到的困难和攻克难关的决心。学习孙家栋身上美好的科学品质和人性光辉，为学生以后的成长和梦想的追求带来不断进步的动力。

3.学习目标逐级递进：

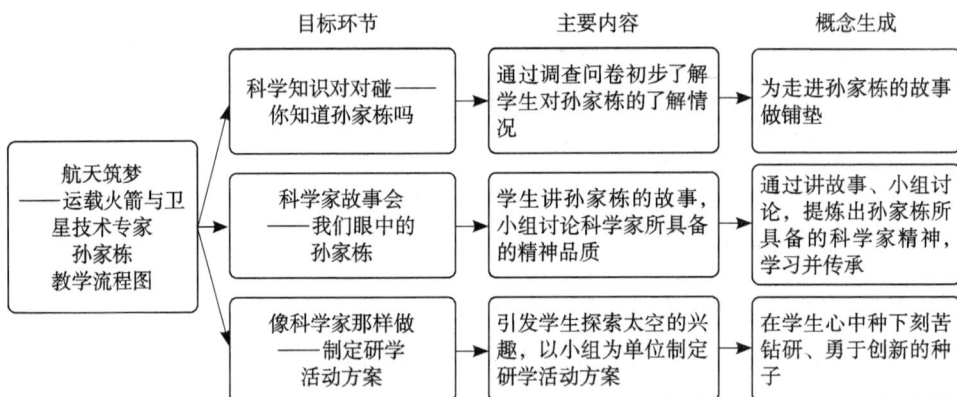

	目标环节	主要内容	概念生成
航天筑梦——运载火箭与卫星技术专家孙家栋教学流程图	科学知识对对碰——你知道孙家栋吗	通过调查问卷初步了解学生对孙家栋的了解情况	为走进孙家栋的故事做铺垫
	科学家故事会——我们眼中的孙家栋	学生讲孙家栋的故事，小组讨论科学家所具备的精神品质	通过讲故事、小组讨论，提炼出孙家栋所具备的科学家精神，学习并传承
	像科学家那样做——制定研学活动方案	引发学生探索太空的兴趣，以小组为单位制定研学活动方案	在学生心中种下刻苦钻研、勇于创新的种子

（六）学习评价量表

	☆	☆☆	☆☆☆	☆☆☆☆
认识了解	知道孙家栋的事迹和主要贡献	了解孙家栋被赞颂的原因	了解孙家栋在研究过程中的艰辛与困难	了解孙家栋不仅敢于挑战、勇于承担，还博学多识、大力协同、甘于奉献，为国家航空科技复兴贡献一切力量
探究实践	积极了解孙家栋的事迹	了解世界和中国的卫星航空事业上的发展历程	积极动手，收集资料，了解卫星升空的原理，以小组为单位进行火箭升空实验	反复试验，记录数据，改善火箭升空距离和精度，确定实验数据，完成实验研究报告
态度责任	理解孙家栋在研究过程中的艰辛与困难	对孙家栋在研究过程中遇到的艰难困苦，充满敬畏之心	通过不断学习，希望能够像孙家栋那样，努力克服困难，拥有勇于承担和挑战的勇气与魄力	具有社会责任，深入了解科技发展的问题，并通过不断学习和实践增长自己的能力，愿意为解决问题贡献自己的力量

（七）教学设计

◎ 课前科学知识对对碰

从天气预报到出行导航，从野外探测到灾难营救，从打电话到看电视……我们的生活有多便利，就说明航天事业对我们的生活有多重要。关于中国航天，你知道多少？请你来回答下面几个问题。

1. 最早发明火箭的国家是（   ）。

2. 我们常说的"两弹一星"指的是（   ）。

A. 原子弹、氢弹、人造地球卫星

B. 核弹、导弹、人造地球卫星

3. 1970 年 4 月 24 日，"东方红一号"发射成功，我国成为世界上第几个能够发射人造卫星的国家？（   ）

A. 一　　　B. 三　　　C. 四　　　D. 五

4. 中国"两弹一星"元勋，被称为"中国卫星之父"的是（   ）。

A. 钱学森　　　B. 孙家栋　　　C. 邓稼先

5. 国务院于 2016 年 3 月 8 日批复同意确定的"中国航天日"是每年（   ）。

A.4 月 24 日　　　B.5 月 23 日　　　C.6 月 22 日

6. 中国一代代航天人打开了我国探索太空奥秘的大门，关于中国航天你还有什么问题？说一说即可。

◎ 课堂故事汇

教师活动	学生活动
环节一：感动瞬间，孙家栋风采展示	
介绍孙家栋。 播放孙家栋当选"感动中国2016年度人物"视频。	学生观看"感动中国2016年度人物"颁奖视频。
活动意图说明：在介绍孙家栋的基础上，通过播放视频进一步展示孙家栋的人格魅力和社会影响力，引导学生深入思考和感受孙家栋的生平、成就以及他对于我国航天事业所做出的巨大贡献。	
环节二：视频感悟，心声共鸣	
看完视频，大家有什么想说的？ 引导学生谈一谈我眼中的"孙家栋"。	1. 自由谈感受 2. 讲孙家栋的故事 《来自中国的星光》 《从导弹到卫星的急转弯》 《国家需要，我就去做》 《靠自己，才能壮大航天事业》

教师活动	学生活动
活动意图说明：视频播放结束后，鼓励学生积极分享自己的感想和看法，从而加深学生对孙家栋精神品质的理解，并激发学生的爱国情怀和科技梦想。通过互动讨论的方式，锻炼了学生的思辨和表达能力。	
环节三：探源航天精神，铭记英雄	
引导学生讨论孙家栋为什么能够成为"卫星之父"，能得到国家和人民对他的认可和敬仰？他哪些方面吸引了你？	小组讨论孙家栋的精神品质：勇挑重担、勇于承担、甘于奉献、尽职尽责、团结协作、刻苦学习、知难而进、刻苦钻研、为国争光、爱国等。
活动意图说明：通过探讨孙家栋如何得到国家和人民的认可与敬仰，学生将进一步认识到个人价值与社会责任的关系，以及为社会做出积极贡献的重要性。鼓励学生分享孙家栋吸引他们的地方，旨在培养学生的观察力和批判性思维，引导他们从多个角度理解并评价这个人物。	
环节四：研学策划，创意启航	
观看我国载人航天技术升空视频，以及宇航员在太空活动的视频。引出"天宫课堂"延伸社会实践活动。引导学生为研学活动制定活动方案。	1. 学生提出问题： （1）对航空服的结构和作用感兴趣。 （2）火箭升空的原理。 （3）卫星是怎样被送上太空的？ 2. 以小组为单位，为"天宫课堂"延伸社会实践活动——参观北京航空航天博物馆研学活动，制定活动方案。
活动意图说明：在激发学生对航天科技兴趣的基础上，进一步引导学生进行研学活动的规划和设计。学生能够更加深入地了解研学活动的目的、内容和要求，明确自己在活动中的角色和职责，培养学生的组织策划能力、团队合作能力和创新能力。	

◎ 像科学家那样做

"北京航空航天博物馆"研学——"天宫课堂"延伸社会实践活动

【学习目标】

1. 能够从不同的视角聚焦卫星与人类活动的关系，提出有价值的问题。

2. 能够应用相关软件或者通过采访等方式，了解航空服的构造和工作原理，或者火箭、卫星升空的原理，并完成学习研究记录表。

3. 通过实地考察北京航空航天博物馆，或者利用各种视频资料，探究航空服的工作原理或者构造，或者火箭、卫星升空的原理。根据学习所得，小组合作设计航空服或者火箭、卫星，成果可以用PPT或者实物模型呈现，提高对跨学科问题的研究能力。

4. 通过实践活动提升团队协作、调查研究、语言表达等能力，提高数字素养、创造力，逐步形成勇于创新、主动学习的良好品格。

【核心任务】

在博物馆研学活动中，学习航空航天知识，对航空服、火箭、卫星等重要信息进行观察和记录，分析各要素之间的内在关联，全面认识航空航天技术对人类生存和发展的影响。

【设计思路】

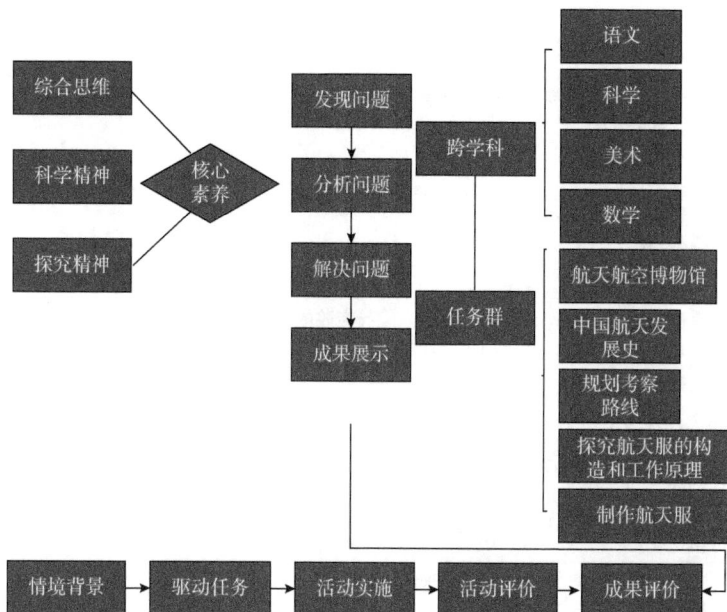

【确定任务群】

学生在教师的引导下，围绕"天宫课堂"开展深度讨论，确定学习任务。

任务一：制作参观地图，规划考察路线

学生从小组查找到的博物馆参观攻略的学习资料中获取有效信息，了解博物馆的主要内容和布局；通过网络资源，查找和了解航空航天知识；确定想了解和研究的问题，为进一步开展实地考察活动做好准备。

任务二：探究航天服的构造和工作原理（探究火箭的构造和工作原理）

实地寻找问题的根源，搜集有用信息，学生在实地考察的过程中，寻找自己感兴趣的航天知识，通过同伴互助、聆听讲解及网络查询等方式，综合运用相关知识，认识航天服或者火箭的特殊工作原理，分析其中关联，学习考察结果，可记录在学习表中。

学习记录单

主题	航天服构造与设计	小组成员	组长： 组员：	
		指导教师		
		学习时间	总体：	
			每周：	
前期思考	背景分析			
	设计理念			
	任务目标			
	学习规划			
学习探讨探究	第一阶段：理论学习与初步设想 理论学习： 个人思考： 初步设计： 第二阶段：构思与再学习 基本构想： 再学习： 第三阶段：设计与修正 设计：根据学习计划及任务分工，设计完整的制作方案 修正：小组讨论，修正不足之处			
产品制作	准备： 1. 各种材料； 2. 练习制作技术、技巧； 3. 再一次修正设计制作方案。 制作： 优化： 再优化：			
分享交流	1.PPT 展示分享学习过程和成果； 2. 参加相关科技创新竞赛； 3. 撰写案例或研究报告，形成最终成果。			
评价	产品： 创新： 过程评价：			

任务三：提出设计方案

学生在了解了相关航天知识的基础上，对在学习考察中发现的问题进行探究，再次搜集资料，补充理论知识的学习。提出实验设计方案或者航空服设计方案。例如，可以通过制作模型、PPT展示、动画展示、拍摄微视频、绘画等活动方式进行成果展示。

【成果展示与交流】

教师为学生搭建成果展示交流的平台。学生通过平台向全班同学展示小组和个人设计，进行解说，并反思其合理性；组内成员之间、小组之间展开交流，并进行评选。

◎ 小小创客显身手

项目	致敬航天人——模拟火箭发射	小组成员	
		指导教师	
		学习时间	
项目背景	航天事业是一个充满挑战和创新的领域，航天人以其坚定的信念、不懈的努力和卓越的才能，攻克了一个又一个技术难关，取得了令世界瞩目的成就。通过本项目，希望引导孩子了解航天事业的艰辛与辉煌，感受航天人的奋斗精神和奉献精神，从而激发他们对科学的热爱和对未来的憧憬。		
学习原则	科学知识应用、实验探究、小组合作等		
学习目标	目标1：掌握火箭的基本原理和构造，了解火箭如何借助反作用力实现升空。 目标2：通过制作火箭，锻炼动手能力，学习如何将理论知识应用于实际操作中。 目标3：鼓励学生在制作过程中进行创新尝试，培养创新思维和解决问题的能力。		
研究问题	如何用生活中常见的物品制作火箭，模拟火箭发射		
学习方法	实验法、小组合作等		
学习过程	在我国，航天事业取得了举世瞩目的成就，航天人以其卓越的才能和无私奉献的精神，为国家的科技进步和民族复兴做出了巨大贡献。为了了解航天事业的艰辛与辉煌，感受航天人的奋斗精神和奉献精神，用身边的材料制作一个火箭发射模拟器。 1.我们需要的材料： （1）塑料瓶：选择大小适中、质地较硬的塑料瓶，确保能够承受一定的压力。 （2）软木塞或泡沫塞：用于密封塑料瓶口，防止气体泄漏。 （3）醋：选择常见的食用醋即可。 （4）食用小苏打：确保为纯净的食用小苏打，避免杂质影响实验效果。 （5）火箭装饰：可使用彩纸、贴纸等材料对塑料瓶进行装饰，使其更具火箭外观。 （6）防护工具：佩戴护目镜，避免气体或混合液溅出时伤害眼睛。 2.制作简易模拟火箭发射器 （1）装饰火箭：使用彩纸、贴纸等材料对塑料瓶进行装饰，使其具有火箭的外观。 （2）将食用小苏打倒入塑料瓶中，约占瓶内空间的1/4至1/3。 （3）将软木塞或泡沫塞紧密地塞入塑料瓶口，确保密封良好。 （4）将醋倒入一个易于倾倒的容器中，如量杯或漏斗。 （5）将装有醋的容器放置在火箭模拟发射器旁边，确保能够方便地将醋倒入塑料瓶中。 3.发射过程 （1）将醋迅速倒入装有小苏打的塑料瓶中，注意避免醋溅出。 （2）观察塑料瓶内气体的产生和积累过程，注意气体压力的变化。 （3）当气体压力足够大时，火箭模拟发射器会自动上升，模拟火箭的发射过程。 （4）火箭模拟发射器发射后，及时清理现场，避免残留物对环境造成污染。		
研究报告	包括：项目背景、研究的问题、研究方案设计、研究过程与方法、研究结果、建议与展望等。		
分享交流	1.学生以小组形式在学校提供的交流场所进行分享交流展示； 2.在课后尝试制作不同射程的火箭发射模拟器。在不影响火箭发射器功能的前提下，对沙漏进行美观装饰，并起一个有创意的名字。		
学习评价	成果：不同射程火箭发射模拟器成果分享展示。 创新点：通过调整小苏打和醋的用量、塑料瓶的大小和形状等因素，可以制作出具有不同射程的火箭发射模拟器。这种设计思路的创新使实验更具趣味性和挑战性，同时也能够让学生更深入地理解火箭发射的原理和影响因素。 学习过程：制作过程注重学生的动手能力和实践操作，让他们亲身体验科学实践的过程，培养他们的动手能力和科学素养。在成果分享展示中，可以采用多种形式的展示方式，如视频记录、现场演示、PPT讲解等。这些创新的展示形式不仅能够直观地展示实验过程和结果，还能够提高学生的表达能力和沟通技巧，增强他们的自信心和团队合作意识。		

四、课后阅读

从导弹到卫星的急转弯

1967 年 7 月 29 日，正是北京最炎热的时候。导弹设计师孙家栋像往常那样，趴在北京南苑的办公桌上绘制导弹工程图。这时，门吱呀一声被推开了。不等孙家栋开口询问，来人就自我介绍，说他是中国人民解放军国防科学技术委员会（简称国防科委）的汪永肃参谋。

汪永肃开门见山地说明了来意："为了确保第一颗人造卫星的研制工作顺利进行，中央决定组建中国空间技术研究院，由钱学森任院长。钱学森向聂荣臻元帅推荐了你，根据聂老总的指示决定调你去负责第一颗人造卫星的总体设计工作。你可愿意去？"

人造卫星？孙家栋感觉有点绕，从导弹跨越到卫星，这个弯拐得也太急了。但听到是钱学森推荐的，他二话不说就跟着汪永肃离开办公室，坐上了来接他的吉普车。

从北京南苑出发，一路向北走了十几公里，来到北京友谊宾馆。下了车，孙家栋才知道，宾馆北馆现在已成为筹建中的空间技术研究院的临时办公地点，里头已经有领导在等他了。

当年，他一天内从学校入伍，这次他同样是一天内，从熟悉的导弹设计岗位转入卫星设计岗位，挑起了研制中国第一颗人造卫星的重担。

探究黄土秘密的人

——地质学家刘东生

王佳宇　房晓彤

一、阅读资源导入

赤子之心

刘东生，一位在西南联大培养出的赤子，以满腔的爱国热情和对知识的渴望，走上了地质学的道路。他曾是机械系的学生，但昆明易门铁矿的勘探激发了他转学地质的决心。尽管初次尝试被拒，他并未放弃，最终在叶公超老师的支持下，成功转入地质系，成为杨钟健教授的弟子，专注于鱼化石研究。

新中国成立后，刘东生响应国家建设的号召，从古生物研究转向地质勘探和普查。东北矿山的恢复生产，他毅然前往，放下古生物学，成为地质勘探的一分子。1954 年，他投身于三门峡水库黄土问题的研究，展现了他对国家需求的敏锐洞察和快速响应。

刘东生与环境地质学的结缘，始于 1969 年"文化大革命"期间。一封关于"克山病"的信函，让他不顾个人困境，投身于这一未知领域。他与医学界和地质学界的同仁们一道，深入黄土地区，调查水土，探索疾病与环境的联系。

在陕西，他们细致地研究了每个村庄的水源、粮食，并进行了水样和土壤的化学分析。刘东生运用地质学原理，对比病区与非病区，创造性地提出了克山病的水土病因学说，指出硒、钼、铜等微量元素的缺乏是致病主因。通过给当地居民补充亚硒酸钠，有效控制了这一地方病的蔓延。

终于尝到了罗布泊的味道

87 岁的刘东生，一位对地质科学充满热情的老人，终于实现了他长久以来的梦想——亲身体验罗布泊的钾盐矿。在这片神秘的土地上，他没有让任何人搀扶，而是尽自己最大的努力蹲下、弯腰，几乎是趴在了卤水池边，双手掬起一捧咸水，送到唇边品尝。他喃喃自语："好咸啊！这就是罗布泊的味道。"咸水从他的指缝中漏下，他再次捧起水，抚摸着水中的盐花，脸上洋溢着满足和喜悦。

刘东生对罗布泊的钾盐矿充满了敬意，他知道这里的发现凝聚了多少科学家的心血。2004 年 9 月 4 日，他与科考队一起，经过 13 个小时的连续行车，行程 320 公里，尽管疲惫，但他仍然保持着对未知的好奇和学习的热情。他说："一路走就是一路在学习，都新鲜，也就不觉得累了。"

第二天，科考队前往龙城雅丹地貌区采集土样。刘东生拿起地质锤，一步步沿着缓坡面走上高约 20 多米的土丘，挥舞着锤子凿土分析土层剖面。他坚持不要人扶，担心锤子会伤着别人。他的独立和坚强，让人不敢低估他言语的分量。

在每一处停车驻足的地方，刘东生都会拿出一个本子，用笔细致地勾勒和描画眼前的景观。这是他受到瑞典探险家斯文·赫定的影响，一路作速写记录，以帮助记忆。尽管他的脊背微驼，身体瘦弱，但他的话语却充满了力量和智慧。

刘东生深知，研究过去的目的是为了了解未来。他说："搞清罗布泊的过去，对这里的未来气候、环境变化就能有个比较准确的预测，将来制定发展规划就有依据。"他的话语不仅体现了一位科学家的远见，也反映了他对这片土地深深的热爱和责任感。

二、刘东生的主要研究成就

刘东生于 1980 年当选中国科学院院士，1991 年当选第三世界科学院院士，

1996 年当选欧亚科学院院士，2002 年获国际"泰勒环境成就奖"，2004 年获 2003 年度国家最高科学技术奖，2007 年获欧洲地球科学联合会"洪堡奖章"，2011 年，INQUA 设置"刘东生奖章"为该国际科学组织终身成就奖。

他为我国第四纪科学与黄土科学事业奋斗了大半个世纪，取得多项重大成就。

1	提出了有重要突破的"新风成学说"
2	奠基了环境变化的"多旋回说"
3	对整个黄土剖面的系统研究，成为迄今全球唯一完整的陆地沉积记录，建立了全球变化的国际对比标准
4	提出了"青藏高原的隆起对自然环境及人类活动的影响"的研究方向，将青藏高原与黄土高原的研究结合起来，成为中国人对地球第三极的科学观——青藏高原地球系统科学观

三、教学设计

（一）设计说明

选取地质学家刘东生的主要成就、研究方法和解决问题的思路及其所体现的科学家精神，如爱国精神、创新精神、求实精神、奉献精神、协同精神等，设计相关的跨学科实践活动，突出其科学家精神的具体表现，让学生将所学知识应用到实际问题中解决时，理解科学家精神的内涵。

（二）适用学科、学段、学生群体

学科：科学、劳动、综合实践、语文、美术

学段：小学中段及以上

学生群体：四年级及以上

课型：活动课、班会课或课后服务

（三）学习目标

1.通过了解有关刘东生的事迹，知道其被誉为"黄土之父"的原因，学习他身上爱国、奉献、求实和创新的科学家精神，并提高学生的阅读理解、表达和交流技巧。

2. 通过实践活动，培养学生的观察、实验、分析和解决问题的能力以及团队合作精神。在活动中理解刘东生在研究黄土过程中的艰辛与困难，学习他身上创新、拼搏、深耕不辍的科学家精神。

3. 知道土壤是地球的重要资源，认识到土壤保护的重要性，加强保护自然资源的意识。

（四）课程实施策略

1. 立足学生的需求和好奇心，以故事为载体，使中段学生对刘东生的不同成长阶段和所处的相应历史背景有所认识，了解刘东生所体现的科学家精神。

2. 通过整合资源，组织学生参与实地调查和走访活动，让学生亲身体验和感受科学家的工作与生活。

3. 课程内容与学生的实际生活和学习需求相结合。例如，在课堂上学习土壤的基本知识后，组织学生参与实地种植并观察土壤对植物生长的影响。

（五）教学流程

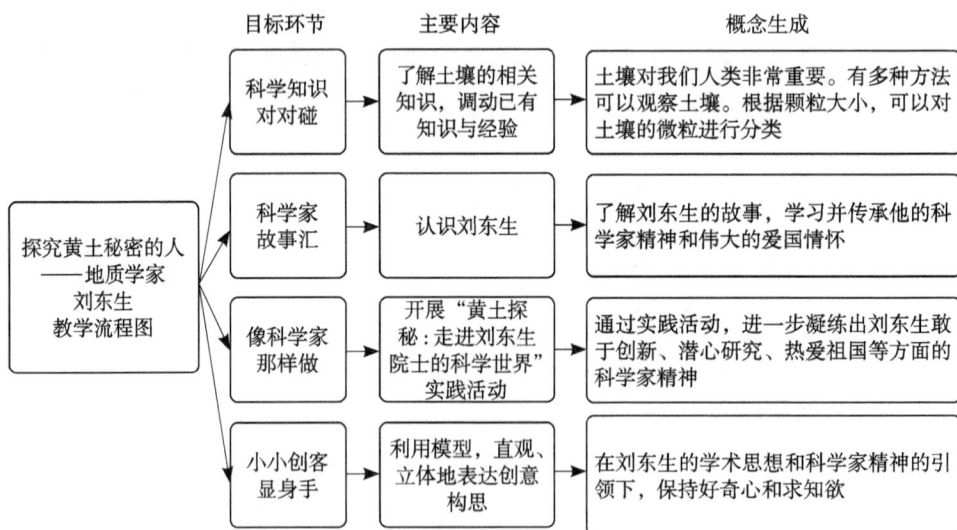

目标环节	主要内容	概念生成
科学知识对对碰	了解土壤的相关知识，调动已有知识与经验	土壤对我们人类非常重要。有多种方法可以观察土壤。根据颗粒大小，可以对土壤的微粒进行分类
科学家故事汇	认识刘东生	了解刘东生的故事，学习并传承他的科学家精神和伟大的爱国情怀
像科学家那样做	开展"黄土探秘：走进刘东生院士的科学世界"实践活动	通过实践活动，进一步凝练出刘东生敢于创新、潜心研究、热爱祖国等方面的科学家精神
小小创客显身手	利用模型，直观、立体地表达创意构思	在刘东生的学术思想和科学家精神的引领下，保持好奇心和求知欲

探究黄土秘密的人——地质学家刘东生教学流程图

（六）学习评价量表

	☆	☆☆	☆☆☆	☆☆☆☆
认识了解	知道刘东生的事迹和主要贡献	了解刘东生被世人称颂的原因	了解刘东生在研究过程中的艰辛和困难	了解刘东生不只是有求实精神，还敢于创新，在实验中有创新设想
探究实践	积极了解刘东生的事迹	了解黄土高原水土治理的方法与科学原理	通过观察实验的方法了解土壤的组成成分并能描述砂质土、黏质土、壤质土的特点，还能举例说出它们适宜生长的植物	以探究活动中观察到的事实为依据，分析归纳出砂质土、黏质土、壤质土在颗粒大小、黏性以及渗水性方面的不同。选种适宜的植物进行种植。
态度责任	理解刘东生在研究过程中的艰辛与困难	理解刘东生在研究过程中的艰辛与困难，充满敬畏之心	通过不断学习，希望能够像刘东生那样，以国家的需求作为自己科研的动力	具有社会责任，深入了解社会问题，并通过不断学习和实践增长自己的能力，愿意为解决社会问题作出自己的贡献

（七）教学设计

◎ 课前科学知识对对碰

土壤，这个覆盖在地球表面看似平凡无奇的一层疏松的物质，其实隐藏着无数的秘密。这些秘密等待着你去探索，去发现，去珍惜。

你对土壤有哪些认识？试着概括一下它的特点。

你知道对于土壤也有科学研究吗？把你了解的说一说。

你知道土壤对我们有多重要吗？在研究的历史中，哪一位科学家最有名？

◎ 课堂故事汇

教师活动	学生活动
环节一：初识"黄土之父"	
通过故事讲述、视频展示等方式，引导学生认识"黄土之父"——刘东生	1. 初步了解刘东生 2. 交流刘东生的研究成果
活动意图说明：通过图片和视频，引出黄土之父——刘东生，从他的成就分析他的性格品质，如热爱祖国、热爱人民、高昂的工作热情等。	
环节二：矢志黄土，躬身探奥秘	
1. 结合《黄土天书》视频片段，引导学生深入了解刘东生在研究黄土的过程中所采用的方法和经历的艰辛。 2. 引导学生学习刘东生的研究精神和对科学的贡献，讨论如何将这种精神应用到学习和生活中。 3. 总结黄土的特性、功能和保护方法，强调学习成果和刘东生科学家精神的重要性。	小组合作梳理刘东生院士在黄土高原研究中使用了哪些具体的科学方法和技术。如观测、采样、实验、古地磁技术、磁化率测量等。 小组讨论： 1. 交流体现刘东生科学家精神的内容。 2. 讨论黄土研究对现代科学的意义及对自己学生生活的启发。
活动意图说明：延续学生学习兴趣，通过了解刘东生的研究内容，学习科学研究土壤的方法，感受研究土壤的过程中其体现的科学家精神。	

◎ 像科学家那样做

开展"黄土探秘：走进刘东生院士的科学世界"实践活动

【学习目标】

1. 了解刘东生院士的生平和主要贡献。了解黄土的科学价值和环境意义。

2. 观察土壤特性，能区分砂质土、黏质土、壤质土，选择适宜植物进行种植。

3. 能正确叙述自己的探究过程与结论，能倾听别人的意见，能合作交流。

【核心任务】

通过挑选适宜的土壤和植物并实际种植，让学生在劳动中学习知识，感受土壤对植物生长的影响，并通过实践活动培养他们的观察力、思考力和解决问题的能力。同时，通过这样的探索活动，让学生亲身体验土壤的重要性，激发学生对地球科学的兴趣，培养他们对环境保护的意识。

【设计思路】

本学习活动设计思路如图所示：

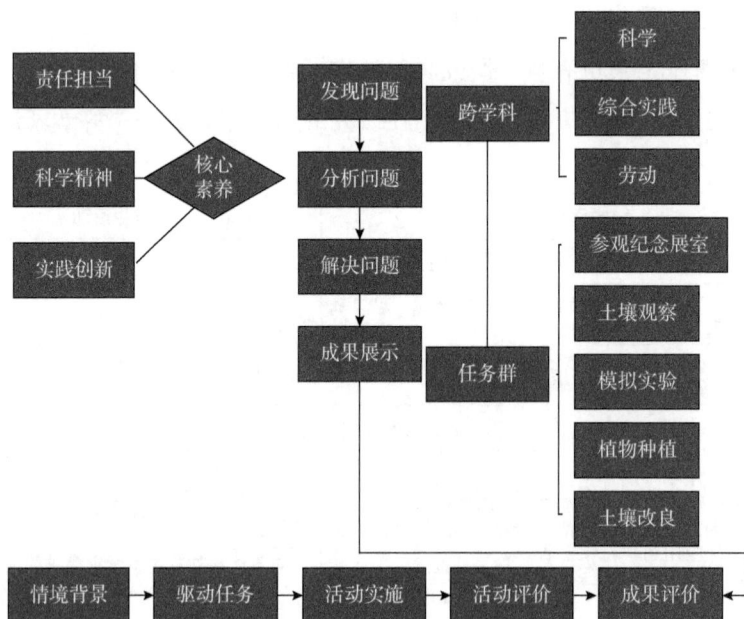

任务一：参观刘东生先生纪念展室

线下地址：北京市朝阳区北土城西路 19 号

线上浏览网址：http：//www.chiqua.org.cn/ldsxsjnzs/xscj/

通过参观展室丰富的图片、鲜活的实物，体会他那执着的科学追求、扎实的学风、持之以恒的毅力，能立志沿着老一辈科学家的足迹，努力学习，奠定扎实的基础，长大以后为科学的进步和国家的发展贡献自己的力量。

任务二：探秘黄土

（1）土壤观察

观察实验：观察黄土样本，记录其颜色、颗粒大小等特征。

土壤采集：收集校园内的土壤样本，尝试识别是否含有黄土成分。

（2）模拟实验

土壤分析：模拟刘东生的研究方法，分析黄土的性质。

以小组为单位验证砂质土、黏质土、壤质土三种土质的不同，说出自己的想法并设计实验，完成实验，并列出结果。

（3）植物种植

模拟实验：模拟黄土环境，进行植物种植实验，观察其生长情况。

（4）土壤改良

方法：尝试通过添加有机物等方法改良黄土，观察效果。

数据记录：记录实验过程中的数据，进行分析。

阶段性交流与反思：小组以 PPT 的形式展示在黄土中所选种植物的生长变化。

◎ 小小创客显身手

项目	设计制作"我的黄土农场"	小组成员	
		指导教师	
		学习时间	
项目背景	黄土高原是世界上最大的黄土分布区，具有独特的地理和环境特征。黄土结构疏松，易于耕作，但也容易导致水土流失。而黄土高原是中国重要的粮食生产基地之一，对国家粮食安全具有重要意义。通过设计制作"我的黄土农场"可以了解黄土地区的农业生产条件，探索现代科技在农业中的应用，如智能灌溉系统、土壤改良技术、遥感监测等。既能培养学生的科学探究、技术应用、工程实践和数学计算能力，也能培养学生的生态保护意识和实践能力。		
学习原则	学科知识应用、实验探究、小组合作等		
学习目标	1.学习黄土高原地区的农作物种类、种植技术以及农业的重要性。 2.能根据黄土高原农业面临的挑战，提出合理的解决方案。 3.在项目实施过程中，认识到团队合作的重要性，增强协调和沟通能力。		
研究问题	如何用泥土或其他材料设计制作"我的黄土农场"简易模型，呼吁人们保护黄土资源。		
学习方法	设计构思、实地探究、小组合作等		
学习过程	按照设计——制造——测试——改进——再设计——成品的过程，完成各小组的"我的黄土农场"模型制作。		
研究报告	包括：项目背景、研究的问题、研究方案设计、研究过程与方法、研究结果、建议与展望等。		
分享交流	1.学生以小组形式进行"我的黄土农场"模型设计分享交流。 2."我的黄土农场"模型成品展示。各组按照抽签顺序介绍本组黄土农场的整体设计。按照合理性、模型工艺、模型有效性、展示四方面进行投票评选。 3.反思总结： 个人反思：学生写下自己在活动中的体会和学到的知识。 集体讨论：班级讨论活动中的收获和未来的探索方向。		
学习评价	1.成果："我的黄土农场"模型。 2.要求： 合理性：考虑植物种植、土壤保护等。 模型工艺：模型坚固、美观。 模型有效性：模型反映了黄土农场的环保设计理念。		

四、课后阅读

东方之子：读解黄土天书

刘东生在黄土方面的研究，用一句话来讲——就是化灾难为神奇，跟刘先生出野外是一种享受，就是你可以学到很多东西，很多是在书本上、课堂上学不到的东西。我们私底下就说刘先生简直是个超级老头，一百年出一个。

如果没有中国的黄土这样一个记录，那么人们对这个时期地球环境变化的历史，特别是陆地上环境变化的历史，就知道得要少很多，而这个功劳应该归于，刘先生和他领导的研究队伍。

刘东生是我国黄土研究方面的专家。在半个世纪的地学研究中，他建立的黄土"新风成说"，平息了170多年来黄土成因的风成与水成之争；通过对古土壤的序列研究，向四次冰期提出挑战，经过3年的时间，他总结出环境变化的多旋回理论，成为古环境研究史上的一次重大革命，刘东生完成了到现在为止全球唯一完整的陆地沉积记录，使中国的黄土成为认识全球变化的一把"钥匙"。这位被称为"黄土之父"的老科学家65年前就读于一所著名的学校——西南联合大学。

刘东生：我记得在二十世纪八十年代的时候，碰到一个美国科学家，他专门研究说，西南联大八年为什么出了这么多人才。我想其中有一条，是一种敢为天下先的精神，敢为天下先的精神是一种什么精神呢？我觉得是一种自信的精神，也可以说是我们民族的自信的精神，对于我们这些学生，后来不管是做人，还是做科学工作都有很大的作用，所以从这方面来说，也是我们黄土的研究继承的一种自信的精神，敢于和世界上研究黄土工作的（人）来共同比较、来努力，就是这样的。

1942年，刘东生毕业于西南联合大学地质系，他师承中国地质调查所著名科学家杨钟健进行鱼化石研究。但是刘东生一直的梦想就是成为一名地质勘探工程师。1954年，国家提出治理黄河，进行水土保持工作。当时37岁的刘东生决定离开古脊椎所，去从事没有人愿意做的黄土研究。到现在50年过去了，他始终没有改变自己的这一志向。

刘东生：比方说，黄土对我们从事地学研究工作的人来说就好像什么呢？像一位画家，虽然说是红、黄、蓝三个颜色，就是这三个（颜色），在不同的画家手里可以画出来《蒙娜丽莎》这样不朽的杰作，也可以画出很多其他东西，所以我们虽然是一个搞黄土的，但艺术家追求的是一些情感，而科学家追求的是智慧，所以我们从追求卓越、追求新的发现来说是一样的。

在刘东生看来，黄土就像一部神秘的天书，每一层都蕴含着一个地球故事，为了读懂这些故事，他走遍了每一寸有黄土的地方。但是一次野外考察的疏忽，成了他一辈子的遗憾。

刘东生：在陕西蓝田，晚上六点钟，天已经黑了，我们走到一个地方，看到上头有骨头的化石，而且是兽类的或者什么的。我说："哎呀！太晚了，下次再来吧。"可是下次就没有来。第二年古脊椎所的同志到那个地方去发掘，就发现了蓝田猿人，那是我们中国最老的一种猿人，我们就失去这个机会了。

我记了一句话就是说，一位地质学家在他工作的时候，要考虑以后再没机会来了，所以一定要把这个地点做得详尽无疑，不要有遗憾。大家都有一个共同的感觉，就是科学上的发现，不仅仅是克服一些困难，最重要的就是要继续不断地有所积累，这个继续不断地长年的积累，是科学发现的关键。这样的本子算起来可多了，我估计二百本吧。这个我还比较认真，在野外的时候，看到了随时就把它记下来，勤能补拙嘛，这句话我非常欣赏。我自己没有什么天分，只能勤快一点儿。

这是 2003 年 8 月刘东生在银川水洞沟考察的情景，当时他八十五岁。就在那次考察的那个月之前，刘老刚刚在上海做过肾脏手术。但是刘老觉得这是一次难得的机会，这次考察也圆了他 65 年的一个梦。

刘东生：我 1954 年开始研究黄土，在这五十年的岁月里，我感觉离不开黄土，但是更让我离不开的，是和我一起工作的这些同志们，他们不仅真正能够使我们国家的黄土研究形成科研上的一股力量，还能够真正地做一些事情，所以这个确实是我人生中不可缺少的一部分。

高年级（5—6年级）：
科技与社会的引领者

　　小学高年级学生逐步养成了各种习惯，随着新课程改革的持续、深入推进，学生在真实的学习情境中渐渐学会关注国家的发展变化，学会关注国家的科学发展。科技的发展对社会的影响，尤其是对生活的影响，学生的体验感是真实的、及时的，是有自己独立的思考和认知的。在5—6年级，我们选择了各个领域具有代表性的科学家的故事，设计了综合性学习活动，让学生们在"身临其境"中升华自我。

茅以升：作为桥梁工程专家，他的工作不仅代表了工程技术的高峰，也象征了国家基础设施建设的成就。

　　钱学森：被誉为"中国航天之父"，他的贡献不仅推动了航天科技的发展，也提升了国家的国际地位。

　　彭士禄：核能领域的开拓者，他的工作为国家的能源安全、科技实力提升等做出了巨大贡献。

　　竺可桢：气象学和地理学的杰出贡献者，他的工作为农业生产、防灾减灾等提供了重要支持，是国家发展的重要基石。

　　程开甲：核武器研究和试验的科学家，他的工作直接关联到国家的安全和国防实力，是国家安全的重要守护者。

　　谢　军：北斗导航系统的总设计师，他的工作为国家的信息化建设、国防安全等提供了重要保障。

中国现代桥梁之父

——土木工程学家茅以升

白晓曼　韩　娜

一、阅读资源导入

从小立志造桥

1896年，茅以升出生于江苏镇江的一个知识分子家庭，出生后不久，全家搬迁到南京。他从小好学上进，善于独立思考。

茅以升十岁那年的端午节，南京秦淮河举行隆重的龙舟比赛，热闹的比赛吸引了大量的人前来观看，人们都站在文德桥上。没想到桥上站着的人太多，竟然把桥压塌了，砸死、淹死不少人。茅以升因为肚子疼没有去，很幸运地躲过了一场灾难，可这一不幸事件也沉重地压在茅以升心里，他暗下决心：长大了一定要造出最结实的桥。从此，茅以升只要看到桥，不管是石桥还是木桥，总是从桥面到桥柱看个够。茅以升上学读书后，从书本上看到有关桥的资料，就把它抄在本子上，遇到有关桥的图画就剪贴起来，时间长了，足足积攒了厚厚的几大本。

"不复原桥不丈夫！"

1937年12月，著名桥梁专家茅以升眼含热泪，炸毁了自己耗费近千个日日夜夜设计建造而成，刚刚通车不久的钱塘江大桥，为的是大桥不被日军所用。撤退途中，他写下《别钱塘》七绝三首，其中有一句是"不复原桥不丈夫！"

茅以升早年从唐山专门工业学校毕业后，赴美国留学。康奈尔大学的教授说："唐山专门工业学校？从来没有听说过，必须考试合格才能注册。"但令他们大吃一惊的是，来自"不知名"学校的茅以升，考试成绩居然名列榜首。于是学校特别规定：今后凡是唐山专门工业学校的毕业生，可以免试直接入学。从此，茅以升的母校因茅以升而知名了。从康奈尔大学桥梁系硕士毕业后，他又在卡耐基理工学院攻读博士学位，于1919年回国。

茅以升的志向是造桥。但鸦片战争后近百年中，洋人垄断了中国的大型桥梁建设工程。时任浙江省建设厅厅长曾养甫是一个敢作敢为的实干家。他了解到茅以升具有丰富的造桥知识和卓越的组织才能，就约茅以升到杭州商议造桥之事。第一次面谈后，他对茅以升说："经费我负责，工程你负责，用人你有全权，我完全相信你。但是，如果桥造不成，你得跳钱塘江，我也跟在你后头跳！"茅以升听后，毅然辞去了北洋大学的教职，承担起建桥的重任。

钱塘江水流多变，造桥极难，当地长期流传着"钱塘江无底，不能修桥"的说法。茅以升知难而进，在施工中打破常规，采取了"上下并进，一气呵成"的办法，基础与桥墩同时动工，桥墩与钢梁同时动工。

在茅以升遇到困难的时候，母亲安慰他说："唐僧取经，八十一难，唐臣（茅以升的字）造桥，也要八十一难。只要有孙悟空，有他那如意金箍棒，就没有度不过的难关。"

钱塘江终于在1937年9月26日通了火车。在很短的时间内，大量物资、人员通过大桥撤回到后方，大量补给送到了前方。11月17日，公路桥开通，大批群众撤回到南岸。直到日军迫近，茅以升亲自指挥炸毁了这座大桥。他说，这种感觉就像亲手掐死了自己的儿子。

抗战胜利后，茅以升兑现了自己的誓言，重整队伍，使钱塘江桥恢复通车，一直营运至今。这是中国铁路桥梁史上的一座里程碑。

二、茅以升的主要研究成就

茅以升是我国近代桥梁工程奠基人，他的一生在桥梁工程建设和学术研究方面取得了卓越的成就，被誉为"中国现代桥梁之父"。

1934年—1937年，茅以升曾主持修建了中国人自己设计并建造的第一座现代化大型桥梁——钱塘江大桥。钱塘江大桥既是我国桥梁建筑史上的一座里程碑，又是我国桥梁工程师的摇篮。后期，他又主持设计了第一座跨越长江的大桥——武汉长江大桥。大桥将京汉铁路和粤汉铁路衔接起来，成为贯穿我国南北的交通大动脉，并把武汉三镇联成一体，确保了我国南北地区铁路和公路网联成一体。

除此之外，茅以升还参与了人民大会堂结构设计的审查。

茅以升这一生学桥、造桥、写桥。他在中外报刊发表文章200余篇，负责建造的桥梁成为当地交通发展和经济交流服务的地标性建筑。

三、教学设计

（一）设计说明

茅以升将自己的一生奉献给桥梁建设，他从小观察桥梁，学习桥梁知识，迎难而上，在素有"钱塘江无底"之说的钱塘江上设计建造钱塘江大桥。饱含心血的大桥建造完成后，为了抗日战争做贡献而被炸毁，新中国成立后复桥。这一生茅以升不但架起了一座座大桥，还在科学与人民之间架起知识之桥。他的爱国精神、创新精神、求实精神、奉献精神、协同精神、育人精神永远值得我们学习。

（二）适用学科、学段、学生群体

桥梁在城市和乡村都是普遍存在的，能够连接河流两端、山谷之间，使天堑变通途。面对汹涌的钱塘江，茅以升不惧挑战，创新设计建设钱塘江大桥；

炸毁大桥时，他满腔的爱国之情，立下不复原桥不丈夫的誓言。敢为人先、勇往直前的奋斗精神鼓舞我们也要不懈奋斗。

高年级学生在《船的研究》《小小工程师》等科学单元学习认识工程建造的过程，《让小车运动起来》等基础物理学认识有利于动手实践进行桥梁建造，进一步体验工程建造的复杂性、创新性，本课适用于综合实践课、活动课、班会课。

（三）学习目标

1.通过走进桥梁博物馆和观察身边的桥梁结构等，从石拱桥开始认识中国桥梁发展史、认识不同桥梁的设计类型，对比不同桥梁结构了解桥梁建设与周围环境相关的知识，学习茅以升从小爱观察和能够提出新想法、新观点的创新精神。

2.通过阅读资料、探寻钱塘江大桥建造过程记录，感受茅以升在"解决难题建大桥"——"为国挥泪炸大桥"——"不复原桥不丈夫"的爱国精神。

3.学生通过走访、查阅资料，了解茅以升在钱塘江大桥工程建设中为国家培养了一批桥梁工程人才的协同精神、育人精神。

4.学生通过实践活动，了解大桥建设中考虑其承重、稳定性、经济价值、不同环境中的限制条件等多种因素，体验设计—制作—测试—评估改进—优化的过程，必须要有严谨的态度、求实的精神。

（四）课程实施策略

1.多样化学习方式，让学生在做中学、乐中学，体验科学家精神。

2.演绎抗战历史中的钱塘江大桥的建设故事，感受茅以升在战争年代的情感变化，更好地体会他饱满的爱国热情。

3.充分利用社会资源，通过进行实地考察等，强调学生、学校与社会之间的关系，多方协作。

（五）教学流程

结构化教学方式，多角度、多样化的体验和学习过程，更有利于学生认识茅以升立体丰富的人物形象和他身上所具备的科学家精神，培养学生的核心素养，充分发挥课程育人的功能。

学习目标逐级递进：

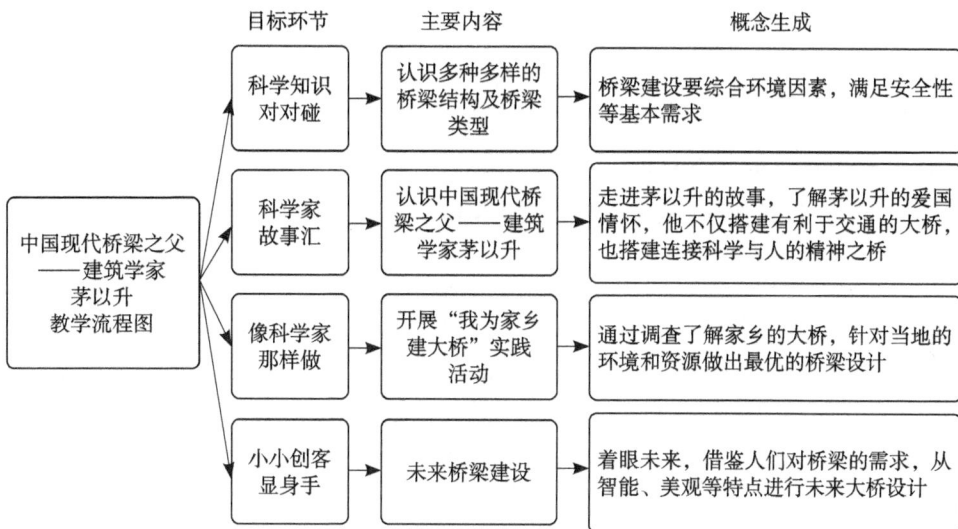

（六）学习评价量表

	☆	☆☆	☆☆☆	☆☆☆☆
认识了解	知道茅以升的事迹和研究方向	了解茅以升深入地搞科研和良好的育人精神	理解茅以升的成就与研究内容所具有的内在价值，他提倡科学是为人民服务的	了解茅以升从小立志高远、善于观察和记录桥梁特性，并为大家普及科学知识，形成了多本书籍的育人精神
探究实践	积极了解茅以升建设钱塘江大桥的事迹	了解桥梁建造的过程，了解设计是工程的核心	动手设计制作桥梁，体验桥梁建设的不易	学生能够通过多种方式，了解茅以升作为中国现代桥梁之父背后的创新精神、求实精神
态度责任	了解茅以升是中国桥梁界的楷模，一生为祖国架桥	理解茅以升在研究过程中的艰辛与困难，充满敬畏之心	在战争年代，茅以升挥泪炸大桥的爱国热情，勇于承担社会责任	渗透工程思维，体会到工程实践与科学探究的不同魅力，让学生了解科研背后蕴含的爱国精神、奉献精神，并勇于创新

（七）教学设计

◎ 课前科学知识对对碰

桥梁是人类为了跨越河流、湖泊、海峡、山谷等障碍而建造的建筑结构，是人类交通运输的重要组成部分，生活中十分常见，对桥梁，你了解多少呢？

1. 桥梁有哪些类型呢？

2. 对于跨度较小的河流，我们选择哪种桥梁进行建造呢？

3. 你知道哪些著名的桥梁吗？

4. 哪种桥梁的承重性更好呢？

5. 港珠澳大桥建设了多久呢？

6. 你知道哪些桥梁建设专家？

7. 桥梁建设最基本的建设需求是什么？

8. 你对周围的桥梁建设有自己的建议吗？

◎ 课堂故事汇

教师活动	学生活动
环节一：创设情境，了解时代背景	
引导学生认识中国现代桥梁之父——茅以升。	1. 了解茅以升。 2. 说一说获得的荣誉。
活动意图说明：通过图片和视频，引出中国现代桥梁之父——茅以升，给学生带来情感冲击，让学生特别想了解茅以升，从而调动学生的积极性，自然而然地进入主题。	
环节二：故事带入，根植广大理想	
1. 引导学生了解茅以升从小立志建桥梁的伟大志向。 2. 展示钱塘江大桥的建造历史。 3. 让学生了解茅以升爷爷与中国桥梁人之间的故事。 4. 让学生了解茅以升爷爷致力于科学与人民之间建起知识之桥。	1. 学生通过学习，了解茅以升勇于挑战、敢于创新的科学品质。 2. 让学生谈一谈茅以升爷爷身上还有哪些科学品质。
活动意图说明：让学生通过故事了解茅以升一生热爱党、热爱祖国、热爱科学事业。作为中国现代桥梁之父，他不仅在现实中建起一座座充满挑战的桥梁，还在精神上建设了奋斗之桥、爱国之桥、教育之桥、科学之桥。	
环节三：拓展延伸，学习心中榜样	
让学生讲一讲茅以升的故事。 让学生说一说应该怎样向茅以升学习。	1. 用红领巾广播，向全校学生介绍茅以升的故事。 2. 写下自己心中的理想。 3. 完成"我心中的茅以升"手抄报。 4. 开展茅以升名言搜集活动。
活动意图说明：通过"学榜样"这样的活动，给学生们讲理想、说奉献搭建平台，从而进一步体会老一辈科学工作者伟大的科学家精神，帮助学生们树立正确的人生观和价值观。	
环节四：总结提升，描绘理想蓝图	
动手写一写或者画一画自己的理想以及实现理想可能的路径。 引导学生说一说自己以后在学习和生活中应该怎么做？	说一说或者画一画自己的理想，讲述自己在故事中的感触和以后自己想为祖国做出的贡献。
活动意图说明：通过学生描绘自身的理想实现路径，切身感受爱国理想实现的内心变化，渗透爱国情怀，从小树立为祖国争光的志向，努力为祖国做出自己应有的贡献。	

◎ 像科学家那样做

开展"我为家乡建桥梁"实践活动

【学习目标】

1.通过调查了解家乡的地形、桥梁建设的特殊性及其相关知识，认识家乡的桥梁类型和河流文化。

2.根据调查到的信息，分析可利用的资源，初步设计家乡某河段（水域）在不同需求下的新功能，能够满足当地居民的多种需求。

3.能够绘制桥梁设计图并进行优化改进。

4.通过小组合作，和谐有效地动手实践，完成桥梁建设。

5.组织语言推广，展示小组桥梁模型，并向当地有关部门提出相关的科学建议。

【核心任务】

在我们的日常生活中，桥梁扮演着非常重要的角色，它们连接着河流的两岸，使人们的出行更加便捷。为了让学生们更加深入地了解桥梁的结构、原理和重要性，同时培养学生的动手实践能力和团队合作精神，我们深入了解学生家乡的桥梁，并以小组形式进行桥梁模型的建设。

【设计思路】

本学习活动设计思路如图所示：

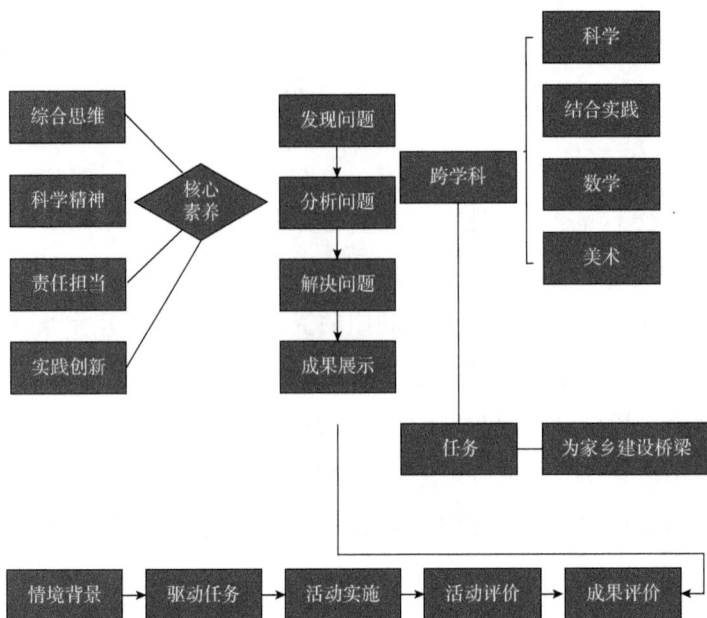

【确定任务步骤】

任务：我为家乡建桥梁

桥梁知识普及：学生通过资料查阅、观看视频等方式，了解桥梁的基本知识，包括桥梁的类型、结构、原理等，针对自己家乡再进行深入的地形、文化等认识。

桥梁设计：学生分组进行桥梁设计，要求考虑桥梁的实用性、美观性和稳定性。每个小组需提交一份设计方案，包括设计图、材料清单和制作步骤。

桥梁制作：根据设计方案，学生动手制作桥梁模型。模型材料可选用木材、塑料、纸张等易于加工的材料。

桥梁测试：制作完成的桥梁模型需进行承重测试，以检验其稳定性和实用性。在测试过程中，学生记录数据，分析原因，对模型进行优化。

成果展示：各小组将制作完成的桥梁模型进行展示，并分享设计思路、制作过程和测试心得。最后，评选出最佳设计奖、最佳制作奖和最佳团队奖。

【成果展示与交流】

通过查阅资料，学生能够对家乡的地形和桥梁类型有更加深入的认识，热爱自己的家乡；通过翻阅书本、搜索网络，对桥梁的结构、原理和类型有了更深入的了解；空间想象力和创新思维得到了锻炼和提高；小组合作，增强团队合作精神和沟通能力。通过动手实践，学生们完成了一批具有实用性和美观性的桥梁模型作品。

【学习活动评价】

学习活动评价要以学习目标为依据，以核心素养的发展水平为标准。针对不同的学习内容，采用多种评价方式，实现评价内容与评价方式的多元化。

◎ 小小创客显身手

项目	未来桥梁建设	小组成员	
		指导教师	
		学习时间	
项目背景	桥梁建设是一个古老而持续发展的领域，随着时代发展，面对社会更多的需求，仍有许多新的创意和可能性等待探索。人们不仅关注桥梁的功能性和安全性，还强调其与环境、社区和科技的融合。随着科技的不断进步和可持续发展理念的深入人心，未来的桥梁建设将更加注重创新、环保和智能化。		
学习原则	学科知识应用、实验探究、小组合作等		
学习目标	目标1：学生了解桥梁建设过程。 目标2：学生能够查阅资料，了解人们的需求以及未来桥梁的发展方向。 目标3：学生能够乐于分享，积极改进，做出最好的桥梁设计方案。 目标4：学生能够通过实验更加热爱生活，珍爱生命，保护大自然。		
研究问题	如何应对未来人们对桥梁建设的更多需求？		
学习方法	设计构思、实地探究、小组合作等		
学习过程	展示北京城市中的多种桥梁类型及其作用。 了解人们对桥梁建设的最新需求，或者特殊区域的桥梁建设需求。 学生相互交流、研讨，整理出各典型案例中值得借鉴的部分，并找到可以开发的最优设计。 沿用设计—制造—测试—改进—再设计—成品的过程，完成各小组的未来桥梁设计。		
研究报告	包括：项目背景、研究的问题、研究方案设计、研究过程与方法、研究结果、建议与展望等。		
分享交流	1.学生以小组形式在学校提供的交流场所进行未来桥梁设计并分享交流展示。 2.形成设计图纸集。 3.桥梁建设成品展示。		
学习评价	成果：设计图纸集和成果分享展示。 创新点：以未来人们对桥梁的需求引导学生对生活中的桥梁多加观察，面对不同区域的不同需求，学生要掌握分析归纳的能力，从智能桥梁、生态桥梁、多功能桥梁、景观桥梁等多种桥梁类型中进行创新设计。 学习过程：学生在以完成最终目标的项目式学习中，逐步深入了解，充分发挥主观能动性，通过实践形成正向反馈，可以在认识的基础上改造世界，切实为社会发展做贡献。		

四、课后阅读

（一）青年茅以升的桥梁梦

在一本茅以升在江南中华商业学堂读书期间的日记中，他曾奋笔写道："我上小学时立志造桥，那时只想在家乡建造一座横跨秦淮河的千年不朽的大石桥。升入中学后，得知中国杰出的爱国工程师詹天佑，在北京到张家口的悬崖绝壁上建成了第一条完全由中国工程技术人员设计、施工的铁路——京张铁路。于是，思想升华，目光致远：以詹天佑为楷模，出国留学深造，掌握尖端技术，立志为国建造新型大桥。"

（二）爱国之桥

钱塘江大桥建成后，为抗日战争做出了杰出贡献。建桥纪念碑的碑文记录了这段悲壮的史实："时值抗日战争爆发，在敌机轰炸下昼夜赶工，铁路公路相继通车。支援淞沪会战、抢运撤退物资车辆无数，候渡过江，以数十万计。当施工后期，知战局不利，因在最难修复之桥墩上预留空孔，连同五孔钢梁埋放炸药，直至杭州不守，敌骑将临，始断然引爆，时一九三七年十二月二十三日。当时先生留下'斗地风云突变色，炸桥挥泪断通途，五行缺火真来火，不复原桥不丈夫'之誓言，自携图纸资料，辗转后方。"为了阻断敌人，茅以升受命炸断了亲手建造的大桥，这是何等悲壮的义举。抗战胜利后，茅以升实践誓言，又主持修复了大桥。建桥、炸桥、复桥，茅以升先生始终其事，克尽厥职。

（三）教育之桥

早在建设钱塘江大桥时期，茅以升就已经开始了在科教育人道路上的探索。他把钱塘江大桥建设工地作为践行自己工程教育思想主张的场地，在钱塘江大桥上建起了一座工程教育的知识之桥。

茅以升讲课深入浅出，循循善诱，简明扼要，深受学生欢迎。他每次讲课，教室里都挤得水泄不通。为了改变传统的灌输式教学方式，茅以升独辟蹊径，发明了一种"学生考老师"的教学方法。每节课的前10分钟，先指定一名学生就上次授课内容提出一个疑难问题，让老师回答。从学生提出问题的深浅，可以看出他是否做过深入思考与研究。学生提出的问题深就多给分，提出的问题浅就少给分。如果提出的问题老师都回答不出来就给满分。这样，大大调动了学生的积极性，他们提出的问题越来越深，越来越有意义，教学效果也大大提高。有些特别疑难而又有意义的问题，就作为以后的研究课题。这样的教学方法不仅促进了学生钻研，也促进了老师认真备课，达到了"教学相长"的目的。

陶行知曾带教育科学生来听茅以升的课，并感慨地说："这的确是个崭新的教学的革命，是开创了我国教育的一个先例，值得我们推广。"

中国导弹之父

——航天科学家钱学森

孙　娜

一、阅读资源导入

"东风快递"，使命必达

说起"东风快递"，它的来历可不寻常呢！

中华人民共和国成立后不久，由于国家安全形势需要，1955 年 1 月，以毛泽东为首的党中央毅然作出创建中国原子能事业和研制核武器的重大战略决策。1960 年 11 月，中国成功试射了第一枚地对地导弹——东风一号；1964 年，中国第一颗原子弹成功爆炸。随后，中国人民解放军战略导弹部队于 1966 年成立，初称"第二炮兵"。后于 2015 年更名为火箭军。

2019 年 2 月，中国人民解放军火箭军官方微博取名"东风快递"，并发出了一条霸气十足的宣传语："东风快递，使命必达。"那么，"东风家族"都涉及哪些"业务范畴"呢？

"东风"系列导弹根据发射距离的远近，可以分为近程弹道导弹、中程弹道导弹、远程弹道导弹和洲际弹道导弹。经过几轮技术改进，"东风家族"导弹打击精度大幅提高，可以实现外科手术式精确打击，这确保"东风快递"做到了"使命必达"。

"东风快递、使命必达"背后的功臣就是中国航天事业奠基人、国家杰出贡献科学家、"两弹一星"功勋奖章获得者钱学森。

胸怀祖国　五年归国路

钱学森早年赴美深造，成为航空工程与空气动力学的领军人物。然而，当 1949 年新中国成立的喜讯穿越大洋，触动了钱学森内心深处的家国情怀，他毅然决定放弃已有的一切优厚条件，踏上归国之路。

1950 年的夏日，钱学森向美国国防部海军次长金贝尔提出辞呈，言辞恳切："金贝尔部长，作为科学家，我深知我的祖国需要我。我必须回去，为中国的发展贡献我的力量。"金贝尔听后，面色凝重，他深知钱学森的价值，随即秘密布置，企图以法律手段阻止其回国。

钱学森的归国之路荆棘密布。他不仅被移民局以莫须有的"携带绝密文件"罪名逮捕，还遭受了长达 15 天的非人折磨。这 15 天里，钱学森体重骤减，但心中的信念却愈发坚定。

在绝望之际，钱学森的夫人蒋英利用香烟盒纸写下求救信，字里行间透露出对祖国的深情与对自由的渴望。这封信几经周折，终于落入周恩来总理之手。周总理迅速行动，通过外交途径向美方施压，最终迫使美方同意钱学森回国。

1955 年，钱学森终于踏上了归途。他深知自己肩负的重任，回国后立即投身于新中国的导弹、火箭事业。在他的带领下，中国航天事业取得了举世瞩目的成就。

二、钱学森的主要研究成就

钱学森 1929—1934 年就读于上海交通大学机械工程系；1939 年获得美国加州理工学院航空和数学博士学位；1946—1949 年任麻省理工学院教授；1955—1964 年任中国科学院力学研究所所长；1957 年补选为中国科学院学部委员（院士）；1965—1970 年任中华人民共和国第七机械工业部副部长、党组成员；1970 年任中国人民解放军国防科学技术委员会副主任、国防科工委科学技术委员会副主任；1986 年 6 月任中国科学技术协会主席；1994 年当选为中国工程院院士。钱学森主要从事应用力学、工程控制论、航空工程、火箭导弹技术、系统工程和系统科学、思维科学和人体科学以及马克思主义哲学等领域的研究。

三、教学设计

（一）设计说明

1.《中国导弹之父——航天科学家钱学森》的核心在于通过导弹技术的引入，不仅让学生了解到我国在这一领域的辉煌成就，更重要的是要传承和弘扬以钱学森为代表的科学家精神。

2.在教学设计中，通过钱学森的生平故事和科学成就来展现科学家精神。通过故事讲述、角色扮演等活动形式，让学生身临其境地感受科学家在追求科学真理过程中的艰辛与坚持，从而激发他们对科学的热爱和尊重。

3.我们特别设计了"像科学家那样做"的模拟活动，即引导学生们制作火箭模型、模拟火箭发射的场景。这一活动旨在通过亲身体验，让学生更加深入地理解导弹技术的复杂性和科学性，培养他们的创新思维和实践能力。同时，我们也鼓励学生将这些科学家精神内化为自己的行为准则，努力成为具有社会责任感、创新精神和爱国情怀的新时代少年。

（二）适用学科、学段、学生群体

"东风快递，使命必达"这一主题，引导学生了解我国导弹技术的发展历程，特别是钱学森先生在这一领域的重要贡献，适合高年级学生。通过讲述他的科学成就和爱国故事，可以激发学生对科学的兴趣，培养爱国情怀和创新精神。同时，建议结合科学、语文、信息技术、美术、劳动等学科，以跨学科方式深化学习，促进学生全面发展。

（三）学习目标

1.了解我国导弹技术的发展历程，特别是"东风"系列导弹的成就。认识钱学森对我国导弹事业的贡献，了解他的科学家精神。

2.通过查阅资料、小组讨论等方式，培养学生自主学习和合作学习的能力。通过模拟实验、角色扮演等活动，培养学生的动手能力和创新思维。

3.激发学生的爱国情怀，增强民族自豪感。培养学生的科学精神和探索未知的兴趣。弘扬钱学森的科学家精神，鼓励学生勇于创新、严谨治学。

（四）课程实施策略

1.故事讲述与课本剧编排：为了让学生深入了解"东风"系列导弹及其背后的功臣钱学森，我们可以从故事入手，让高年级学生编排课本剧，讲述钱学森的成长经历、科学成就以及"东风快递、使命必达"背后的故事。通过讲故事的形式，激发学生对钱学森的兴趣，同时引导他们认识并感受钱学森的"爱国、创新、求实、奉献"的科学家精神。

2.学科融合与讨论分析：将科学与人文、历史等学科相结合，通过跨学科讨论和分析，引导学生全面理解钱学森的事迹和科学家精神。同时，鼓励学生将科学家精神与日常生活相联系，思考如何在日常学习和生活中践行这些精神。

3.实践活动：为了让学生亲身体验科学的魅力，可以组织模拟制作水火箭和火箭发射的实践活动。通过亲手制作和发射水火箭，学生可以了解火箭的基本原理和构造，感受科技创新的力量。同时，火箭发射的模拟活动也能让学生更直观地理解导弹发射的复杂性和精确性，从而加深对钱学森及其团队在科技领域所做贡献的认识。

（五）教学流程

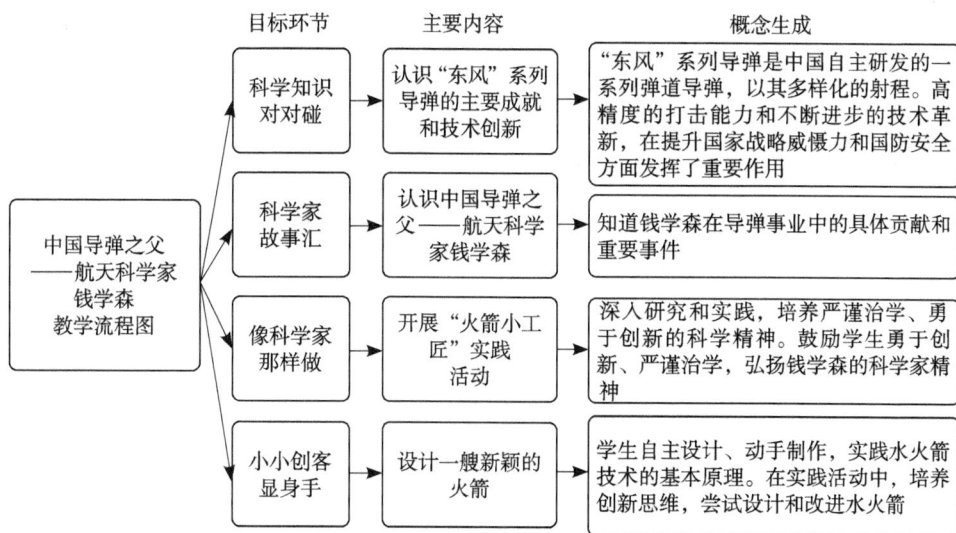

以"东风"导弹为主题，融合科学与技术、美术与设计等多学科。项目启动后，学生探索科学家精神，理解导弹技术原理。随后，学生动手设计并制作水火箭，在实践中融合多学科知识。最后，展示成果并反思总结，评估学习成效。此流程旨在提升学生的综合素养与创新能力。

（六）学习评价量表

	☆	☆☆	☆☆☆	☆☆☆☆
认识了解	了解导弹的基本功能和用途。认识"东风"系列导弹	了解导弹技术的基本原理和发展历程。认识"东风"系列导弹的主要成就和技术创新	研究导弹技术的发展历程，特别是"东风"系列导弹的技术特点和创新点	研究导弹技术的发展历程，特别是"东风"系列导弹的技术特点和创新点。分析导弹技术在国防和科技中的作用和意义
探究实践	通过听故事、看图片等方式，了解导弹和科学家的故事。通过简单的讨论和分享，表达对科学家的敬意和对国家的热爱	通过查阅资料、小组讨论等方式，自主获取水火箭的相关知识。在小组活动中，学会合作与交流，共同完成学习任务	通过自主设计、动手制作等活动，实践水火箭技术的基本原理。在实践活动中，培养创新思维，尝试设计和改进水火箭	通过查阅资料、小组讨论等方式，培养学生自主学习和合作学习的能力。通过模拟实验、角色扮演等活动，培养学生的动手能力和创新思维
态度责任	知道钱学森是中国导弹事业的重要科学家。理解钱学森科学家精神的基本含义，如爱国、奉献等	了解钱学森在导弹事业中的具体贡献和重要事件。理解钱学森科学家精神的深层含义，如创新、严谨等	深入研究钱学森的生平和贡献，理解其科学家精神的内涵。探讨钱学森精神对当代学生的意义和启示	通过深入研究和实践，培养严谨治学、勇于创新的科学精神。激发对科学探索的兴趣，弘扬钱学森的科学家精神，鼓励学生勇于创新、严谨治学

（七）教学设计

◎ 课前科学知识对对碰

在这个充满科技奇迹的时代，国家的安全和发展离不开科技创新。我们今天要探讨的，是一位伟大的科学家——钱学森，他不仅是一位科技巨匠，更是一位爱国英雄。他的故事将带领我们探索科技与家国之间的深刻联系。

1.你知道"东风快递"是什么意思吗？

2.你知道"两弹一星"指什么？

3.知道中国导弹之父是谁吗？他对我国"两弹一星"的贡献有哪些深远的影响？

4.钱学森是如何克服重重困难，坚持科学研究和回国报效的？

5.钱学森的故事对我们当代学生有什么启示？我们如何将他的科学精神和爱国情怀融入到我们的学习和生活中？

◎ 课堂故事汇

教师活动	学生活动
环节一：科技强国，导弹先行	
1. 介绍导弹的基本概念和历史背景。 2. 引导学生深入讨论导弹技术对国家安全的影响。 3. 总结导弹技术的关键点和钱学森的贡献。	1. 观看导弹发展的历史视频，了解导弹的基本原理和发展历程。 2. 分组讨论导弹在国防中的作用及其对国家的重要性。 3. 通过知识问答形式加深对导弹知识的掌握。
活动意图说明：通过介绍导弹的发展，引出钱学森在其中的重要角色，激发学生对国防科技的兴趣。	
环节二：心系祖国，志在四方	
1. 讲述钱学森的生平和回国的背景。 2. 引导学生理解钱学森的爱国情怀，激发他们的爱国情感。	1. 学生分享钱学森的报国故事，讨论其背后的精神。 2. 演绎钱学森在不同历史时期的选择，体验其报国情怀。 3. 小组讨论，表达对钱学森科学家精神的理解和感悟。
活动意图说明：通过钱学森的报国故事，培养学生的爱国精神和责任感。	
环节三：跨越重洋，心归故里	
1. 提供钱学森回国的历史背景资料，帮助学生创作剧本。 2. 指导学生排练，确保表演的效果和情感表达。	1. 根据历史资料，创作钱学森回国的课本剧剧本。 2. 在班级或学校内表演课本剧，展示钱学森的归国故事。
活动意图说明：通过编排课本剧，再现钱学森回国的艰难历程，加深学生对历史事件的理解。	
环节四：科技巨匠，成就非凡	
1. 详细介绍钱学森的主要科技成就，强调其对国家的贡献。 2. 组织学生讨论钱学森的科技成果，引导他们思考科学的意义。	1. 研究钱学森的主要科技成果，了解其科学贡献。 2. 向同学和老师介绍钱学森的科技成果，分享自己的感受。
活动意图说明：学生通过上网查资料等形式研究钱学森的主要成就，向大家（老师和学生）分享研究成果，激发学生对科学的热爱和追求。	
环节五：缅怀先烈，传承精神	
1. 引导学生思考如何缅怀钱学森，并表达自己的感受。 2. 组织学生讨论如何将钱学森的精神应用到实际生活中，鼓励他们将这种精神传承下去。	1. 制作钱学森爷爷纪念册或者撰写缅怀文章，表达对钱学森的敬意和对其精神的理解。 2. 讨论如何将钱学森的精神应用到自己的生活和学习中。
活动意图说明：通过缅怀钱学森，传承他的科学精神和爱国情怀，培养学生的历史责任感。	

◎ 像科学家那样做

开展"火箭小工匠"实践活动

【学习目标】

1. 通过线上、线下参观军事博物馆导弹厅，寻找导弹的秘密，让学生了解导弹的构造和工作原理，激发孩子们对科学的好奇心和探索欲。

2.探究水火箭的发射原理，体验反冲力的奇妙，学习基础的科学原理，培养动手能力和创新思维。

3.分组设计水火箭，考虑形状、重量、材料等因素，绘制设计图。将设计图转化为实物，进行实际发射，验证设计的有效性。通过实践活动，学生将深刻体会钱学森等科学家的探索精神、创新思维和对国家的贡献。

4.指导学生撰写实践活动报告，总结学习体会、科学探究过程和团队合作经验。鼓励学生在实践活动中发扬科学精神，勇于探索，不断追求卓越。

【核心任务】

引导孩子们像科学家一样，围绕导弹的秘密、钱学森的科学家精神展开，通过参观、探究、设计、制作和发射等环节，让学生在实践中学习科学，体验科学探究的乐趣。探索科学奥秘，动手实践，体验科学家的工作。

【设计思路】

本学习活动设计思路如图所示：

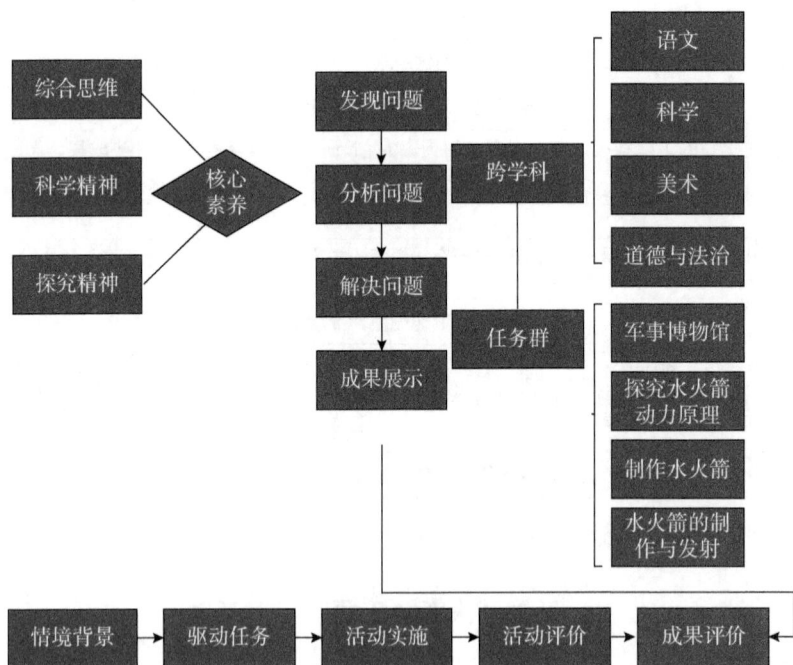

【确定任务群】

每一个任务，将课内外相结合、学校和家庭相结合、各学科相结合，借助红领巾寻访、小课题研究等形式，通过问题提出、实践探究、成果分享等一系列实践活动，使学生能够将理论知识与实际操作相结合，体验科学探究的过程。

任务一：走进军事博物馆导弹展览厅

学生利用课余时间走进军事博物馆导弹展览厅，了解学习导弹的研发和分类，形成书面报告，准备为其他同学做详细介绍。

1. 中国导弹之父——钱学森。同学们通过走访身边的火箭军和查阅资料，找到了中国的导弹之父——钱学森。在钱学森的努力带领下，仅仅用时4年，中国第一枚地地导弹"东风1号"发射成功。我们可以在军博的一楼展厅中看到"东风1号"的实物模型，可见它在我国武器发展史上的重要地位。

2. 揭开导弹大小的秘密——导弹分类。我们在军博的导弹展厅，通过观察学习发现：导弹大，自然飞得远；导弹小，精度必然高。按照飞行距离的远近，可以将导弹分为近程、中程、远程和洲际导弹四种；按照打击目标，可以分为战略导弹和战术导弹。

3. 导弹怎么才能飞上天——导弹构成。通过短片为大家揭开导弹内部构造的面纱，真实感受到新中国成立之初的中国，科学家是如何进行创新实践，体会他们身上攻坚克难的科学家精神。

任务二：探究水火箭动力原理

同学们，你们想不想自己亲手设计制作一个能飞的小火箭？让我们一起来制作水火箭吧。

小知识

水火箭又称气压式喷水火箭、水推进火箭，是利用废弃的饮料瓶制作成动力舱、箭体、箭头、尾翼、降落伞。灌入三分之一的水，利用打气筒充入空气到达一定的压力后发射。它利用水和空气的质量之比（水的密度是空气的771倍），压缩空气把水从火箭尾部的喷嘴向下高速喷出，在反作用下，水火箭快速上升，加速度、惯性滑翔在空中飞行，像导弹一样有一个飞行轨迹，最后达到一定高度，在空中打开降落伞徐徐降落的火箭模型。

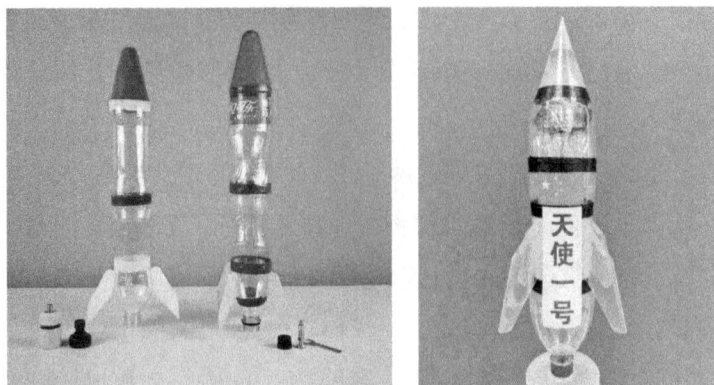

问题与猜想

每个学生都要开动脑筋，设计一枚自己能制作的水火箭流程图。

怎样制作水火箭？

探究与实践

如何制作箭体？

如何制作并安装尾翼？

怎样发射水火箭，才能让他飞得更高、更远呢？

设计图纸

任务三：制作水火箭

动手实践

快来动手试一试，根据你的设计图来动手制作一枚"水火箭"吧。

展示台

评一评谁的水火箭做得漂亮，谁的水火箭飞得高。通过评价激发学生再次创新的积极性。

任务四：水火箭的制作与发射

1.介绍你制作的水火箭的特点，你能再设计制作一枚更有新意的水火箭吗？

水火箭的特点：可以介绍水火箭的外形、内部结构中自己创新的部分，也就是说与众不同的地方。再设计一枚比这枚火箭更新的水火箭，这是让学生通过制作后进行创新。

2.你能说出水火箭为什么能飞上天空，而且能飞得那么高吗？

水火箭飞上天空的原因是根据反冲力的原理。水火箭飞得高的原因与水的多少和充入空气的多少有关，让学生在多次实践中得出规律。

【成果展示与交流】

1.学生将撰写实践活动报告，总结学习体会、科学探究过程和团队合作经验。

2.组织成果展示和分享会，让学生展示自己的作品，交流心得体会。

【学习活动评价】

通过自评、互评、教师评价和成果展示，全面评估学生的科学知识掌握、技能应用、创新能力、团队合作和自我反思能力，注重培养核心素养。

◎ 小小创客显身手

设计一艘新颖的火箭

主题	设计一艘新颖的火箭	小组成员	组长：　　　　组员：	
		指导教师		
		学习时间	每周：	
			每周：	
学习手册	安全： 考勤： 任务：			
前期思考	背景分析	有了水火箭的制作经验后，结合科学家创新精神，进一步设计一艘火箭		
	设计理念	设计新颖，结合科学家精神有自己的特色		
	任务目标	设计一艘新颖的火箭		
	学习规划	小组学习—小组探讨—初步完成火箭设计图—小组讨论—收集制作材料—小组制作—小组讨论分享		
学习探讨探究	第一阶段：火箭设计图纸的设计 理论学习：火箭内部的结构及外部构成 案例学习：资料学习＋实物观摩学习（陈列火箭的博物馆） 初步构想：提出初步的设计火箭制作的方案 第二阶段：构思与再学习 基本构想：小组讨论，从火箭部件、结构特点等各个方面开展评价，并记录每一次研讨过程及结论 第三阶段：设计与修正 设计：根据火箭设计计划及材料任务分工，搜集材料并制作 修正：小组讨论，完善火箭的制作			
火箭制作记录	准备： 1.各种材料 2.练习制作技术、技巧 3.再一次完善设计制作方案 火箭初步制作： 火箭制作优化： 火箭制作再优化： 小组讨论：你能说出水火箭为什么能飞上天空，而且能飞得那么高吗？			

四、课后阅读

中国航天事业奠基人——钱学森

他是中国航天事业的奠基人，被后人尊称为"中国航天之父""中国导弹之父""火箭之王"。正是在他的带领下，一大批科学家隐姓埋名、艰苦奋斗，使我国的"两弹一星"横空出世，惊艳世界。他就是——钱学森。

1. 百般阻挠也无法阻挡他回国的脚步

钱学森身上有无数璀璨的标签，但提起他，许多人最难忘的却是那一段艰难的回国之路。1935年，钱学森赴美留学，十年后，他成为了世界一流的火箭专家。留学期间，钱学森时刻关注着祖国的发展。1949年10月1日，中华人民共和国宣告成立，消息传来，远在美国的他心中只有一个信念——祖国需要我，我要回家！

为了回国，他先后辞去在美国的一切职务。然而，联邦调查局却以涉及美国机密文件为由扣押了他的行李。后来的调查显示，那些被没收的文件不过是私人书籍、笔记和数学对数表。

39岁时，钱学森被美国司法部移民归化局非法拘留。被保释出狱后，钱学森开始了长达5年的软禁生涯。美国海军部副部长丹尼尔·金贝尔甚至说："一个钱学森抵得上5个海军陆战师，我宁可把这个家伙枪毙了，也不能放他回中国去！"

科学无国界，但科学家有祖国。面对质询，钱学森依然掷地有声地回答："我必将效忠中国人民！"后来，钱学森用香烟纸辗转向祖国发出求助信，在祖国的交涉下，他才得以脱身，踏上归国之路。那一天，美国《洛杉矶时报》的标题是：火箭科学家今日返回中国。

2. 一腔热血只为报国

"我终于回到了日夜思念着的祖国，今后要贡献自己的全部力量为祖国的建设事业服务。"1955年，刚刚回国的钱学森，安顿好不久就赶往东北考察。陈赓大将问他："中国人搞导弹行不行？"当时的钱学森正憋着一肚子气，斩钉截铁地回答："怎么不行？外国人能搞的，难道中国人不能搞？中国人比他们矮一截？"

1956年10月，钱学森回国一周年，他受命组建了我国第一个火箭、导弹研究机构——国防部第五研究院。

1960年，中国第一枚自主研制的导弹"东风1号"发射成功！

1966年10月，55岁的钱学森作为试验总技术负责人，亲眼见证了两弹结合试验的成功。从此，中国的核导弹终于具备了威慑与实战能力。

钱学森的毅然回国，将中国导弹、原子弹的研发至少向前推进了20年！在赞誉面前，他说："成绩归于党，归于集体。"他还曾表示："人民说我为国家、民族做了点事，就是最高奖赏！"

3. 关爱后辈成长，晚年依然牵挂航天事业

除了做出杰出贡献，钱老也十分关心后辈成长。他的精神更是鼓舞着许多年轻人去攀登科学的更高峰。钱永刚回忆父亲钱学森时提到，钱学森曾将获得的中国科学院奖金捐给了刚刚兴建的中国科学技术大学，支持家境困难的同学。学校用这笔捐款买了一百多把计算尺，而当初拿到计算尺的同学，很多人后来都成了我国最前沿领域的科学家。

晚年的钱学森依然牵挂着中国航天事业。在他心中，把中国人送上太空也是自己三十年砥砺奋进的所愿所盼。2003年，"神舟五号"载人飞船发射成功，杨利伟成为第一位造访太空的中国人。回到北京后，他专程到钱学森家中报到。

从此，直到2009年10月31日，98岁高龄的钱老逝世，每位从太空凯旋的中国航天员都会来到钱学森家中，向这位中国航天奠基人报告好消息！

"两弹一星"元勋

"两弹一星"精神是中华民族的宝贵精神财富，它代表着热爱祖国、无私奉献，自力更生、艰苦奋斗、大力协同、勇于登攀的精神。"两弹一星"元勋，是指为中国"两弹一星"事业做出突出贡献的23位科学家，

你知道有哪些科学家吗？

以下是一些关于"两弹一星"元勋的介绍：

1. 邓稼先：作为研制中国第一颗原子弹的关键人物之一，他隐姓埋名，长期在艰苦的环境中工作，为中国的核武器研制做出了卓越贡献。

2. 程开甲：作为"两弹一星"元勋之一，他一生为国铸盾，为我国首次原子弹、首次氢弹、首次两弹结合等重要试验的成功发挥了关键作用。

3. 孙家栋：中国"两弹一星"功勋科学家，作为中国第一颗人造地球卫星"东方红一号"的技术总负责人，他为中国航天事业的发展做出了重大贡献。

4. 郭永怀：在青海核试验基地发现重要数据后，紧急返京途中不幸遭遇飞机失事，他与警卫员紧紧抱在一起，用身体保护了重要科研资料，成为唯一以烈士身份被追授"两弹一星"荣誉勋章的科学家。

5. 钱三强：核物理学家，中国原子能事业的开拓者和奠基人之一，领导建成中国第一个重水型原子反应堆和第一台回旋加速器。

这些科学家们的事迹不仅是科技进步的见证，更是中华民族自强不息、勇于攀登科技高峰精神的象征。他们是新中国科技进步和国防建设的生动写照，他们的精神激励着一代又一代人为国家的繁荣富强而努力奋斗。

为核潜艇造"心脏"的人

—— 核动力专家彭士禄

房晓彤　　朱志勇

一、阅读资源导入

"到主席台去找父亲，结果被轰下台"

彭士禄，中国核潜艇事业的奠基人之一，自 1961 年投身核潜艇项目以来，便全身心投入到了这项伟大的事业中。即便在项目暂时下马，仅保留一个 50 多人的核动力研究室时，他依然坚持组织成员学习专业知识，打牢基础。1965 年项目重启，他更是全身心投入，常常抛家舍业，深入研究，家庭生活几乎全由妻子操持。

彭士禄的忘我精神也影响了他的家庭。据他的女儿彭洁回忆，由于父母都忙于核动力事业，她和哥哥很少见到父亲。一次偶然在大喇叭广播中听到父亲的声音，她兴奋地跑上主席台，却被父亲告知"我们正在开会，你赶快下去。"

在四川的岁月里，彭洁因频繁生病而缺课，导致她在学习上遇到了困难，尤其是除法。她回忆说，父亲对她的学业指导非常有限，但有一次却给她留下了深刻的印象。那天，彭洁正在家中做作业，父亲突然回家拿东西。看到女儿努力但有些困惑的样子，彭士禄停下了脚步。

"你在做什么？"他问。

"我在做作业，但我不会除法。"彭洁回答。

彭士禄拿起东西准备离开，临走时，他简短而深刻地告诉女儿："你把乘法倒过来算就是除法。"对于子女的学业，彭士禄没有过多的要求，尽力就好，但他告诉他们：认认真真做人，踏踏实实做事。

"为公明白，为私糊涂，以此自勉"

彭士禄的科研态度严谨，他常说："为公明白，为私糊涂。"在20世纪60年代，为了建立反应堆物理的计算公式，他带领团队夜以继日地计算了十几万个数据，确立了计算公式。尽管如此，他们还通过1：1零功率试验，修正了公式，确保了反应堆在常温下的安全可控。

彭士禄被誉为"彭拍板"，因为他总是牢牢掌握实验数据，这是他大胆决策的重要依据。他相信，凡事有七分把握就"拍"了，余下三分通过实践去解决。他强调，科技人员最珍惜时间，时间是生命，是效益，是财富。

彭士禄的一生，是对核动力事业的无私奉献。他曾说，中国核潜艇研制成功是集体智慧的结晶，自己只是其中的一枚螺丝钉。当他荣获何梁何利基金"科学与技术成就奖"后，他将全部奖金捐献给组织，并要求不以自己的名字命名，最终同意命名为"彭士禄核动力创新奖"，奖励在核动力领域做出重要创新成就的年轻人。

二、彭士禄的主要研究成就

彭士禄是我国第一代核潜艇首任总设计师，带领科研团队不懈努力，使我国只用6年时间，成为继美、苏、英、法之后的第5个拥有核潜艇的国家。他还直接推进核动力民用发展，开创了我国核电站的自主设计与建设。

三、教学设计

（一）设计说明

通过了解彭士禄院士对核潜艇事业的贡献、创作"核"主题绘本、制作动力小船等活动，不仅能够学习到核潜艇和核动力的基础知识，还能够体验到科学家探索未知、解决问题的过程，从而激发学生对科学的兴趣和热爱。同时，活动还注重培养学生的团队合作能力和创新思维，为他们未来的学习和成长打下良好的基础。

（二）适用学科、学段、学生群体

学科：科学、语文、美术、综合实践

学段：小学高段

学生群体：五、六年级

课型：活动课、班会课或课后服务

（三）学习目标

1. 学生通过学习科普知识汇总资料、实践探究、实地考察等方式，了解有关彭士禄的事迹，学习他身上爱国、奉献、求实和创新的科学家精神。

2. 学生通过给船装上动力的活动，理解科学技术在改变着船的动力系统，推动着船的发展。

3. 学生通过制作核主题科普绘本，了解核能在保障能源安全、构建新型能源体系、助力"双碳"目标方面扮演的角色。

（四）课程实施策略

立足学生的需求和好奇心，尊重学生已有的知识和经验，以实践活动为载体，使学生对彭士禄的不同成长阶段和所处的相应历史背景有所认识，了解不同背景下彭士禄表现出的科学家精神。

（五）教学流程

| 目标环节 | 主要内容 | 概念生成 |

为核潜艇造"心脏"的人——核动力专家彭士禄教学流程图

科学知识对对碰	了解核的相关知识，调动已有知识与经验	核对我们人类生产生活非常重要
科学家故事汇	认识彭士禄	走进彭士禄的故事，激发学生的爱国情感和为国家科技发展贡献力量的愿望
像科学家那样做	开展"奇妙的核"主题科普绘本制作实践活动	通过对核以及核能应用的了解，意识到技术与工程改变了人们的生产和生活
小小创客显身手	开展"启航吧，小船！"——动力探索之旅实践活动	通过工程实践活动，感受到敢于创新、潜心研究、热爱祖国等科学精神

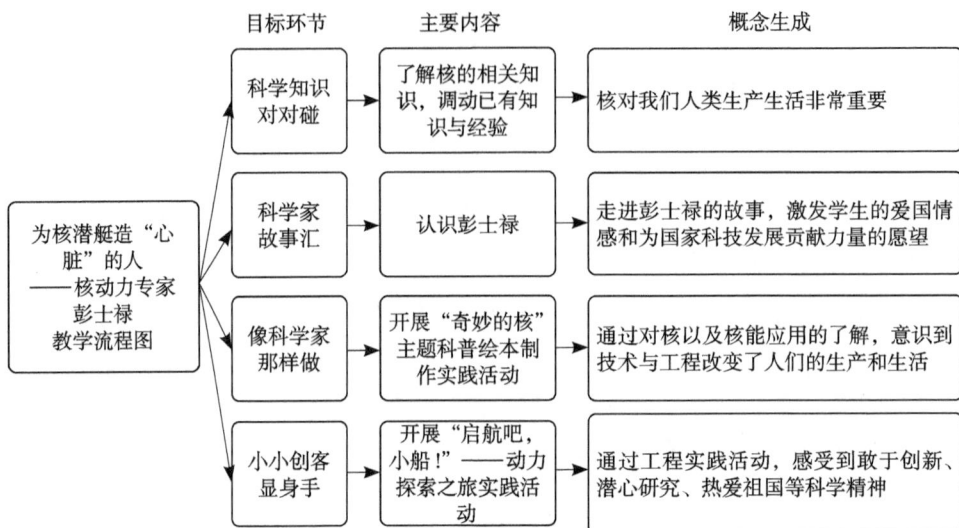

（六）学习评价量表

	☆	☆☆	☆☆☆	☆☆☆☆
认识了解	对彭士禄的基本信息了解有限，对其主要成就和贡献缺乏深入了解	对彭士禄的基本信息有较为全面的了解，能够概述其主要成就和贡献	对彭士禄科学家精神有一定的理解，能够阐述其奋斗精神、工作作风和高尚情怀	了解彭士禄求实创新、敢于拍板、以身许国的家国情怀
探究实践	在探索过程中缺乏主动性，难以提出具有价值的观点和想法	积极了解核潜艇的动力原理	能给模型船装上多种动力，能有效解决实际问题	以观察到的事实为依据，知道科学技术在改变着船的动力系统，推动着船的发展
态度责任	在科学态度与严谨性方面表现不足；缺乏责任感和奉献精神；缺乏学习热情和动力	能够保持严谨的科学态度和方法论意识；有一定的责任感和奉献精神；有一定的学习热情和动力	通过持续学习，希望自己能够像彭士禄那样，以国家的需求作为自己科研的动力，具备强烈的奉献精神和爱国情怀	具有强烈的社会责任感，主动深入了解社会问题，并通过持续学习和实践增长自己的能力，愿意为解决社会问题作出自己的贡献

（七）教学设计

◎ 课前科学知识对对碰

你知道核能吗，把你了解的说一说。

1. 你知道核从哪里来吗？

2. 你知道核燃料是怎么诞生的吗？

3. 如何保证核电站的安全？

4. 你知道中国第一艘核潜艇的名字吗？

◎ 课堂故事汇

教师活动	学生活动
环节一：植入背景，引出新课	
1. 观看科普视频，了解核潜艇的历史和作用。 2. 讨论核潜艇与普通潜艇的区别。 3. 组织学生阅读文章《甘做核动力领域"垦荒牛"——追记我国核动力领域开拓者和奠基者彭士禄院士》（节选），引导学生认识"核潜艇之父"彭士禄	1. 了解核潜艇 2. 了解彭士禄，用思维导图梳理为什么彭士禄被誉为我国核动力领域的"垦荒牛" 3. 说一说彭院士在核潜艇研发过程中的贡献和精神
活动意图：通过阅读了解彭士禄的研究内容，让学生了解他的科学精神和对国家的贡献，激发学生的爱国情怀和对科学的热爱。	
环节二：认识核及其应用	
组织学生初步了解核知识、分析核潜艇的基本结构	用示意图表示关于核的知识以及核潜艇的基本结构
活动意图：了解学生的已知，使学生建立对核的初步认识，对研究核产生兴趣。鼓励学生在学习过程中提出问题、进行探索和实验，培养他们的好奇心和探究精神。	
环节三：传承精神，实践探索	
1. 指导学生利用简单的材料（如纸板、塑料瓶等）制作一个简易的"核潜艇"模型。 2. 教师提供制作指南、示范以及评价方式： 小组讨论和汇报的表现方式。 模型的合理性。 学生在活动中的参与度和合作精神。 3. 总结与反思：引导学生思考科学家的探索精神和对国家的贡献。	1. 利用简单的材料（如纸板、塑料瓶等）制作一个简易的"核潜艇"模型。 2. 每组展示他们的"核潜艇"模型，并解释其工作原理。 3. 教师和同学们共同评价每个模型的创意和实用性。 4. 总结彭士禄的研究成就和核潜艇的科学原理。
活动意图：通过这样的实践活动，学生们不仅能够了解彭士禄的科学成就，还能在动手操作中体验科学探究的过程，培养他们的科学素养和实践能力。	

◎ 像科学家那样做

开展"奇妙的核"主题科普绘本制作实践活动

【学习目标】

1. 了解核能的基本原理、应用及其在社会发展中的作用。

2. 能够发挥想象力，创作出富有创意的科普绘本内容。能够运用不同的艺术形式（如绘画、拼贴等）来表达科学概念。

3. 学生能够在小组内有效沟通，共同完成绘本的创作任务。

4.学生能够理解并尊重科学家的探索精神和对社会的贡献。

5.学生能够思考核能利用中的伦理问题，如安全、环境保护等。

【核心任务】

学生以小组为单位分工完成"搜集资料、创作故事情节、设计绘本角色、撰写文案、展示与交流、评价与反馈"等任务，最终创作出一本以"奇妙的核"为主题的科普绘本。该活动不仅能够使学生深入理解核科学，还能够在实践中提升自己的科学素养、艺术创造力和团队合作能力，同时培养对科学的热爱和尊重。

【设计思路】

本学习活动设计思路如图所示：

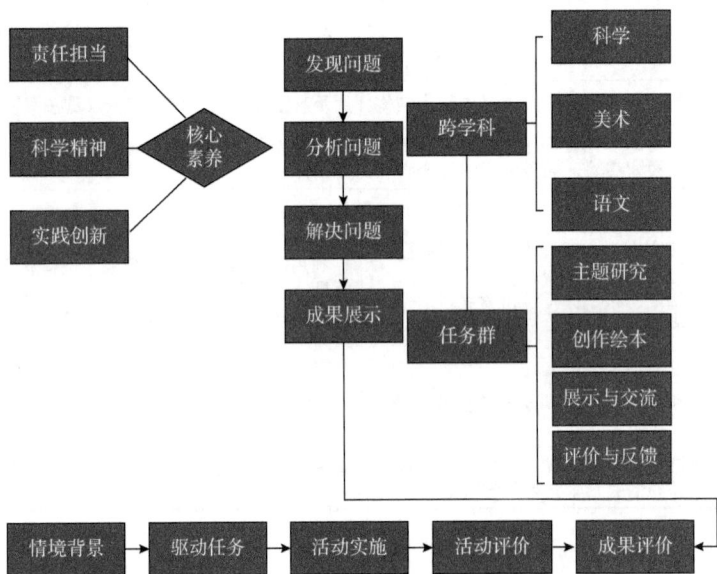

任务一：主题研究

搜集与核科学相关的资料，包括科学文献、在线资源、专家访谈等对核科学的基础知识进行研究，了解核能的原理、历史、应用及其对社会的影响，并确保绘本内容的准确性和权威性。

任务二：创作"奇妙的核"主题科普绘本

小组内分工合作，每个成员根据自己的特长和兴趣，承担不同的任务，如绘画、写作、编辑等。

主要内容
故事创作 创作一个与核科学相关的故事情节，可以是彭士禄院士的故事，也可以是核能的发现、应用或者未来展望等。
角色设计 设计绘本中的角色，包括科学家、原子、分子等，使它们具有个性和吸引力，以增强故事的趣味性。
文案撰写 撰写清晰、简洁、适合儿童理解的文案，解释科学概念，讲述故事情节，传达科学家精神。
绘本制作 使用绘画工具或软件，根据故事情节和角色设计，制作出完整的科普绘本。

任务三：展示与交流

完成绘本后，学生需要在班级或学校范围内展示自己的作品，并向观众介绍绘本的内容和创作过程。

任务四：评价与反馈

学生要对自己的作品进行自我评价，同时接受同伴和教师的评价与反馈，以促进学习和改进。

评价量规：

	评价标准	自我评价（1-5 ☆）	小组互评（1-5 ☆）
文字表述	描述科学准确		
	主题鲜明，内容丰富		
	语言简洁有趣		
插画设计	美观大方，色彩和谐		
	与文本内容贴切		
	体现趣味性		
排版	内容布局详略得当，突出重点		
	排版设计美观活泼，具有创意		

◎ 小小创客显身手

		小组成员	
项目	"启航吧，小船！"——动力探索之旅	指导教师	
		学习时间	
项目背景	船只的设计和建造反映了人类科技进步的历程，从独木舟到现代的巨轮和潜艇，船只的发展见证了科技的演变。核潜艇作为一种高度复杂的技术，其动力系统是关键技术之一。彭士禄在核潜艇研发过程中展现了卓越的创新精神。动力小船主题活动可以激发学生的创造力和解决问题的能力。		
学习原则	学科知识应用、实验探究、小组合作等		

学习目标	1.学生通过体验测评风帆小船、电动风力小船、水下螺旋桨小船、蒸汽小船这四艘动力船的行驶效果，发现不同动力存在的优缺点，根据需求选择合适的动力。 2.以探究活动中观察到的事实为依据，通过分析归纳知道科学技术在改变着船的动力系统，推动着船的发展
研究问题	如何设计制作一艘载重量达200克，有一定动力，能把货物运送到目的地的小船。
学习方法	设计构思、实地探究、小组合作等
学习过程	按照设计——制造——测试——改进——再设计——成品展示的过程，完成各小组的动力小船的设计制作与展示。
研究报告	包括：项目背景、研究的问题、研究方案设计、研究过程与方法、研究结果、建议与展望等。
分享交流	1.学生以小组形式进行动力小船设计分享交流。 2.形成设计图纸集。 3.成品展示。各组按照抽签顺序进行小船比赛，按照船的结构稳定性、动力系统有效性、载重量三方面进行投票评选。 4.评价与反思：测试风帆小船、电动风力小船、水下螺旋桨小船、蒸汽小船这四种动力船的行驶效果，发现不同动力存在的优缺点。
学习评价	成果：设计图纸集和各组动力小船。

成果：设计图纸集和各组动力小船。

小船制作评价量表

	1分	3分	5分
设计图	没有设计图	有设计图，但标注不清晰	设计合理，标准清楚
船的制作和载重量	制作水平差，船的载重小，排名末尾	能较好地完成船的制作，载重量在小组间居中	制作水平较高，船的载重量较大，小组间排名前三
分工合作	没有分工	有基本的分工合作	分工合理，协作流畅
汇报展示	展示不清晰	展示内容较全面	对设计和制作过程讲解清晰、思路开阔

四、课后阅读

愿将此生长报国

海丰县，取义于"南海物丰"，位于广东省东南沿海。1925年，彭士禄出生在这片红色故土，他是我国早期农民运动领袖彭湃的次子。

1928年9月，海丰县一片血雨腥风，母亲被捕后英勇就义；不到一年，父亲又在上海慷慨赴死。

那一年，年仅4岁的彭士禄成了孤儿，也成了国民党在全国悬赏搜捕的"通缉犯"。童年时期，他曾两次被敌人抓进监狱，受尽磨难。

1940 年，周恩来派人辗转找到 15 岁的彭士禄，一句"孩子啊，终于找到你了！"让颠沛流离的彭士禄泪流满面。

1940 年年底，彭士禄抵达革命圣地延安，1945 年加入中国共产党，1951 年以优异的成绩通过考试，获得留学苏联的名额，前往喀山化工学院化工机械系学习。

悬梁刺股攻读坚。彭士禄倍加珍惜这 5 年的学习时光，学习成绩十分优异。

1955 年，因国家建设的需要，中国政府把原子能工业建设列上议事日程。当时，美国和苏联都已研制出原子弹、氢弹，美国还造出了核潜艇。

1956 年，时任国防部副部长的陈赓到苏联访问期间，把彭士禄召到中国驻苏大使馆，问他："中央已决定选派一批优秀留学生改行学原子能核动力专业，你愿意改行吗？"

"只要祖国需要，我当然愿意。"彭士禄坚定地回答。

吃百家饭长大的彭士禄，忘不了几十位"母亲"对他的抚养，也忘不了父母为了革命牺牲生命，他早已坚定了"愿将此生长报国"的信念。

1956 年 9 月，彭士禄奔赴莫斯科动力学院进行核动力专业学习。从此，与核动力结下了一辈子的缘分。

自强不息去耕耘

20 世纪 50 年代，面对一些国家的核威胁，毛主席发出"核潜艇一万年也要搞出来"的伟大誓言。

但是，当时一穷二白的新中国想要造核潜艇，简直比登天还难！不但缺乏图纸资料，而且也没有权威专家进行指导，包括彭士禄在内的所有人，谁都没见过真正的核潜艇到底长什么样。

而且，核潜艇技术极为复杂。据中国核动力研究设计院专项总师陈炳德介绍，全艇设备、仪器仪表等多达 2600 多项，近 5 万台件，电缆总长近百千米，管道总长 30 余千米。作为核潜艇心脏的动力装置，反应堆的研制更是难上加难。

1962 年 2 月，彭士禄开始主持潜艇核动力装置的论证和主要设备的前期研发。

　　彭士禄综合团队意见，对国外资料和国内重水堆实地考察，经过认真计算、论证，很快提出一套在陆地上建造模式堆的设想。

　　1965 年，在党中央的领导下，八千军民从祖国四面八方汇聚到四川西南部的密林深处，这个代号叫"九〇九"的基地就是中国第一代核潜艇陆上模式堆试验基地。很快，彭士禄告别妻儿，隐姓埋名，进入基地。

　　当时，中国核潜艇研发团队对"核动力"的了解几乎为零。但就在1970 年 12 月 26 日，经过以彭士禄为代表的科研团队 6 年的艰辛努力，中国第一艘鱼雷攻击型核潜艇下水，4.6 万个零部件全部由中国自主研制。从此，中国成为世界上第 5 个拥有核潜艇的国家。

　　49 岁那年，彭士禄在一次核潜艇调试工作中突发急性胃穿孔，胃被切除了四分之三。之后，他仍然不顾一切地扑在我国核动力事业上。

　　多年来，彭士禄被誉为我国核动力领域的"垦荒牛"。他推进了我国核动力的民用发展，开创了我国核电站自主设计与建设，为我国核电持续发展作出重要贡献：负责了我国第一座百万千瓦级核电站——大亚湾核电站的引进、总体设计和前期工作；组织建造了我国第一座商用大型核电站——秦山二期，其设计标准、计算程序、研制能力等成功经验，对我国后续核动力的设计和研发作出了突出贡献。

　　"我是属牛的，许多朋友称我为老黄牛，我觉得我一生做的工作，虽沧海一粟，但就是要为人民作贡献，默默地自强不息去耕耘、开荒、铺路。"彭士禄生前曾在笔记中这样写道。

中国"问天"第一人

——气象学家竺可桢

吴思琦　陈文艺

一、阅读资源导入

水滴石穿，终身学习

"滴水欲穿石，万事需恒持。问天孰能道？求是可为之。日日家国计，科教救亡时。物候常有变，君心未见移。"这首诗用来描绘竺可桢非常合适。

1890年3月7日，竺可桢出生于绍兴一个有文化的米粮商人家里。他2岁开始识字，特别爱看书。

有一次下雨，竺可桢发现雨滴掉在石板上打出的一个个小坑。父亲告诉他："这就叫'水滴石穿'。"从此，竺可桢记住：坚持不懈、持之以恒，才会有所成就。有一次，小竺可桢因为自己写的文章欠佳，就一遍又一遍地修改，直到满意了才去睡觉。这时候，天已经亮了。

小竺可桢是个病秧子。有个叫胡洪骍的同学闲聊说："竺可桢活不过20岁。"这位胡洪骍就是新文化运动的发起人——胡适。竺可桢听到后，立志要锻炼好身体。

他到中国各地测量气象时，已经体魄强健。老年的竺可桢，做学问仍然亲自去野外考察。从松花江到岭南，从腾格里沙漠到江南，祖国的大江南北都留下了他的足迹。

竺可桢从小时候就养成写日记的习惯，后来整理出版了五大本。他写了一辈子日记，一天都没落。1936年以前的日记因战乱丢失，但之后的日记一应俱全。1974年2月6日，竺可桢在去世前一天，还在日记里写道，"局报晴转多云，最低 -7℃，最高 -1℃，东风1—2级"。

"求是"精神，贡献社会

竺可桢在美国留学时，选择了农学专业。当时"中国以农业立国"，但竺可桢发现美国农学不适合中国，因此在1913年转入哈佛大学读气象学。

1918年，竺可桢获得哈佛大学气象学博士学位并回国。此时中国的气象观测站基本都是外国教会设立的。竺可桢反思写道："夫制气象图，乃一国政府之事，而劳外国教会之代谋亦大可耻也。"

1921年，江苏南京的市民在城中敲锣打鼓，驱赶天狗。看到这样的情景后，竺可桢很痛心，他在学校里建造了一个气象台，想用科学的预报驱除迷信。1928年，受蔡元培之邀，竺可桢出任中央研究院气象研究所所长，开创了我国独立自主进行气象预报的新局面。

1936年，46岁的竺可桢又接到担任浙江大学校长的邀请。起初他不愿上任。但他的夫人张侠魂说，中国需要改变高等教育的状况，他才被劝动。竺可桢广罗人才。束星北学问高、脾气暴，曾经掀翻过工作人员的饭桌。有人劝说他不要用这样的"刺头儿"。但竺可桢还是聘请了束星北，使他成为物理学的一颗闪耀明星。

1937年，竺可桢正准备卸职，"七七事变"爆发。当年11月，他带领全校师生踏上西迁之路，辗转南方群山。1939年2月，浙江大学迁至广西宜山后，遭遇了118枚炸弹的大轰炸。面对坐在草地上的一年级新生，竺可桢作了"求是精神与牺牲精神"的演讲。他说，要"排万难冒百死以求真知"。此外他还说过，"一是不盲从，不附和，只问是非，不计利害；二是不武断，不蛮横；三是专心一致，实事求是……求是精神首先是科学精神，但同时又是牺牲精神、奋斗精神、革命精神"。

兼通文理，古典翻新

竺可桢令人惊奇之处，是他晚年还有了不起的创新。一般来说，科学家的创新高峰是从20多岁到50多岁。而竺可桢开辟中国古气候学的论文——《中国近五千年来气候变迁的初步研究》，是他82岁时发表的。

在中国浩如烟海的历史记载中，有不少气象和物候的记录。竺可桢是第一个通过分析这些资料来推断古代气候的。竺可桢这篇论文不仅有气候方面的专业知识，还印证了大量的文史材料，可见他对于古代书籍的熟悉。

竺可桢举例说，南方的竹子，在周朝初期曾广泛生长于黄河流域。到汉武帝时期，关中还有大量的竹子。《三国志·魏书》曾记载，黄初六年（公元225年）"是岁大寒，水道冰，舟不得入江，乃引还。"竺可桢分析说，这是淮河首次有记载结了冰；后来，竹子渐渐退却到了南方。

类似的细微考证，成就了古气候学的精彩篇章。

竺可桢敏锐地意识到，中国几千年来的气候变化，应该放在全球气候变化的背景中理解。有一位后来的学者评价说："至今我仍能记起，当初读到竺老以中国历史记录与格陵兰冰芯记录的同步变化，断言这是全球性的气候变动时的那种震撼感觉……竺老那样自如地融文、史、哲、生、地、天多学科知识于一炉，翩然挥洒论道的境界令人钦羡不已。"

二、竺可桢的主要研究成就

竺可桢是历史气候学的创建人、奠基人，其中历史气候变迁是他用力最多、成就最大的一个领域，蜚声国际科学界。竺可桢在历史气候学上的另一大贡献是历史物候学。竺可桢曾经在国内建立了40多个气象站和100多个雨量测量站的中国气象观测网。作为中国现代气象科学的奠基人，竺可桢先生始终关注并"尽毕生之力"开展气候变化研究，他关于气候变化的一系列奠基性研究，对于人们今天认识这一全球重大问题，具有基础的科学意义。

三、教学设计

（一）设计说明

学生通过阅读、讲述，了解竺可桢的故事，感受竺可桢的创新、求实、爱国、育人的科学家精神。通过"天气日历""设计、建造校园气象站"等实践活动，模仿竺可桢的记录、科学探究过程，传承科学家精神。

（二）适用学科、学段、学生群体

适用学科：科学；综合实践；科普阅读

学段：小学高段

（三）学习目标

1. 能运用多种方法梳理与呈现信息，了解查找资料、运用资料的基本方法。利用图书馆、网络等渠道获取竺可桢的相关资料，解决相关问题，对所策划的主题进行讨论和分析。

2. 能抓住要点，并能简要转述。乐于表达，有条理，语气、语调适当。参与讨论，敢于发表自己的意见，说清自己的观点。能根据对象和场合，稍作准备，作简单的发言。有意识地丰富自己的见闻，珍视个人的独特感受。

3. 通过设计、制作校园气象站，知道工程需要经历明确问题、设计方案、实施计划、检验作品、改进完善、发布成果等过程。

4. 通过阅读、讲述、实践感受并传承竺可桢的创新、求实、爱国、育人的科学家精神。

（四）课程实施策略

1. 学生通过项目式学习的方式建一个校园气象站，创设真实而富有意义的学习情境，服务于解决现实生活中的真实问题。建设开放的学习空间，激发学生探究问题、解决问题的兴趣和热情，引导学生在多样的日常生活场景和社会实践活动中学习语言文字运用。

2.通过可操作的活动，培养学生解决实际问题的能力。学生自主设计与实施，把知识转化为具体的实践行为。体验技术与工程的发展过程，更深刻地理解技术与工程对社会的影响，逐步把知识转化为解决实际问题的能力，以更好地适应未来社会发展的需求。

（五）教学流程

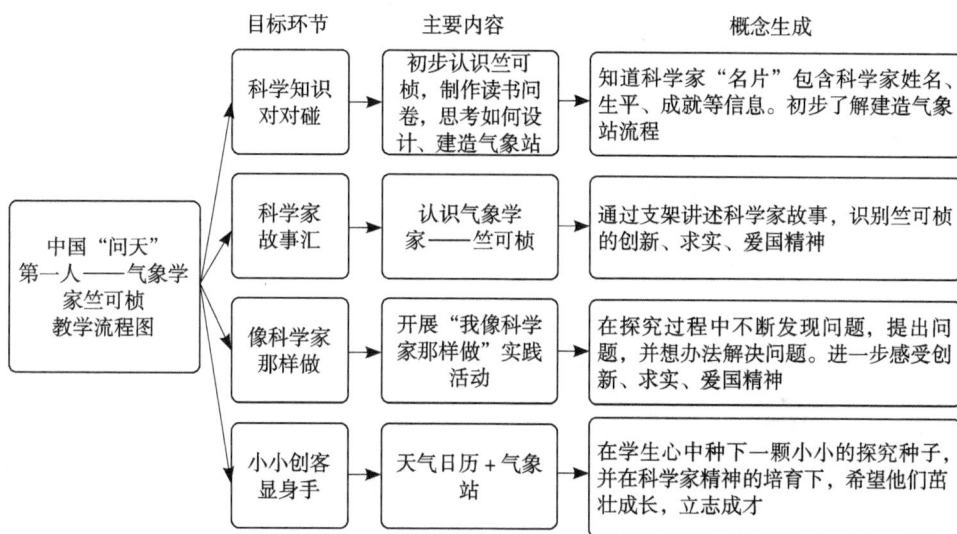

中国"问天"第一人——气象学家竺可桢教学流程图

目标环节	主要内容	概念生成
科学知识对对碰	初步认识竺可桢，制作读书问卷，思考如何设计、建造气象站	知道科学家"名片"包含科学家姓名、生平、成就等信息。初步了解建造气象站流程
科学家故事汇	认识气象学家——竺可桢	通过支架讲述科学家故事，识别竺可桢的创新、求实、爱国精神
像科学家那样做	开展"我像科学家那样做"实践活动	在探究过程中不断发现问题，提出问题，并想办法解决问题。进一步感受创新、求实、爱国精神
小小创客显身手	天气日历+气象站	在学生心中种下一颗小小的探究种子，并在科学家精神的培育下，希望他们茁壮成长，立志成才

（六）学习评价量表

	☆	☆☆	☆☆☆	☆☆☆☆
认识了解	知道竺可桢的事迹和主要贡献	举例说明竺可桢被世人称颂的原因	知道竺可桢在研究过程中的艰辛与困难	了解竺可桢不只是有斗争精神，还敢于拼搏，学会丰富的知识，在实验中有创新设想
探究实践	能获取关于竺可桢的相关资料	能结合资料分析、概括竺可桢的事迹，概括并转述给他人	能通过查阅资料、实地走访等活动体会竺可桢的科学家精神	能通过建一个气象站的实践活动，学习竺可桢的研究方法，从而完成任务，解决问题
态度责任	理解竺可桢在研究过程中的艰辛与困难	理解、赞扬竺可桢在研究过程中的艰辛与困难，并愿意学习	通过不断学习，希望能够像竺可桢那样，爱国、求实、不断研究	具有社会责任，深入了解社会问题，并通过不断学习和实践增长自己的能力，愿意为解决社会问题作出自己的贡献

（七）教学设计

◎ 课前科学知识对对碰

读完《中国"问天第一人"气象学家竺可桢》，请你尝试回答以下问题。

如果我们要为竺可桢制作名人卡片，你需要在卡片上呈现哪些内容？

如何设计一份读书问卷检验同学们的阅读效果？

天气日历中包含哪些内容？

如何测量温度、云量、降水量、风向、风速？

如果学校要建立一个气象站，你可以根据阅读成果提供哪些建议，又有什么问题呢？

◎ 课堂故事汇

教师活动	学生活动
环节一：植入背景，引出新课	
引导学生认识气象学家——竺可桢	1. 通过交流初步了解竺可桢。 2. 说一说竺可桢获得的荣誉。
活动意图说明：通过图片和视频，引出竺可桢，让枯燥的人物变得有趣，从而调动学生的积极性，培养学生的语言表达能力。	
环节二：水滴石穿，坚持记录	
引导学生了解竺可桢一生都在坚持记录自然。 分享绘本，阅读《为大自然写日记》。	学生通过学习及阅读了解竺可桢的"坚持观察与记录"的科学家精神。
活动意图说明：让学生通过故事了解竺可桢的科学家精神，同时也帮助学生认识到坚持观察和记录对于科学研究意义重大，学生初步养成主动观察和主动记录的习惯。	
环节三："求是"精神，照亮前路	
1. 朗读竺可桢的日记片段，解读"求是"精神。 2. 视频播放采访王启东（浙江大学助教）片段，了解竺可桢提出的浙大校训：求是。	1. 通过日记了解"求是"的含义。 2. 通过视频进行讨论，了解竺可桢排除万难，冒着生命危险追求真理的精神。
活动意图说明：通过真实的资料了解竺可桢身上"求是"精神的崇高，结合生活实际感受老一辈科学工作者伟大的科学家精神。	
环节四：古典翻新，终身研究	
1. 展示竺可桢先生著作——《中国近五千年来气候变迁的初步研究》，引导学生测猜著书年龄。 引导讨论：你觉得科学家的黄金研究年龄是多少岁之间？ 2. 引导学习竺可桢先生终身学习、不懈研究的科学家精神。	了解竺可桢先生的著作并感受和学习竺可桢先生终身学习、不懈研究的科学家精神。
活动意图说明：通过互动激发学生兴趣，引导讨论让学生加深印象，在提升语言表达能力的同时更加深入地体会竺可桢先生终身学习、不懈研究的伟大的科学家精神。	
环节五：总结精神，承志励行	
引导学生总结感受到的竺可桢身上的科学家精神，并结合"像科学家那样做"的学习任务说说自己决定如何像竺可桢学习。	1. 总结感受到的竺可桢身上的科学家精神。 2. 说说自己将如何像竺可桢学习，为接下来的研究做好准备。
活动意图说明：引导学生对科学家身上的核心精神有整体认识和深入理解，并为接下来的研究活动做好积极的心态上的准备。	

◎ 像科学家那样做

开展"我像竺可桢那样做"实践活动

【学习目标】

通过测量、记录温度、云量、降水量、风向、风速等天气信息，完成天气日历。感受到科学记录需要长期坚持，并实事求是记录。

通过实地考察、查阅资料、博物馆研学等方式，扩充对气象、物候学的认识，感受竺可桢等科学家坚持不懈的研究过程。

通过设计、建造校园气象站的实践活动，模仿科学家的研究方法和实践过程，进一步传承竺可桢创新、求实、爱国的科学家精神。

【核心任务】

扩充对气象学的了解，设计、建造校园气象站，记录一周气象，完成天气日历。

【设计思路】

本学习活动设计思路如图所示：

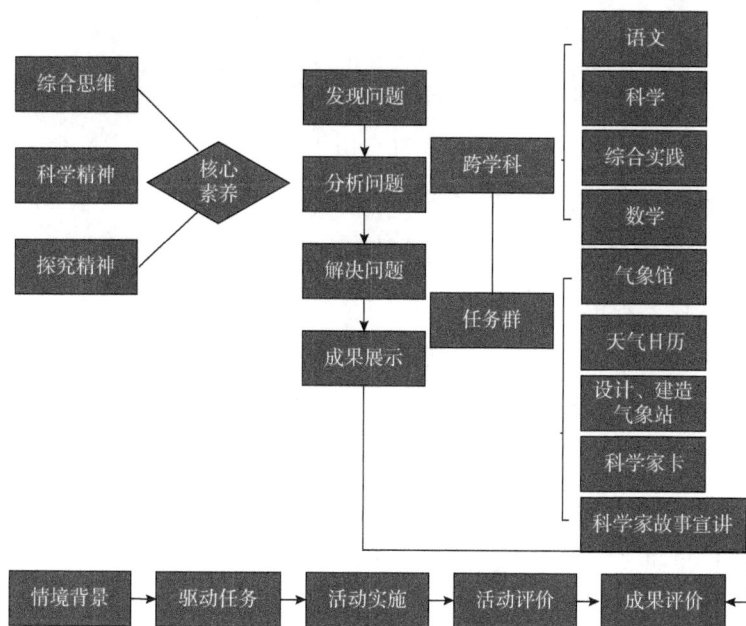

【确定任务群】

每一个任务，将课内外相结合、多学科相结合、学习与实践相结合。通过问题提出、探究实践、成果分享，让学生感受并传承竺可桢的创新、求实、爱国的科学家精神。

任务一：了解更多的气象知识

走进气象馆，关注公众号"绍兴气象博物馆"，通过实地考察、VR实景参观气象博物馆，走进气象科普板块了解更多气象知识，深入了解竺可桢爷爷的研究经历。

以思维导图、视频记录等方式呈现学习成果。

任务二：观察天气，完成一周天气日历

竺可桢爷爷从1917年开始就坚持写天气情况的日记，一直没有中断过，无论是在旅行途中还是在病床上，直到去世的前一天，尽管他已经提不动笔，还是坚持口述让家人记录下来。

像竺可桢那样，测量、记录温度、云量、降水量、风向、风速等天气信息，完成一周的天气日历，并尝试根据天气日历呈现的信息推测未来天气。

温馨提示：

（1）每天尽量在同一时间对天气进行观测

（2）记录温度、云量、降水量、风向和风速

（3）观测和记录做到实事求是、数据准确

（4）呈现形式不限

任务三：小组合作设计、建造一个校园气象站

通过阅读竺可桢爷爷的故事，总结其建造气象站的经验，结合科学课的学习，以小组为单位尝试设计、建造一个校园气象站，并利用校园气象站测量的数据完成天气日历。

【成果展示与交流】

教师为学生搭建成果展示交流的平台。开展班级科学家故事宣讲活动，展示博物馆研学活动成果。分享校园气象站设计图、模型等，展示天气日历。

【学习活动评价】

学习活动评价要以学习目标为依据，以核心素养的发展水平为标准。针对不同的学习内容，采用多种评价方式，实现评价内容与评价方式的多元化。

◎ 小小创客显身手

项目	设计、建造校园气象站	小组成员	
		指导教师	
		学习时间	
项目背景	天气深深影响着人类的生产生活，了解气象信息能够帮助人们合理规划生产生活。长期测量、记录天气信息能够帮助人们预测未来天气，预防灾害天气的发生，更好地规划生活。设计、建造校园气象站能够促进学生对天气的观测，并传承竺可桢的创新、求实、爱国精神。		
学习原则	学科知识应用、实验探究、小组合作等		
学习目标	目标1：认识到工程的一般程序是设计、建模、测试、改进等环节。 目标2：了解温度、云量、降水量、风向、风速等天气信息的测量方式。 目标3：学生能够乐于分享，互相交流，深刻认识到生活处处是科学。 目标4：学生能够通过实践对气象学感兴趣，从而更加热爱生活、热爱自然。		
研究问题	如何设计、建造校园气象站		
学习方法	建模、实践、小组合作等		

学习过程	项目阶段	课时安排			主要内容
	项目发布	1.发布任务：建一个校园气象站	大项目建构		新校区建设实际需求 发布项目及项目评价量规 讨论要解决的问题及解决策略
	项目实施	2.知识回顾与整合 3.分步设计气象站 · 温度 · 云 · 风向/风速 · 降水量 4.制作校园气象站模型		多个小项目推进	综合运用已有知识和技能，通过工程程序达成项目目标。
	项目评价	5.校园气象站竞标会			基于设计与模型评选出最符合项目目标的作品，入选实际建校园气象站方案库。

研究报告	校园气象站建设方案

分享交流	学生以小组形式在学校提供的交流场所进行分享交流展示。 通过 ppt、文档、视频等方式分享小组的校园气象站建设方案或模型。
学习评价	成果：校园气象站建设方案或模型 评价量规：

评价内容	一级（1分）	二级（2分）	三级（3分）	自评	互评	测评
过程型材料	能搜集信息并进行整理	能搜集信息并进行整理，有意识地更新材料	能在收集、整理信息的基础上保留迭代材料进行反思			
设计图	设计图包含了示意图及文字说明。	设计图包含了示意图及文字说明，且在图中标注了尺寸、材料。	设计图包含了示意图及文字说明，图中标注了尺寸、材料，有不同角度视图，或细节图。			
模型与设计图匹配度	有两处以上实物与设计图不符。	有1-2处实物与设计图不符。	匹配度达100%。			
功能：温度、云、降水量、风向与风速	能基本完成，测量误差较小。	能完成准确测量，并对数据如实记录。	能完成准确测量，并对数据如实记录，在此过程中应用相关技术			
成本控制	超出成本预算。	与预算出入不大。	符合预算或在预算内。			
分组合作	未分组，自己做。	有分组、合作。	分工明确，合作默契。			
外观	清晰、简捷。	清晰、简捷、色彩搭配合理。	清晰、简捷、有主题。			
表达与交流	能参与讨论并简单发言	乐于并清楚表达	抓住要点有条理的表达			
介绍气象站	能对气象站的结构进行介绍	能介绍各个结构的使用方法	能简明说出各个结构的工作原理和使用方法			

四、课后阅读

书籍：《为大自然写日记——竺可桢的故事》
线上博物馆：绍兴气象馆五楼——气象学家竺可桢展览厅

奠基气象，科学救国

1890 年，竺可桢出生在浙江绍兴东关镇，那时的中国饱受着帝国主义列强的欺凌，积弱不振，怀着强烈的爱国情怀，年少的竺可桢在心中默默立下"科学救国"的志向。彼时的中国以农业立国，1910 年，考取留美公费生的竺可桢毫不犹豫地选择了美国伊利诺伊大学攻读农学，1913 年，他获得农学学位后又考入哈佛大学地学系，攻读与农业密切相关的学科——气象学，获得博士学位。

1918 年，竺可桢怀着一腔报国为民的热情返回了阔别已久的祖国，积极投身于科学救国的伟大事业之中，誓要将所学贡献于祖国的发展。但不同于美国高校完备的实验设施，历经战火而满目疮痍的中国，甚至没有一个自主拥有、设备齐全的气象观测站，气象预报和资料竟由各列强控制，同时，日本人正在深入研究中国的气象、地理与水文等信息，为后续的侵华战争做着充分的准备，这令他毛骨悚然、酸楚痛心。竺可桢深深意识到，中国人必须要开展自己的气象学，这事关老百姓的生活、农业生产生活的开展，以及国家战争战备。竺可桢著文疾呼："夫制气象图，乃一国政府之事，而劳外国教会之代谋亦大可耻也。"

在此后的数十年间，竺可桢靠着坚持不懈的韧劲，不辞辛劳地踏遍祖国大地，在全国各地主持建立了40多个气象站和100多个雨量观测站，并创建了中国第一个气象研究所，收回了天气预报"主权"，初步奠定了中国自己的气象观测网，也为中国气象事业的起步打下了坚实的基础。

呕心育人，求是笃行

从1936年到1949年，竺可桢担任浙江大学校长13年，他从一个科学家化身为一个教育家，以振兴文化教育事业来报效祖国。在任13年间，竺可桢为浙大建设倾注了全部心血，提出了"求是"二字为校训。

1937年8月13日，淞沪会战爆发，上海战况惨烈，杭州岌岌可危，在抗日战争的烽火中，竺可桢校长率领浙大一千多名师生西迁，他们先后经过浙江於潜与建德、江西吉安与泰和、广西宜山，最终抵达贵州遵义与湄潭。1946年秋，浙大回迁杭州，途经浙、赣、湘、粤、桂、黔六省，历时近9年，行程五千余里，谱写了一曲"文军长征"的壮丽凯歌。

在战火纷飞、迁徙不定的岁月里，虽然物价飞涨、颠沛流离、物质条件极为艰苦，但竺可桢校长始终冲在最前方，到处延聘名师名家，择优录取学生，倡导"求是"学风，最终促使一大批著名教授汇集浙大，带领浙大师生克服千难万险，潜心学术研究，创造了累累教学成果，培养了一大批优秀的科学人才，为新中国科学事业的发展储备了重要的人力资源。"求是"精神就在此时诞生，这一精神作为浙大校训，鼓舞和激励了一代又一代的浙大学子。在今天看来，"求是"精神，其实不只是浙大精神、科学精神，同时也是牺牲精神、奋斗精神、革命精神，是所有国人处事之精神，是所有人为人之精神。

与党同心，与党同行

信仰与理想让竺可桢不断前进，与党同行。

1958 年 3 月 8 日，竺可桢写信给院党组，正式提出了入党申请，在入党志愿书中，他认认真真地写了一份近两万字的自传，高兴地说："我终于找到了自己的归宿"。1962 年 6 月，72 岁高龄的竺可桢终于实现了加入中国共产党的心愿。入党后，他曾在一万字的思想汇报中把自己比喻成"一颗不生锈的螺丝钉"，决心"老老实实地尽力而为之，所谓一息尚存此志不容懈怠。"竺可桢入党的举动在当时产生了不小的影响，许多高级知识分子纷纷跟随他的脚步积极入党，政治影响极为深远。

1974 年初，病危中的竺可桢决定，将一笔以女儿竺薪名义的存款作为党费交给组织，表达对党和人民的热爱。这笔高达万元的存款其实是他从七年前就开始存的，自 1966 年起，他便把每个月工资的 1/3 存进银行，时隔七年，这笔存款已达万元，存款的数目是有限的，但入党 12 年的竺可桢对党和国家的热爱却是无限的。岁月流转，精神永存。1974 年 2 月 7 日凌晨 4 时 35 分，竺可桢先生在北京逝世，享年 84 岁。

尽管竺老离开了我们，但他科学救国的信念与求是的治学精神却永远留在了我们每一个人的心中，为我们留下了宝贵的精神财富，也为我国的科学发展作出了巨大的贡献。竺可桢的一生始终以天下为己任，以真理为依归，他任劳任怨，将一片赤诚的忠心奉献给了党和祖国，时至今日，这位伟大的共产党员依然在我们心中，永远铭记！

中国的"核司令"

—— 物理学家程开甲

张　雯　孙　娜

一、阅读资源导入

程开甲是中国科学院院士、著名理论物理学家、中国核武器事业的开拓者之一、中国核试验科学技术体系的创建者之一。他 1918 年生于江苏吴江，1941 年毕业于浙江大学物理系，1948 年获英国爱丁堡大学哲学博士学位。他的专业方向为固体物理学。

专注的研究

程开甲在工作中非常认真专注，经常忘记时间。有一次他一门心思研究光辐射和力学冲击波的能量问题，当走出办公室时，发现别人在休息，他生气地问："你们为什么上班睡觉？"这时大家告诉他现在是午休时间。他才意识到自己连午饭都还没吃。

程开甲的认真和专注不仅体现在学术研究中，也贯穿于他的日常生活中。例如，在铺设电缆沟时，他坚持要求在电缆沟里垫细沙，以保证电缆本身和测试的安全。即使需要返工重铺，他也坚决不妥协。

总的来说，程开甲是一个对科学和研究充满热情的人，他的故事充满了坚持和奉献的精神。

长期以来，程开甲养成了一个独特的习惯：总爱在小黑板上演算大课题。他的家里有一块茶几大的小黑板，办公室里也放着一块黑板。后来，他搬了新居，还专门留了一面墙，装上了一块黑板。

程开甲是知名专家，计算机使用起来也得心应手，但他却对小黑板情有独钟，想起什么问题、思考什么方案，搞一个演算什么的，总爱在小黑板上写写画画。久而久之，他在小黑板上还真蹦出了许多灵感。

第一颗原子弹采取何种方式爆炸？最初的方案是用飞机投掷。程开甲经分析研究否定了原定的空爆方案，他认为：第一次试验就用飞机投掷，一会增加测试同步和瞄准上的困难，难以测量原子弹的各种效应；二是保证投弹飞机安全的难度太大。程开甲在他的小黑板上又是一番精心计算，终于提出当时切实可行的采用百米高塔爆炸原子弹的方案。

进入地下爆心作考察

在首次地下核爆炸成功后，为了掌握地下核爆炸各方面的第一手材料，程开甲和朱光亚等科学家决定进入地下爆心去考察。

到原子弹爆心作考察，在中国还是开天辟地的第一次，谁也说不清洞里辐射的剂量，其危险可想而知。但程开甲经过细心计算，认为采取多种防护措施后，可以进入。他们在刚刚开挖的直径只有80厘米的小管洞中匍匐爬行，最后进到爆炸形成的一个巨大空间。洞里温度很高，科学家们忙得汗流浃背，把所有考察工作做完，获得了中国地下核试验现象学的第一手资料。

二、程开甲的主要研究成就

程开甲（1918年8月3日—2018年11月17日），男，汉族，中共党员、九三学社社员，中国科学院院士，著名理论物理学家、"两弹一星"功勋奖章获得者，2013年国家最高科学技术奖获得者，中国核武器事业的开拓者之一，中国核试验科学技术体系的创建者之一，中国人民解放军原总装备部科技委顾问。

程开甲率先开展系统的热力学内耗理论研究，首次建立了热力学的系统内耗理论，为处理更为复杂的内耗过程提供有力的理论分析工具，并开展结合能计算和 FFI 模型理论研究等工作。

程开甲先后在自由粒子狄拉克方程严格证明、五维场论等方面做出了出色的工作，1948 年与其导师、著名物理学家波恩共同提出了超导电性的双带理论，在 Nature 等杂志上发表多篇相关论文。

1986 年以来，程开甲进一步发展和完善了超导电性的双带理论，证明了 BCS 的电子成对理论错误，出版了两部超导专著；提出了凝聚态的新的电子理论，被称为 TFDC（托马斯 – 费米 – 狄拉克 – 程开甲）理论并得到实验验证，为材料性能研究和新材料设计提供了新的理论依据。

20 世纪 60 年代，程开甲建立发展了中国核爆炸理论，系统阐明了大气层核爆炸和地下核爆炸过程的物理现象及其产生、发展规律，并在历次核试验中不断验证完善，成为中国核试验总体设计、安全论证、测试诊断和效应研究的重要依据。以该理论为指导，创立了核爆炸效应研究领域，建立完善不同方式核试验的技术路线、安全规范和技术措施；领导并推进了中国核试验技术体系的建立和科学发展，指导建立核试验测试诊断的基本框架，研究解决核试验的关键技术难题，满足了不断提高的核试验需求，支持了中国核武器设计改进和作战运用。20 世纪 80 年代，程开甲开创了中国抗辐射加固技术研究领域。

程开甲还组织了吉林大学超硬材料国家重点实验室等单位在国家自然科学基金委员会的支持下将 TFDC 理论应用于金刚石触媒、纳米管生成、薄膜大电容等方面的研究，对发展人造金刚石的铁基催化剂做出了重要贡献。

三、教学设计

（一）设计说明

深入学习科学家精神，了解科学家故事，知道科学家不怕苦、不怕累，刻苦学习，这也是共产党人不忘初心、牢记使命的现实写照，诠释了中华民族"造星"路上的点滴成就。了解程开甲的故事，学习程开甲在国防科学领域辛勤耕耘、自力更生、发愤图强、严谨求实、崇尚科学、无私奉献、勇于登攀，为中国核武器事业和国防技术发展做出了贡献。结合红领巾争章实践活动，将少先队活动的效果从课内走向课外，从活动走向平时，做好科学家故事与精神的小宣传员，在日常生活和学习中弘扬和传承科学家精神。

（二）适用学科、学段、学生群体

结合高段年级特点开展学生感兴趣的以"北斗精神"为延伸的科学家精神学习活动。同时，根据学校少工委红领巾争章实践活动，在这次活动过程中增设争章评比的环节。

适用于小学高年级活动课、班会课或课后服务。

（三）学习目标

1. 通过小组资料汇报和走访调查，了解中国"核司令"程开甲爷爷的故事和他所具备的科学精神。

2. 通过阅读、采访、小组讨论，知道程开甲爷爷搞研究背后的艰辛，培养学生热爱祖国、勇于拼搏、吃苦奋斗、敢于创新的科学家精神。

3. 会向身边的人普及科学家精神。能够弘扬科学家精神，用拼搏精神激励自己努力向上，用团结精神凝聚整个班级。

（四）课程实施策略

1. 立足学生的需求和好奇心，高年级学生学习可以从小组的调查研究，采访寻访出发进行交流，对程开甲爷爷的生平经历和荣誉功勋有所认识，尊重学生已有的知识和经验，了解在最艰难的时候程开甲爷爷表现出的科学家精神。

2. 强调学生、学校和社会之间的联系，充分利用社会资源，调查、走访的形式深入理解人物的精神，塑造更加饱满的人物形象，在逐步认识程开甲爷爷这一代科学家爱国、创新、求实、奉献、协同、育人的科学家精神后，树立正确的价值观。

3. 小组资料研讨、寻访活动等，渐进式教学，将活动与课堂进行结合，让学生感悟什么是科学家精神。

（五）教学流程

渐进式学习方式，将动手与动脑有机结合，在认识中由我们自发生成问题，在好奇心的推动下我们主动认识问题，剖析问题产生的背景与原因。深刻体会程开甲在研究过程中遇到的困难和想要战胜困难的决心，学习程开甲美好的科学品质和人性光辉，为以后我们的成长和梦想的追求带来不断进步的动力。

学习目标逐级递进：

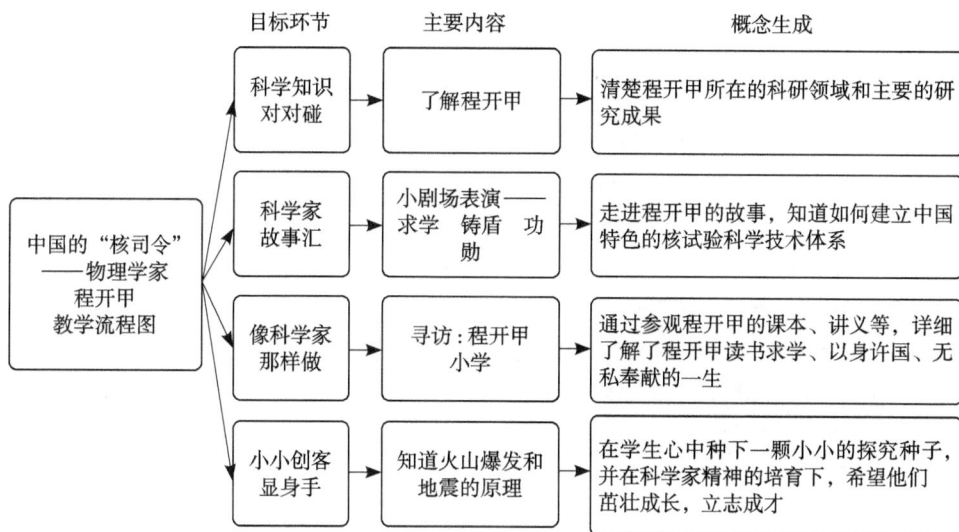

（六）学习评价量表

探究学科	科学		姓名				同组人员				
评价内容	评价标准		评分								
			自我评价			小组评价			教师评价		
		A	B	C	D	A	B	C	D	A	B	C	D
情感态度	了解程开甲的基本资料										
	了解程开甲的故事										
	知道程开甲的研究过程										
	学习程开甲认真严谨、实事求是、敢于拼搏、勇于创新的科学家精神										

探究学科	科学		姓名			同组人员		

评价内容	评价标准	评分											
		自我评价				小组评价				教师评价			
		A	B	C	D	A	B	C	D	A	B	C	D
探究实践	积极深入了解程开甲的故事												
	知道程开甲在研究过程中的艰辛以及如何突破困难的过程，有敬畏之心												
	学习程开甲认真严谨、实施求实、敢于创新、不怕困难的科学态度												
	学习程开甲遇到困难不退缩、不气馁、勇于克服困难的勇气决定												
	具有班级责任感、社会责任感，发现问题，并通过不断学习和实践增长自己的能力												
	愿意为解决班级、社会问题做贡献												
交流合作	在小组活动中表现积极、认真、负责												
	能按时、按质完成小组分配的任务												
	善于和同学合作，做到谦让互助												
	能积极发言，认真倾听同学的意见												
	能针对别人的发言发表自己的看法												
	能把自己的发现和体会告诉小组同学												
	能公平、公正地评价别人的表现												
成果展示与交流	主动在小组内分享研究成果												
	探究内容过程有记录												
	对成果交流情况进行反思，找出过程中的优点、不足												
	结合自身情况制定了计划或改进思路												
	总计☆												
我的收获：													
我的希望：													
家长给我的评价：													
老师给我的评价：													
总评：													

操作说明：

1. 评价者在相应的栏目内画"√"；

2. A. ☆☆☆　　B. ☆☆　　C. ☆　　D. 0　根据实际情况进行客观评价。

3.以多方主体的评价为基础，以教师评价为主，适当参考自我评价、小组评价和家长评价。

（七）教学设计

◎ 课前科学知识对对碰

1.2022 年 9 月 7 日，第九组《中国现代科学家》纪念邮票首发式在中国科技会堂举行，你认识邮票上的科学家吗？

这是地质学家刘东生、物理学家程开甲、数学家吴文俊、农学家袁隆平四位科学家入选的纪念邮票。邮票根据历史照片，以雕刻技法再现四位科学家的风采，画面背景反映了入选者所在的科研领域和主要的研究成果。

你还在哪里了解过物理学家程开甲呢？

电视上：《程开甲》是江苏省广电局的精品扶持项目，全景式地展现了中国"两弹"元勋程开甲的一生。该片曾在中央电视台纪录频道播放。

◎ 课堂故事汇

教师活动	学生活动
环节一：了解科学家故事	
引导学生认识"中国'两弹'元勋"——程开甲。	1.联系生活认识科学家。 2.说一说获得的荣誉。
活动意图说明：通过邮票和视频，引出"两弹"元勋—程开甲，从生活实际引入，从而调动学生的积极性，培养学生的语言表达能力。	
环节二：寻访程开甲小学	
1.引导学生了解程开甲的生活和功勋荣誉。 2.激发学生学习科学家精神的欲望。	学生通过参观程开甲的物件，了解他的一生，感悟他的精神。
活动意图说明：让学生通过寻访，阅读程开甲院士的生活信件，了解科学家的一生，引导学生在心里埋下理想的种子，培养爱国情怀。	

续表

教师活动	学生活动
环节三：传承科学家精神	
通过"读先生、悟先生、学先生"系列活动，努力让学生成长为"有理想、有本领、有担当"的新时代好少年。	1. 学生通过开展系列活动，从小培养理想目标。 2. 通过讨论、感悟科学家精神，培养从小有担当的使命感。
活动意图说明：通过"读先生、悟先生、学先生"系列活动，努力让学生从小树立理想目标，遇到困难有担当敢拼搏，学习科学家精神。	
环节四：宣传科学家精神	
知道和感悟科学家精神，并且通过小组学习和研讨，宣传科学家精神。	1. 结合调查搜集的资料，为程开甲撰写宣传文报。 2. 阅读科学家书籍。
活动意图说明：通过学生了解程开甲为中国和世界人民做出的巨大贡献，渗透爱国情怀，从小树立为祖国争光的理想，在小组内开展宣传科学家精神活动，并进行研讨发言，从而传承科学家精神。	
环节五：传精神科学实践	
引导学生了解程开甲在"核"上取得的成果，完成科学小实验。	学习科学家团结协作、不怕困难的精神，进行科学小实验。
活动意图说明：通过了解程开甲在"核"上取得的成果并进行科学实验，让学生从小树立为国争光的思想，传承科学家精神。	

◎ 像科学家那样做

开展"追寻程开甲的足迹"实践活动

【学习目标】

1. 通过了解科学家的故事，知道程开甲的功勋，激发爱国情怀和民族自豪感。

2. 能运用各学科知识，开展一系列走近程开甲爷爷的活动，激发学生理解科学家精神，从小有目标理想。

3. 在物理小实验全过程实践中，能借助资料和实验补充小组合作进行实验，提升实践能力，感受科学家精神。

【核心任务】

结合学生对纪录片及邮票的兴趣，开展了学习科学家故事，寻访程开甲小学（科学家精神学校）的一系列活动，了解科学家的生平和物件，从而感悟科学家精神，引导学生从小树立理想信念，有为国争光、不怕吃苦、勤学刻苦的科学家精神。

【设计思路】

本学习活动设计思路如图所示：

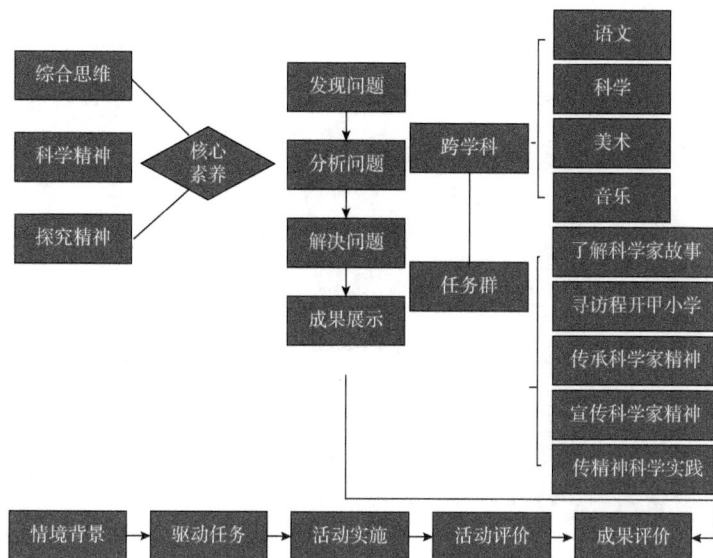

【确定任务群】

每一个任务，课内外相结合、学校和家庭相结合、各学科相结合，借助活动任务，通过联系生活提出问题、调查研究、成果分享，让学生了解科学家背后的故事，亲手做科学实验，在活动、寻访和实验中感受科学家精神，从而养成不怕困难、迎难而上的良好精神品质。

任务一：科学家故事汇

小剧场——求学

程开甲师从物理学家马克斯·玻恩，玻恩在点阵动力学、量子力学，甚至化学领域都有非凡成就。1948年，在瑞士苏黎世大学召开的低温超导国际学术会议上，为人温和的程开甲与同门师兄海森堡展开激烈论战。1950年，程开甲放弃了英国皇家化工研究所优厚的待遇和先进的科研条件，启程返回当时还一穷二白的新中国。一段注定充满艰辛且也充满荣耀的旅程就此开始。

小剧场——铸盾

自从1945年7月美国第一次原子弹试验后，这个威力巨大的核怪物就一个个地从实验室里跑了出来，成为有核国家扬威世界的工具。朝鲜战争期间，以美国为首的"联合国军"总司令麦克阿瑟就曾叫嚣，要把原子弹投到中国的空军基地和其他敏感地点。

小剧场——功勋

在党和国家领导人的决策与指挥下，程开甲与其他将领、科学家共同奋斗，并作为核试验技术方面的负责人，主持了包括我国首次原子弹爆炸、首次原子弹空投、首次"两弹"结合、首次氢弹、首次地下平洞、首次地下竖井在内的30多次核试验，建立了中国特色的核试验科学技术体系。程开甲的名字铭刻在了共和国的史册上。

任务二：寻访程开甲小学

为了追寻探访程开甲院士的功勋，红领巾通过视频的形式寻访程开甲的家乡——苏州吴江，线上参观了家乡人民为铭记这位祖国功臣所建设的小学——程开甲小学。

程开甲小学建有程开甲展厅、盛川校史馆和"科学家精神"主题长廊等多处展点。

程开甲先生用过的笔和课本

程开甲先生的部分奖状

程开甲展厅分为"开甲启蒙""上路求学""以身许国""人生大事记"四个主题。馆内展示有程开甲生前亲自挑选的物品，包括他用过的笔、讲义、课本、大衣、军帽、信件等实物，以及部分复制品、照片、影像资料。盛川校史馆包括"盛川文脉""校史沿革""开甲始生"三个主题，有根据程老回忆而绘制的观音弄小学原貌图、程老对学生寄语的视频、程老1995年亲笔题写的校风。

1995年程开甲先生与学生合影（背景是1989年他题写的校风）

根据程开甲先生回忆绘制的观音弄小学原貌图

学校建有程开甲雕塑群、"两弹一星"精神和科学家精神主题长廊。

科学家精神主题长廊

科学家精神塑像

在这里，小小红领巾们还参观了程开甲专题展览，详细了解了程开甲读书求学、以身许国、无私奉献的一生，从他曾经用过的一件件课本、讲义、信件中，真切地感受到了程开甲院士那一腔爱国热情、严谨求实的治学态度，更深刻地领悟了他说的那句："我最大的幸福就是和祖国紧紧联在一起！"红领巾们在这座以程开甲命名的小学里，学习到了程开甲院士的精神，这也将继续激励着一代代学子。

任务三：传承科学家精神

程开甲先生的一生是爱国奉献的一生，是拼搏奋斗的一生，是求真创新的一生。通过"读先生、悟先生、学先生、念先生"系列活动，努力让学生成长为"有理想、有本领、有担当"的新时代好少年。

1. 读先生

读懂展厅里面的"程开甲"，师生一起读懂展厅里的每一件物品背后的故事和历史，让程开甲"活起来"，让每个学生成为"开甲小导游"。读透读本里面的"程开甲"，品读《程开甲的故事》，低年龄段亲子阅读，知道"榜样就在我们身边"；中年龄段师生共读，感受信念是改变的力量源泉；高年龄段伙伴阅读，寻觅自我成长的力量。读深他人眼中的"程开甲"，通过采访，从他人不同的视角，加深对程开甲先生的伟大人格和杰出贡献的认识。

2. 悟先生

"开甲精神"需要解读、需要凝练，更需要广泛传播，一代一代相传，才能成为一种文化精神。开甲故事大家讲，借助人物故事，传播人物精神。开甲精神大家谈，开展大家辩系列活动，真正在深度的思想交锋和价值碰撞中传承"红色"的基因。开甲仪式共参与，依托"开甲精神"，策划入学礼、成长礼、毕业礼的活动，为学生烙印上"红色"的印迹，内生出军人的气质和科学家的情怀。

3. 学先生

"像您一样做军人"国防教育周活动："开甲精神"要转化为学生的内在品格，需要在"行走"中磨砺和内化。岗位之旅，在"班级人人岗位"中成事成人；创造之旅，学校每年举办"科学节活动"，鼓励学生像程开甲先生一样体验"科学家"的创造精神；高年级的军人之旅，让学生像程开甲先生一样做小军人，全方面锤炼学生的军人气质；开甲之旅，学生循着程开甲先生求学与创新的足迹一路行走，切身感受其伟大精神。

4. 念先生

向大队辅导员倡议：每年学校结合程开甲诞辰纪念日、第一颗原子弹爆炸纪念日、程开甲逝世纪念日开展主题活动。

任务四：宣传科学家精神

1. 宣传任务：小组合作，运用以下资料，为程开甲撰写宣传文报，课后可在学校宣传栏、社区宣传栏进行宣传。

程开甲（1918年8月3日—2018年11月17日），男，汉族，中共党员、九三学社社员，中国科学院院士，著名理论物理学家、"两弹一星"功勋奖章获得者，2013年国家最高科学技术奖获得者，中国核武器事业的开拓者之一，中国核试验科学技术体系的创建者之一，中国人民解放军总装备部科技委顾问。

程开甲是中国核武器研究的开创者之一，在核武器的研制和试验中作出了突出贡献。他开创、规划领导了抗辐射加固技术新领域研究，是中国定向能高功率微波研究新领域的开创者之一。他出版了中国第一本固体物理学专著，提出了普遍的热力学内耗理论，导出了狄拉克方程，提出并发展了超导电双带理论和凝聚态 TFDC 电子理论。

程开甲于 1985 年获得国家科技进步奖特等奖，1999 年获党中央、国务院、中央军委颁发的"两弹一星功勋奖章"，2014 年获 2013 年度国家最高科学技术奖。2017 年 7 月 28 日，他被授予"八一勋章"。2018 年 3 月 27 日，他获得"世界因你而美丽——2017—2018 影响世界华人盛典"终身成就奖。

2018 年 11 月 17 日上午，程开甲在北京病逝，享年 101 岁。2019 年 2 月 18 日，他获得"感动中国 2018 年度人物"荣誉。

2. 推荐阅读：程开甲爷爷的故事以及科学家精神早已被列入"中华先锋任务故事"集，希望大家从中华先锋人物的故事中任选你感兴趣的故事进行阅读，下节课我们进行争章：传承章——开展先锋故事会。小组分享你喜欢的先锋故事。

【成果展示与交流】

教师为学生搭建成果展示交流的平台。在寻访程开甲小学"读先生、悟先生、学先生"系列活动中，学生亲自见证了程开甲爷爷的生平和他常用的物件，读懂展厅里的每一件物品背后的故事和历史，让程开甲"活起来"。又通过采访，从他人的不同视角，加深对程开甲先生的伟大人格和杰出贡献的认识，学生循着程开甲先生求学与创新的足迹一路行走，切身感受着"开甲精神"。

【学习活动评价】

学习活动评价要以学习目标为依据，以核心素养的发展水平为标准。针对不同的学习内容，采用多种评价方式，实现评价内容与评价方式的多元化。

◎ 小小创客显身手

小实验：了解火山和地震

1. 提出问题：火山和地震改变了地表的地形地貌。火山和地震是怎样形成的呢？

2. 了解火山

在地壳深处，有一个高温、高压的"液态区域"，里面有大量的岩浆。当岩浆沿着地壳中的裂缝上升，并从薄弱的地方冲出地表时，就形成了火山喷发。火山喷发所产生的巨大震动，会导致火山周边的泥土松动，从而引起山体滑坡。大量的火山喷出物和暴雨结合形成的泥石流，能冲毁道路、桥梁，淹没附近的乡村和城市。

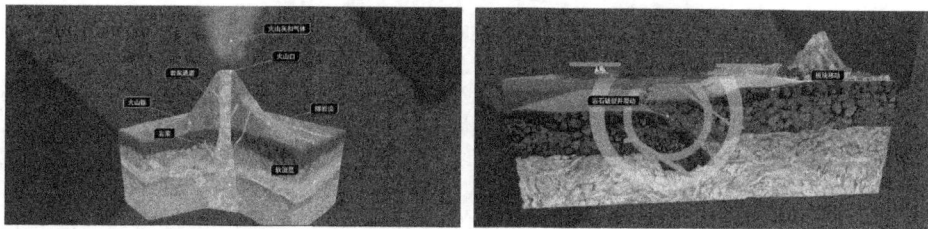

3. 模拟火山

以构建 3D 自然现象动态场景、模型的方式，优化知识呈现形式，跨越时间和空间的屏障，突破了常规教学的视域，将火山内部运动可视化。借助 VR 等设备，能够沉浸式体验火山喷发场景，360° 自由观察火山模型结构，以及动态的岩浆流动。

4. 了解地震

地震，又称地动、地振动，是地壳快速释放能量过程中造成的振动，期间会产生地震波的一种自然现象。地球上板块与板块之间相互挤压碰撞，造成板块边沿及板块内部产生错动和破裂，是引起地震的主要原因。

360° 全方位观察与感知，感受宏观的地球内部结构。通过地壳运动模型结构可视化，抽象原理过程化，直观明了，鲜活生动。大陆板块之间的相互运动是怎样导致地形发生变化的呢？

科学小实验二：模拟地形变化

1. 模拟地球板块的漂移与碰撞

实验器材：水、烧杯、泡沫块、酒精灯、火柴、三脚架、石棉网、牛奶。

实验步骤：

①在盛有水的烧杯里放一些泡沫块，给水加热，观察泡沫块的运动。

②把水换成黏稠的液体（例如牛奶），观察泡沫块的运动。

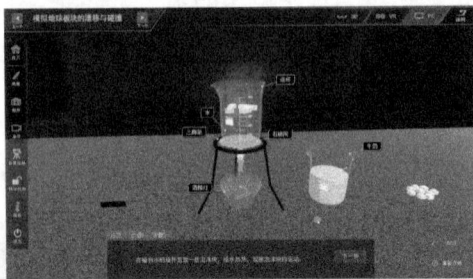

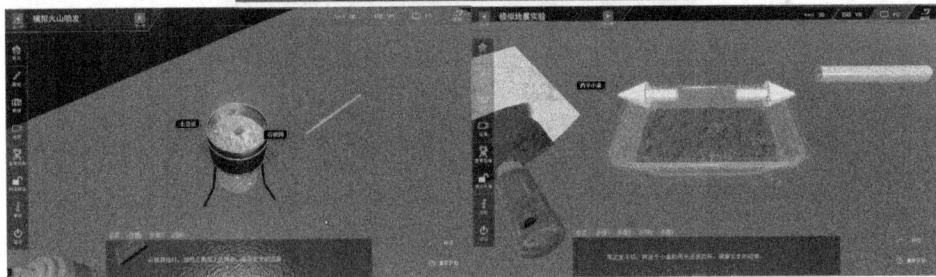

2.模拟火山喷发

实验器材：土豆泥、铁盒、番茄酱、三脚架、酒精灯、石棉网、火柴。

实验步骤：

①铁盒里放有一些土豆泥，在土豆泥中向下挖一个小洞。

②往洞里倒入一定量的番茄酱，再用薄薄的一层土豆泥封住洞口。

③点燃酒精灯，加热三脚架上的铁盒，观察发生的现象。

3.模拟地震实验

实验器材：两半小盒、塑料薄膜、土、水。

实验步骤：

①将小盒的两半拼接起来，在上面铺一层塑料薄膜。

②将土、水和成泥，并将它铺在有塑料薄膜的小盒中。

③等泥变干后，将这个小盒的两半迅速拉开，观察发生的现象。

④再将这个小盒的两半挤压，观察发生的现象。

实验需要用到明火，具有一定的危险性，出于对小学生安全的考虑，会由老师演示操作。通过虚拟实验，学生可以进行安全操作，不用害怕意外的发生。

实验记录：

主题	模拟地球板块的漂移与碰撞、火山喷发、地震实验	小组成员	组长：　　　　　组员：	
		指导教师		
		学习时间	总体：	
			每周：	
学习手册	安全： 考勤： 任务：			
前期思考	背景分析	结合科学家探索精神、创新精神，继续探索地球板块之间的关系		
	设计理念	结合科学家认真严谨的精神进行实验，了解地球板块的结构、火山的内部结构和地壳的变化		
	任务目标	模拟地球板块的漂移与碰撞、火山喷发、地震实验		
	学习规划	小组学习—小组探讨—收集制作材料—小组制作—小组分享展示		
学习探讨探究	第一阶段：小组学习和探讨 理论学习：地壳、火山的相关知识 案例学习：搜集资料＋科学馆观摩学习 初步构想：提出制作的方案 第二阶段：构思与再学习 基本构想：小组讨论，从恒星与卫星的连接特点等各个方面开展评价，并记录每一次研讨过程及结论。 第三阶段：设计与修正 设计：搜集材料，材料任务分工，进行制作 修正：小组讨论，完善小实验的制作			
实验记录	准备： 1. 各种材料。 2. 练习制作技术、技巧。 3. 再一次完善设计制作方案。 实验制作交流： 实验制作优化： 小组讨论：实验的成功与失败取决于哪些因素？			

总结：习近平总书记以"忠诚奉献、科技报国"八个字高度评价程开甲院士伟大的爱国情怀和杰出的科学贡献。"爱国、奉献、拼搏、创新"是程开甲院士对自己一生奋斗的总结，我们称之为"开甲精神"。这种精神，也是"两弹一星"科学家精神的集体写照，更是中华民族从站起来、富起来到强起来的精神脊梁，希望队员们都能将这样的科学家精神实践到自己的生活和学习中！

四、课后阅读

深入核试验现场，亲获第一手数据

在我国首次原子弹爆炸成功后，程开甲并没有满足于这一里程碑式的成就，而是立即投入到更为艰巨的任务中——获取原子弹爆炸的第一手数据。这些数据对于评估爆炸效果、优化后续核武器设计以及提升我国核防御能力至关重要。

然而，爆后通道和测试间里的放射性剂量极大，进入其中意味着要承受巨大的健康风险。有人劝他不要冒这个险，但程开甲却坚定地说："你听说过'不入虎穴，焉得虎子'这句话吗？"他毅然穿上防护衣、戴上手套和安全帽，与同事们一起进入坑道，钻进直径只有80厘米的管洞，匍匐爬行10多米来到测试间。在那里，他们仔细观察四周奇妙的爆炸效应，最终成功获取了宝贵的第一手数据。

这个故事不仅展现了程开甲在科研上的勇攀高峰、敢为人先的精神，更体现了他对国家和人民事业的忠诚与奉献。他深知这些数据的重要性，因此不惜冒着生命危险也要亲自获取。这种精神不仅激励了他的同事们，也为我们树立了光辉的榜样。

"北斗系统"的总设计师

——航天带头人谢军

张 雯

一、阅读资料导入

难熬的日子

2003年9月，主任一通内容十分简洁明确的电话让谢军和北斗结缘，他走上了北斗二号导航卫星总设计师的岗位。此后的十几年，谢军和北斗更加紧密地联系在一起。岗位变了，谢军身上的担子更重了，肩负的使命也更多了。

谢军说："在这个领域做事情，每做一件事情一定要做好，做得要比别人强才行。"但是在他担任总设计师之初，谢军坦言有许多知识都没有掌握，诸多问题都不是很清楚，他面对着极大的挑战和困难。

谢军的压力很大，特别是在别人提出要求、国家给出任务却不知道该怎么做和遇到难题不知道该怎么解决时。但谢军说："实在不行就熬，熬那么几天总能想出来办法。"

谢军口中的"熬几天"，有时是持续一个月每天近16个小时的工作，有时是3年多坚持不懈的攻关改进。

2009年北斗三号全球系统建设启动，谢军遇到了很多困难，持续一个月的时间，他几乎每天早晨八点半开始上班，一直干到晚上十二点，面对着一天将近 16 个小时的高强度工作，谢军却说："一旦投入到这个工作中去了，好像睡意包括困劲累劲就都没有了。"

星载原子钟被称为导航卫星的"心脏"，它的精度和稳定性直接关系到导航系统的服务质量。谢军和团队在研制北斗二号导航卫星时，星载原子钟就成了绕不开的"拦路虎"。

每做一件事一定要做好

他们研制出的第一台原子钟在工作时常出现信号突跳，精度较差。为了解决精度问题，谢军要求科研人员每天、每周对卫星上选用的特定原子钟设备进行定期监测，然后根据数据进行改进。

这一改就改了 3 年多，终于，谢军和他的团队让北斗卫星用上了自主研制的精准原子钟。目前，北斗卫星原子钟的质量和指标不断提升，授时精度相当于 300 万年只有 1 秒误差。

不仅是自主研制高精度星载原子钟，在这十几年的时间里，谢军带领北斗团队还解决了一系列技术难题，突破了高稳定长寿命时间基准技术、上行注入抗强干扰技术、高精度测距技术和阵面天线技术等难题，首次实现百万门以上国产 ASIC 电路在轨应用……

北斗三号有三十颗卫星，作为一个整体来讲，每一颗卫星都要把自己的工作做好，不仅要保证质量，还要最大限度地发挥功能。谢军说："我们设计的每颗卫星都有它的功能和用途，整个卫星是一个星座系统。"而这句话也能够用来比喻谢军和北斗团队，解决难题往往不能只依靠一个人，谢军深知团队的力量，同时他也像一颗兢兢业业的卫星一样，不断发光发热，承担着属于自己的那一份责任。

二、谢军的主要研究成就

谢军，男，1959 年出生，山西临汾人，中共党员，研究员。1982 年毕业于国防科学技术大学电子技术系雷达专业，获学士学位；1987 年毕业于中国空间技术研究院通信与电子系统专业，获硕士学位。历任航天科技集团五院

504所副所长、所长，北斗二号导航卫星总设计师。

1982年，谢军大学毕业后就投身航天工业，参与了东方红二号通信卫星、风云二号气象卫星、海洋二号卫星等国家重大航天工程，并用了3年多的时间，让北斗卫星用上了自主研制的精准的原子钟。2004年，谢军担任北斗二号导航卫星总设计师。

在北斗三号卫星研制过程中，谢军团队创造性地实现了卫星批量化生产，仅用1年零14天的时间，将19颗导航卫星送入太空，创造了航天发射史的新纪录。

三、教学设计

（一）设计说明

我们从了解北斗七星的历史，到知道"北斗"团队的故事，了解谢军的故事，到知道什么是"北斗精神"，在研究过程中要有勇往直前、克服困难、坚持不懈、勤奋吃苦的精神，深刻体会每个"北斗"人都有着这样的科学家精神。

（二）适用学科、学段、学生群体

结合班级特点开展以学生感兴趣的北斗七星为载体，通过本次活动来了解北斗七星，深入学习"北斗精神"，知道北斗人不怕苦、不怕累，这也是共产党人不忘初心、牢记使命的现实写照，诠释了中华民族"造星"之路上的点滴。了解北斗人——谢军的故事，学习谢军认真严谨、敢于创新、开放融合的科学家精神，激发学生的爱国之情，产生感悟，促进行为发展。同时，根据学校少工委红领巾争章实践活动，在这次活动过程中增设争章评比的环节，将少先队活动的效果从课内走向课外，从活动走向平时，持续激励学生不断进步，做好北斗知识与精神的小宣传员，在日常生活学习中弘扬和传承科学家精神。

适用于小学高年级活动课、班会课或课后服务。

（三）学习目标

1. 知道北斗七星的组成。知道"北斗精神"是中国航天人在建设北斗全球卫星导航系统过程中表现出来的"自主创新、开放融合、万众一心、追求卓越"的新时代精神。以国为重是"北斗精神"的核心价值观，知道北斗人——谢军的故事。

2. 知道我国全球卫星导航系统以"北斗"命名，了解其发展史，知道谢军设计卫星背后的艰辛，培养学生热爱祖国、勇于拼搏、敢于创新的科学家精神。

3. 会向身边的人普及科学家精神和北斗精神。能够弘扬科学家精神，用拼搏精神激励自己努力向上，用团结精神凝聚整个班级。

（四）课程实施策略

1. 立足学生的需求和好奇心，学生学习从北斗七星入手，了解北斗七星从古至今的历史，了解"北斗"系统的命名由来，从而知道"北斗"团队的组成和背后的故事，进而理解北斗精神。

2. 强调学生、学校和社会之间的联系，充分利用社会资源，以调查、走访的形式深入理解人物的精神，塑造更加饱满的人物形象，并且逐步认识谢军爷爷勤学刻苦、坚持不懈、深入钻研的科学家精神后，树立正确的价值观。

3. 通过体验式科学小实验活动、物理体验课程等，渐进式教学，将活动与课堂结合，激发学生对科学的喜爱。

（五）教学流程

渐进式学习方式，将动手与动脑有机结合，在认识中由我们自发生成问题，在好奇心的推动下我们主动认识问题，剖析问题产生的背景与原因。深刻体会北斗团队在研究过程中遇到的困难和想要战胜困难的决心，学习谢军这些珍贵的科学品质和人性光辉，为以后我们的成长和梦想的追求带来不断进步的动力，能够弘扬科学家精神，用拼搏精神激励自己努力向上，用团结精神凝聚整个班级。

学习目标逐级递进：

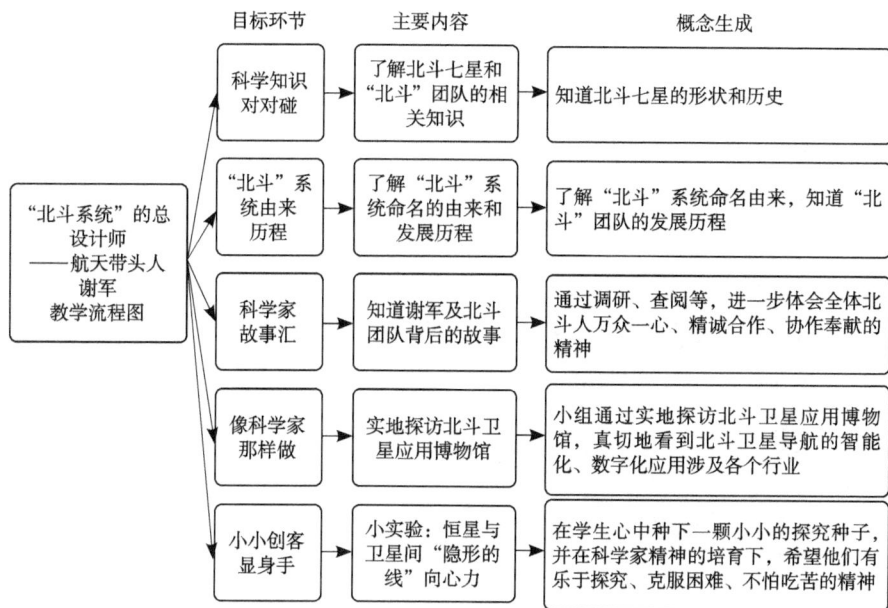

	目标环节	主要内容	概念生成
"北斗系统"的总设计师——航天带头人谢军教学流程图	科学知识对对碰	了解北斗七星和"北斗"团队的相关知识	知道北斗七星的形状和历史
	"北斗"系统由来历程	了解"北斗"系统命名的由来和发展历程	了解"北斗"系统命名由来，知道"北斗"团队的发展历程
	科学家故事汇	知道谢军及北斗团队背后的故事	通过调研、查阅等，进一步体会全体北斗人万众一心、精诚合作、协作奉献的精神
	像科学家那样做	实地探访北斗卫星应用博物馆	小组通过实地探访北斗卫星应用博物馆，真切地看到北斗卫星导航的智能化、数字化应用涉及各个行业
	小小创客显身手	小实验：恒星与卫星间"隐形的线"向心力	在学生心中种下一颗小小的探究种子，并在科学家精神的培养下，希望他们有乐于探究、克服困难、不怕吃苦的精神

（六）学习评价量表

探究学科	科学	姓名		同组人员	
评价内容	评价标准	评分			
		自我评价	小组评价	教师评价	
		A B C D	A B C D	A B C D	
情感态度	了解"北斗"命名的诞生历程				
	了解北斗团队的发展历程				
	了解谢军，以及谢军的研究过程				
	学习谢军认真严谨、实事求是、敢于拼搏、勇于创新的科学家精神				
探究实践	积极深入地了解北斗团队的发展历程、谢军的故事				
	理解谢军在研究过程中的艰辛与突破困难的决心				
	学习谢军认真严谨、实事求是、敢于创新、不怕困难的科学态度				
	学习谢军遇到困难不退缩不气馁、勇于克服困难的勇气决定				
	具有班级责任感、社会责任感，发现问题，并通过不断学习和实践增长自己的能力				
	愿意为解决班级、社会问题做贡献				

续表

评价内容	评价标准	评分											
		自我评价				小组评价				教师评价			
		A	B	C	D	A	B	C	D	A	B	C	D
交流合作	在小组活动中表现积极、认真、负责												
	能按时、按质完成小组分配的任务												
	善于和同学合作，做到谦让互助												
	能积极发言，认真倾听同学的意见												
	能针对别人的发言发表自己的看法												
	能把自己的发现和体会告诉小组同学												
	能公平、公正地评价别人的表现												
成果展示与交流	主动在小组内分享研究成果												
	探究内容过程有记录												
	对成果交流情况进行反思，找出过程中的优点、不足												
	结合自身情况制定了计划或改进思路												
	总计☆												
我的收获：													
我的希望：													
家长给我的评价：													
老师给我的评价：													
总评：													

操作说明：

1. 评价者在相应的栏目内画"√"；

2. A.☆☆☆　　B.☆☆　　C.☆　　D.0　　根据实际情况进行客观评价。

3. 以多方主体的评价为基础，以教师评价为主，适当参考自我评价、小组评价和家长评价。

（七）教学设计

◎ 课前科学知识对对碰

我们日常生活和出行都离不开手机上的导航。作为出行的最"亲密好友"，导航系统让我们觉得既熟悉又陌生，熟悉是因为每家每户都会使用，陌生是因为我们对于北斗导航系统的认知仅仅存留在表面，相关知识需要深入探究。

1. 你知道我们经常使用的导航系统是什么吗？

2. 你知道"北斗"命名的由来吗？

3. 你知道中国北斗的诞生历程吗？

4. 你知道"北斗"背后的故事吗？

5. 你知道北斗的设计师是谁吗？

6. 你知道什么是"北斗精神"吗？

◎ 课堂故事汇

教师活动	学生活动
环节一：介绍背景，引出新课	
引导学生认识北斗总设计师——谢军。	1. 了解谢军 2. 说一说获得的荣誉。
活动意图说明：通过图片和视频，引出北斗总设计师——谢军，让枯燥的人物变得有趣，从而调动学生的积极性。	
环节二：了解北斗，知道历程	
1. 引导学生了解北斗命名的由来。 2. 引导学生知道"北斗"系统的发展历程。	学生通过学习，了解"北斗"系统的发展历程。
活动意图说明：让学生通过故事了解"北斗"的发展历程，激发学生的民族自豪感和自信心，激发爱国情怀。	
环节三：走进故事，感悟精神	
1. 了解谢军废寝忘食地研究的故事。 2. 视频播放"北斗"系统在生活中的应用。	1. 学生通过学习故事，知道北斗团队一路的艰辛与努力。 2. 学生说一说感悟到的科学家精神。
活动意图说明：通过了解"北斗"团队和谢军背后的故事，感受和体会老一辈科学工作者伟大的科学家精神。	
环节四：实地探秘　传承"北斗精神"	
1. 小组通过调查搜集有关"北斗"应用的资料，寻找实际生活中的"北斗"应用，从而感受到科学家精神、北斗精神就在我们身边。 2. 全班交流：如何传承"北斗精神"？	1. 寻访"北斗卫星导航应用博物馆"，介绍高科技新兴产品，知道它们都采用了"北斗"技术。 2. 说一说如何传承"北斗精神"。
活动意图说明：通过介绍博物馆中应用北斗系统的设备，体现"北斗精神""科学家精神"。知道"北斗精神"就是团结合作、不怕困难、突破难关。	
环节五：感悟精神　牵手争章	
交流自己的精神感悟：北斗精神、科学家精神，包含着中华民族自强不息的本色。	交流自己的感悟。 齐诵"北斗精神"。
活动意图说明：通过交流，知道作为星辰特色中队的一员，要继续传承北斗精神、科学家精神，团结协作，从小爱科学、学科学、做科学，努力拼搏成为夜空中最闪亮的那颗星。	

◎ 像科学家那样做

开展"北斗精神"我来传承班会课

【学习目标】

1. 知道北斗七星的组成。知道"北斗精神"是中国航天人在建设北斗全球卫星导航系统过程中表现出来的"自主创新、开放融合、万众一心、追求卓越"的新时代精神。以国为重是"北斗精神"的核心价值观。

2. 知道我国全球卫星导航系统以"北斗"命名，了解其发展史，培养队员们爱国爱党的思想与精神。

3. 会向身边的人普及"北斗"知识。能够传承"北斗精神"，用拼搏精神激励自己努力向上，用团结精神凝聚整个班级。

【核心任务】

开展一次以北斗七星为载体，通过班会课来了解北斗七星及"北斗"的发展历程，深入学习"北斗精神"，知道北斗人不怕苦、不怕累，这也是共产党人不忘初心、牢记使命的现实写照，诠释了中华民族"造星"之路上的点滴故事。以"北斗精神"造出中华民族更闪亮的星，激发学生们的爱国之情和对科学的喜爱，产生感悟，促进行为发展。

【设计思路】

本学习活动设计思路如图所示：

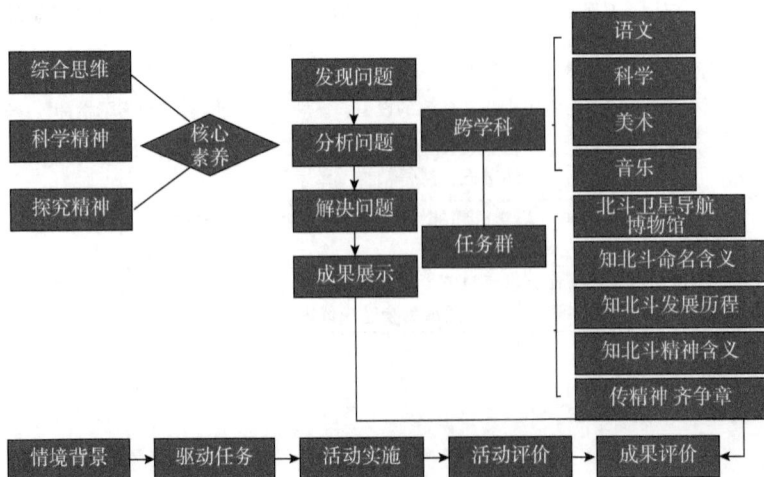

任务一：了解"北斗"知命名含义

星辰追忆小组通过线上参观、查阅资料等了解了不少有关"北斗"的知识和发展历程。他们选取了一部分材料进行展示，先播放航天展示馆厅中的图片，让同学们了解北斗星自古为中华民族定方向、辨四季、定时辰。在中国漫长的历史中，有许多带有北斗文化的文物古迹，所以我国全球卫星导航系统以"北斗"命名。昔有指南针，今有北斗卫星导航系统（"北斗系统"），这是中华民族创新智慧的跨越时空的接力赛。

任务二：走近"北斗"知发展历程

北斗组网，星耀全球

2020年6月23日，随着最后一颗组网卫星成功发射，北斗三号全球卫星导航系统完成全球星座部署。

2020年7月31日，北斗三号全球卫星导航系统正式建成开通，标志着我国建成独立自主、开放兼容的全球卫星导航系统，成为世界上第三个独立拥有全球卫星导航系统的国家，这是我国的荣誉。

因为同样可以定方向，所以我国全球卫星导航系统以"北斗"命名，"北斗"指的就是中国北斗导航系统，和天文学星象"北斗七星"是不同的。

星辰历程小队从"北斗"入手展开探索，利用网络、图书等方面的资料，是经过筛选后介绍的"北斗"队伍。通过朗诵介绍，学生们能够了解到"北斗"团队的由来、"北斗"团队的组成、"北斗"团队的任务等。更重要的是，通过讲解展示，学生们感受到当时"北斗"团队历经艰险，突破重重困难，夜以继日地拼搏奋斗，带领我国航天事业有了新的突破。

由小组学生讲述"北斗"历程，故事讲的是：第一步，建设北斗一号系统，又叫北斗卫星导航试验系统，实现卫星导航从无到有。第二步，建设北斗二号系统，从有源定位到无源定位，区域导航服务亚太。第三步，建设北斗三号系统，实现全球组网。目前，北斗的服务由北斗二号系统和北斗三号系统共同提供，2020年后，平稳过渡到以北斗三号系统为主提供。下一步的计划是到2035年，建设完善更加泛在、更加融合、更加智能的国家综合时空体系。

总结："北斗"团队的建立不仅彰显了我国国防科技实力，也为全国做出了重大的贡献。自主创新、开放融合、万众一心、追求卓越的北斗精神刻在了每一个北斗故事中……

任务三：讲述历程　知"北斗精神"

学生通过调查资料以及观看纪录片知道了科研人员夜以继日地拼搏奋斗，带领我国航天事业有了新的突破，并感觉到北斗团队的伟大，他们不怕困难，攻克难关，为祖国的发展而感到骄傲。通过小组分享活动，让学生们为像谢军这样的科学家们认真严谨、刻苦钻研、迎难而上、不断创新的科学精神感动。

活动一：观看感动中国 2020 年度人物颁奖盛典视频

从 2000 年 10 月北斗一号第一颗试验卫星成功发射，到 2020 年 6 月 23 日北斗三号最后一颗全球组网卫星升空，20 年来，44 次发射，中国先后将 4 颗北斗试验卫星，55 颗北斗二号、三号组网卫星送入太空，开启了中国"星网"导航全球的时代。

2021 年 2 月 17 日，《感动中国 2020 年度人物颁奖盛典》在央视播出，来自中国航天科技集团有限公司五院的我国北斗卫星导航系统工程副总师、北斗导航卫星首席总师谢军获评"感动中国 2020 年度人物"。在开学典礼上，在学校的榜样的引领下，全体学生一起向"感动中国 2020 年度榜样人物"学习。

"钱学森、陈芳允、孙家栋、范本尧、李祖洪……北斗卫星导航系统成功的背后，不仅凝结着一代代航天人接续奋斗的心血，也饱含着中华民族自强不息的本色。"谢军表示，北斗卫星系统是国之重器，是天上的灯塔，和水能、电能、互联网基础设施工程一样，将影响到每一个人的生活。经过 26 年的反复试验，北斗三号卫星系统已实现关键器部件 100% 国产化，建立起完整的星间链路，为服务全球贡献了中国智慧与中国力量。

"北斗导航系统最大的优势是融合了通信和导航功能，并在高精度服务能力方面走出了一条中国的道路。"据谢军介绍，目前北斗导航系统已发射 59 颗卫星，包括：北斗一号共 4 颗，均已退役离轨；北斗二号共 20 颗，目前在轨工作 15 颗；北斗三号共 35 颗，包括 5 颗试验星、30 颗组网星。

谢军表示，目前北斗卫星导航系统已广泛应用于交通运输、农林渔业、水文监测、气象测报、通信电力、救灾减灾、公共安全等领域，产生了显著的经济和社会效益。而基于北斗的导航服务，已被电子商务、移动智能终端制造、位置服务等厂商采用，广泛进入中国大众消费和民生领域，改变着人们的生产生活方式。

活动二：舞台剧《用中国心突破"中国芯"》

学生A：哎！国外有他们研制的芯片，什么时候，我们中国能拥有自己的芯片——"中国芯"啊！

学生B：是啊！缺少"中国芯"，一直是困扰我国高科技领域的一块"心病"。对于北斗系统应用和产业化来说，拥有国产北斗芯片，北斗系统应用才会更安全，我们才有产业发展的主动权和国外谈判啊！

学生C：没错！没有中国芯，我们只能听国外的，他们永远占领着最新的科技，我们总是会落后。

学生ABC：我们北斗人发誓，一定要研制出"中国芯片"！

学生A：你来负责收集材料，你来输出、整理数据，你来对比产品……（学生BCD坚定地点点头：好）

时间场景：ppt出示——时间从早上6点一直到晚上10点

学生B：边用一张张纸写数据，边记录。

学生C：在电脑面前快速打字，边看手里纸上的数据边不停地打字。

学生D：拿着不同产品，在显微镜下查看，放入仪器测试，对比……

学生A：我们已经连续研究16个小时了！大家休息休息吧！

学生B：你们先休息吧，等我测完这组数据。

学生C：先别打扰我啊！我这边结果快出来了。

学生D：你先休息吧，我这数据结果不好，还需要再测几组。

学生A：国家需要"中国芯片"，我们时间紧，那我今晚也不睡了，来帮助大家！

中队长：（播放视频）北斗人在科研路上遇到的困难可不止这一个呀！

学生 E 旁白：中国卫星导航系统管理办公室通过揭榜挂帅，组织国内40 余家单位，创新管理模式，打破中标项目终身制，通过多轮实物比测、产业化考核，成功研发了体积更小、功耗更低、精度更高的射频系带一体化导航定位芯片，从此北斗拥有了自己的"中国芯"。

学生 A：如今，我国国产的北斗芯片工艺已经达到了世界先进水平！

学生 BCD：太棒了！

学生 A 继续说：性价比与世界主流产品相当，国产北斗兼容型芯片及模块销量达到亿级规模，已在物联网和消费电子等领域广泛应用。

学生 B：这回，这些领域的主动权终于在我们自己手中了！

学生 C：我们不用被"卡脖子"了！

时间短，任务重，他们完成了不可能完成的任务，承受了难以承受的压力，但是他们却特别谦虚和乐观（视频：困难重重 而北斗人却说乐观）

主持人：北斗系统按期成功建成，是中国特色社会主义集中力量办大事制度优势的具体体现，也是全体北斗人万众一心、精诚合作、协作奉献的具体体现。北斗系统由卫星、火箭、发射场、测控、运控、星间链路、应用验证等七大系统组成。为了同一个梦想，400 多家单位、30 余万名科研人员聚力攻关，两名"两弹一星"元勋和几十名院士领衔出征，1.4 万余家企业、超过 50 万人从事系统应用推广，大家众志成城，共同谱写出"举国上下一盘棋、千军万马大会战"的动人篇章。

任务四：实践探秘北斗卫星应用博物馆

环节一：探秘"北斗"前世今生

小组通过实地探访北斗卫星应用博物馆，真切地看到北斗卫星导航的智能化、数字化应用涉及各个行业。学生可以详细了解到古今导航技术的起源和发展；通过实地观看国之重器——北斗卫星导航系统的建设、应用和国际合作成果，能够更好地弘扬传承"北斗精神"。

北斗卫星导航应用博物馆位于北京市经开区合众思壮北斗产业园，博物馆从卫星导航的前世今生和北斗卫星导航的应用两个方面，展示了从地标导航、天文导航到地磁导航、卫星导航在内的导航技术发展历程，以及从产品、部件、终端设备、解决方案到服务平台北斗全产业链体系，打造成为北斗卫星导航技术及应用的科普基地。

探秘小组："北斗精神"离我们很近。我们北斗探秘小组到"北斗卫星导航应用博物馆"进行了寻访，发现很多高科技新兴产品都采用了"北斗"技术。（播放视频，进行介绍）通过介绍博物馆中应用北斗系统的设备，展现"北斗精神""科学家精神"的传承体现。

环节二："北斗"在身边　北斗应用展示台

小组通过调查搜集有关"北斗"应用的资料，寻找实际生活中的"北斗"应用，从而感受到科学家精神、北斗精神就在我们身边，我们生活的方方面面和各行各业的发展都离不开它，激发学生的爱国之情，产生对科学家的敬仰之情，为弘扬科学精神、北斗精神作铺垫。

学生1（地图介绍）："北斗精神"就在我们身边。2020年5月，中国登山健儿再登珠穆朗玛峰峰顶，同样以北斗数据为主。

学生2（实物介绍）："北斗精神"就在我们身边。我们汽车用的导航系统，还有华为北斗高精度手机上的地图，都是"北斗"帮我们定位的，在地图上连1米都能测出来，特别精确！

总结：学生们找到了我们身边的"北斗精神"，我们生活的方方面面、各行各业的发展都离不开它，它更为我国国防航天科技领域做出了巨大贡献。

习近平总书记在北斗三号全球卫星导航系统建成暨开通仪式上说：26年来，参与北斗系统研制建设的全体人员迎难而上、敢打硬仗、接续奋斗，发扬"两弹一星"精神，培育了新时代北斗精神，要传承好、弘扬好。

任务五：从我做起　传承"北斗精神"

1. 成立科学小队

学生1：我建议星辰中队成立"公关小组"，传承"北斗精神"。

学生2：我建议星辰中队成立科技小社团，团队合作完成小组喜欢的科技小实验，传承"北斗精神"。

学生3：我建议星辰中队应该设立"星辰互助小组""星辰助人点赞墙"，

提高团队协作能力，传承"北斗精神"。

2.宣传科学精神

学生4：我建议星辰中队申请用"红领巾广播"时间，以"北斗星光我传递"宣传活动向各其他中队介绍"北斗"历程和"北斗精神"，学习北斗人身上"团结合作、突破难关"的精神，来传承"北斗精神"。

学生5：我建议星辰中队向大队辅导员刘老师申请开展"北斗"成果展览，传承"北斗精神"。

3.制作专属"北斗"卫星

为了宣传"北斗"精神，我们每个小队设计绘画了小队专属的"卫星"，并商讨和准备了制作材料，制作完成小组的专属卫星。

4.争特色"北斗"章

队员们都知道"北斗精神"团结合作、不怕困难、突破难关的精神至关重要。那辅导员就要考验考验各小队，能不能结合"北斗精神"设计我们北斗中队的争章计划，让我们更好地在学习和生活中实践。

结合北斗章争章标准，你准备怎么争北斗中队特色章呢？

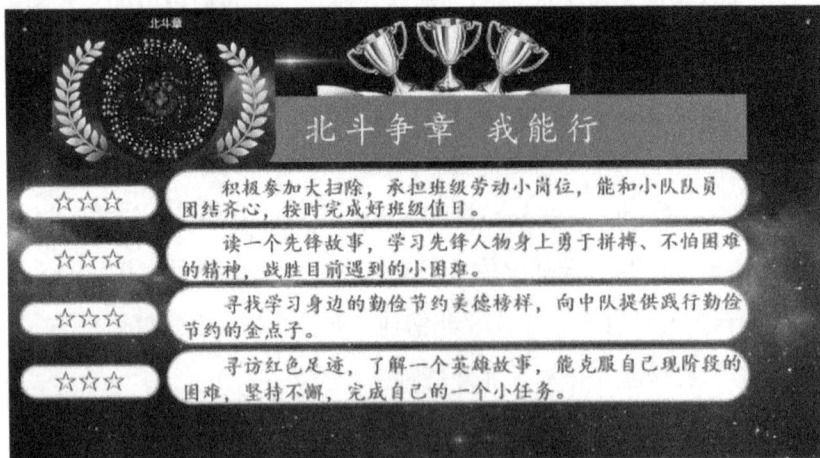

出示任务：结合北斗争章条目制定自己的争章计划

（1）小组交流自己争章计划。

（2）小组汇报

总结：北斗的发展、中国的强大为全世界的发展做出了巨大贡献。党的二十大报告强调，新征程上，广大科技工作者、航天工作者要以老一代航天人为榜样，始终高举爱国主义的伟大旗帜，赓续"热爱祖国、无私奉献，自力更生、艰苦奋斗，大力协同、勇于登攀"的"两弹一星"精神和"特别能吃苦、特别能战斗、特别能攻关、特别能奉献"的载人航天精神。新时代北斗精神在中国人的心灵深处铸就闪亮的精神坐标。

辅导员总结：大家都知道团结合作、不怕困难、突破难关的"北斗精神"至关重要。那辅导员就要考验考验各小队，能不能发挥"北斗精神"把设计的卫星，通过团队合作成功制作出来，要做到"团结合作、追求卓越"，我们可以将成果进行展示，向全校学生宣传"北斗精神"。作为特色中队的一员，本节课我们制定了中队争章计划传承北斗精神，希望我们在今后的学习、生活中做得更好，下节课我们交流和分享在争章活动中大家的收获。

任务六：科学家精神牵手争章活动

推荐阅读：北斗故事以及科学家精神早已被列入"中华先锋任务故事"集，希望大家从中华先锋人物的故事中任选你感兴趣的故事进行阅读，下节课我们进行争章：传承章——开展先锋故事会。小组分享你喜欢的先锋故事。

北斗精神、科学家精神，包含着中华民族自强不息的本色。作为星辰特色中队的一员，希望学生们继续传承北斗精神、科学家精神，团结协作，从小爱科学、学科学、做科学，努力拼搏成为夜空中最闪亮的那颗星。

◎ 小小创客显身手

小实验：恒星与卫星间"隐形的线"向心力

一、材料准备

细绳、小木棍、木塞、玻璃管、砝码（视频中为150g）。

二、实验原理

视频中的木塞重量为13g，能够让它将150g的砝码拉上来的力叫作向心力。换言之，让木塞作圆周运动并把砝码拉起来的力是由向心力提供的。而把这个理论放大到一个星球和它的卫星之间的问题中来看，视频中的细线就是引力了。

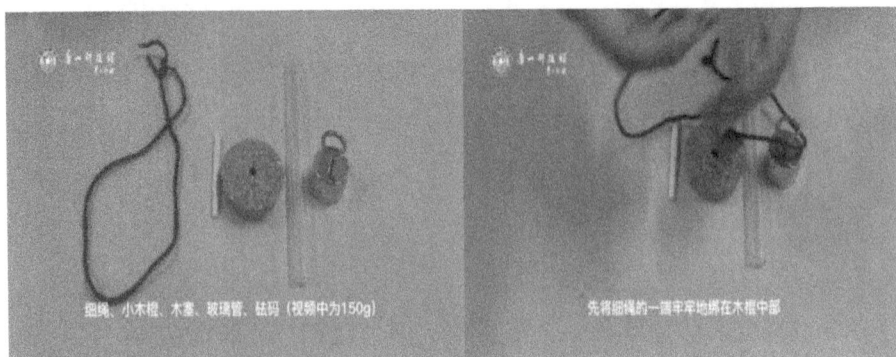

细绳、小木棍、木塞、玻璃管、砝码（视频中为150g）　　先将细绳的一端牢牢地绑在木棍中部

三、实验步骤：

1. 先将细绳的一端牢牢地绑在木棍中部。

2. 将细绳的另一头结成一个环，用来悬吊砝码。

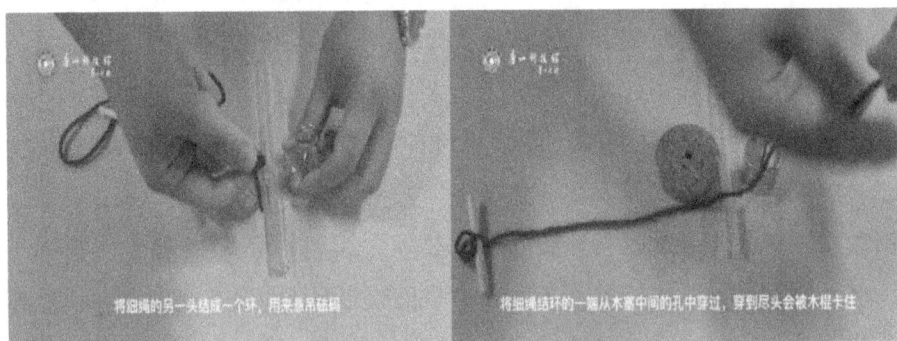

将细绳的另一头结成一个环，用来悬吊砝码　　将细绳结环的一端从木塞中间的孔中穿过，穿到尽头会被木棍卡住

3. 将细绳结环的一端从木塞中间的孔中穿过，穿到尽头会被木棍卡住，在这之后，将细绳从玻璃管的管内穿过。

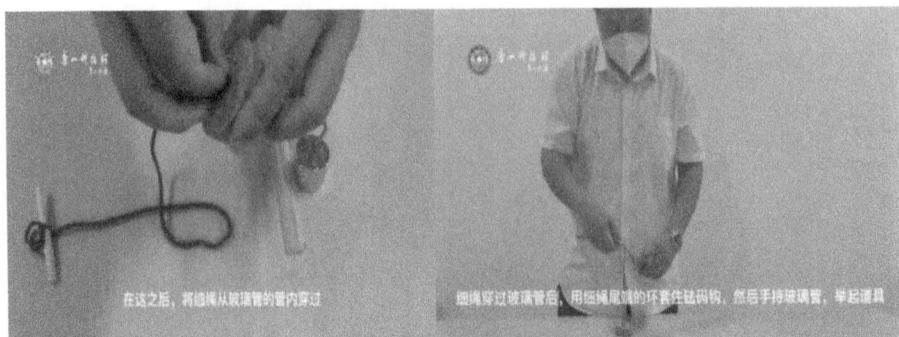

在这之后，将细绳从玻璃管的管内穿过　　细绳穿过玻璃管后，用细绳尾端的环套住砝码钩，然后手持玻璃管，举起道具

4. 细绳穿过玻璃管后，用细绳尾端的环套住砝码钩，然后手持玻璃管，举起道具。

5. 在保持玻璃管不要大幅度晃动的前提下摆动它，让木塞做圆周运动，具体用力大小需自己把控。

恒星与卫星间"隐形的线"向心力

主题	恒星与卫星间"隐形的线"向心力实验	小组成员	组长：　　　　　　组员：	
		指导教师		
		学习时间	总体：	
			每周：	
学习手册	安全： 考勤： 任务：			
前期思考	背景分析	有了小卫星的制作经验后，结合科学家探索精神、创新精神，继续探索卫星与恒星之间的"力"		
	设计理念	结合科学家认真严谨的精神进行实验，了解恒星与卫星之间是如何连接的		
	任务目标	恒星与卫星间"隐形的线"向心力实验		
	学习规划	小组学习—小组探讨——收集制作材料—小组制作—小组分享展示		
学习探讨探究	第一阶段：小组学习和探讨 理论学习：卫星与恒星的相关知识 案例学习：搜集资料＋科学馆观摩学习 初步构想：提出制作的方案 第二阶段：构思与再学习 基本构想：小组讨论，从恒星与卫星的连接特点等各个方面开展评价，并记录每一次研讨过程及结论。 第三阶段：设计与修正 设计：搜集材料，进行任务分工并制作 修正：小组讨论，完善小实验的制作			
火箭制作记录	准备： 1. 各种材料。 2. 练习制作技术、技巧。 3. 再一次完善设计制作方案。 实验制作交流： 实验制作优化： 小组讨论：你知道恒星与卫星之间是怎样相互连接的吗？			

四、课后阅读

北斗之光：谢军的航天逐梦之旅

在浩瀚的宇宙星空中，有一颗颗璀璨的"中国星"在默默守护着这片土地。它们不仅照亮了夜空，更照亮了中国人探索宇宙、追求梦想的道路。而这背后，离不开一位杰出的航天设计师——谢军。

初露锋芒，结缘航天

1959 年，谢军出生于山西临汾（也有资料提及为山西省太原市），自小便对浩瀚的星空充满了无限的好奇与向往。1978 年，他凭借优异的成绩考入国防科技大学电子技术系雷达专业，正式踏上了科研的道路。在校期间，他不仅努力学习专业知识，还积极参与各类科研项目，展现出非凡的才华和潜力。

毕业后，谢军被分配到中国航天科技集团五院 504 所工作，从此与航天事业结下了不解之缘。在这里，他参与了东方红二号通信卫星、风云二号气象卫星等多个国家重大航天工程的研发工作，积累了丰富的实践经验和技术储备。

勇挑重担，领航北斗

2004 年，随着北斗卫星导航系统建设的加速推进，谢军被任命为北斗二号导航卫星总设计师。这一任命不仅是对他过往工作的肯定，更是对他未来责任的期许。面对这一全新的挑战，谢军并没有退缩，而是迎难而上，带领团队开始了艰苦卓绝的研发工作。

在北斗二号的研制过程中，谢军遇到了许多前所未有的技术难题。其中，星载原子钟的研制就是一道绕不开的"拦路虎"。星载原子钟是卫星导航系统的核心部件之一，其精度直接影响到整个系统的定位性能。然而，当时国内在这一领域的技术还相对落后，依赖进口又存在诸多不确定因素。为了打破这一技术瓶颈，谢军带领团队夜以继日地奋战在科研一线，经过无数次的试验和改进，终于成功研制出具有自主知识产权的星载原子钟，为北斗二号系统的成功发射和稳定运行奠定了坚实基础。

再创辉煌，北斗三号

随着北斗二号系统的成功运行，北斗三号系统的研发工作也紧锣密鼓地展开。谢军再次被任命为北斗三号工程副总设计师、北斗三号导航卫星首席总设计师。他深知肩上的责任更加重大，因此更加全身心地投入到工作中去。

在北斗三号的研制过程中，谢军带领团队实现了多项技术创新和突破。他们创造性地实现了卫星批量化生产模式，大大提高了生产效率和质量稳定性；同时，他们还攻克了高精度、高可靠性星载原子钟等关键技术难题，使北斗三号系统的全球实测水平定位精度达到了世界领先水平。

2020年6月23日9时43分，随着最后一颗组网卫星的成功发射入轨和顺利组网运行，北斗三号全球卫星导航系统星座部署全面完成。这一历史性的时刻标志着中国成为世界上第三个独立拥有全球卫星导航系统的国家。而这一切的背后都离不开谢军及其团队的辛勤付出和卓越贡献。

不忘初心，砥砺前行

面对荣誉和掌声，谢军始终保持着一颗谦逊和低调的心。他深知航天事业是一项需要长期积累和不断努力的事业，而他也只是众多航天工作者中的一员。在未来的日子里，他将继续带领团队攻坚克难、不断创新，为中国航天事业的发展贡献自己的力量。

谢军的故事是一个关于梦想、奋斗与奉献的故事。他用自己的实际行动诠释了什么是真正的航天精神，什么是真正的爱国情怀。他的事迹将激励着更多的年轻人投身于航天事业，为实现中华民族的伟大复兴而努力奋斗。